传世之谜

国士旧忆

寒江独钓 ——— 编著

中国铁道出版社有限公司
CHINA RAILWAY PUBLISHING HOUSE CO., LTD.

图书在版编目（CIP）数据

国宝旧忆：传世之谜 / 寒江独钓编著. -- 北京：
中国铁道出版社有限公司，2025. 7. -- ISBN 978-7-113-
32318-9

Ⅰ. K87-49

中国国家版本馆CIP数据核字第2025M49E41号

书　　名：**国宝旧忆：传世之谜**
　　　　　GUOBAO JIUYI：CHUANSHI ZHI MI

作　　者：寒江独钓

责任编辑：奚　源　　　　　　　　　电　　话：(010) 51873005
封面设计：郭瑾萱
责任校对：刘　畅
责任印制：高春晓

出版发行：中国铁道出版社有限公司（100054，北京市西城区右安门西街8号）
网　　址：https://www.tdpress.com
印　　刷：天津嘉恒印务有限公司
版　　次：2025年7月第1版　　2025年7月第1次印刷
开　　本：710 mm×1 000 mm　1/16　印张：17　字数：245千
书　　号：ISBN 978-7-113-32318-9
定　　价：98.00元

前　言

　　中华文明源远流长，5000年来，神州大地曾经出现了无数的"时代符号"，它们涵盖了日常用品、祭祀用品、艺术作品、饰品以及其他形形色色的万千物件，诉说着远去的历史年代的灿烂辉煌。

　　这些标新立异的"艺术品"，被赋予了匪夷所思的创意，并得以施加鬼斧神工的精湛技艺，成为不可多得的"时尚元素"。随着时间的流逝，朝代的更替，这些物件大多被弃用、损毁，消失殆尽，只有极少的"幸运儿"有意或者无意地被以各种方式保留下来，成为后世不可多得的宝物。它们或许深埋于厚土下，或许深陷在水底的淤泥中，或许深藏于浩浩的黄沙下，又或许悄悄隐藏在某个不为人知的破箱子里。

　　岁月悠悠，潮来潮去！洞中方一日，世上已千年，这些"存活"下来的"东西"渐渐成为价值连城的传世国宝。有的国宝一出世就夺人眼目，引发了一幕幕轰轰烈烈的夺宝大战；还有的国宝历经数代人的守护，不仅有悲欢离合，还有慷慨之歌，最终带着数不尽的沧桑展现于世人的面前。

　　这些传世国宝，其中绝大多数都无法断定是谁缔造了它们，然而这些被古人创造出来的"玩意儿"却会在不经意间横空出世，让世人惊呆、震撼、敬仰……

　　1939年3月出土于河南安阳，享有"镇国之宝"美誉的后母戊大方鼎的传世故事就多少让我们感到惊奇；被誉为"中国十大传世名画之一"的北宋张择端的《清明上河图》的曲折命运，更令世人掩卷长叹；被誉为

"悲鸿生命"的《八十七神仙卷》的泣血收藏，也让我们无限追思那些爱宝护宝人的执着和艰辛。

　　本书选取的传世国宝均包括其发现过程、历史背景、收藏流传及鉴定情况，并配以精美的图片，通过这些斑驳的瑰宝，您将走进往昔岁月，感悟历史的沧桑与变迁。同时，本书也旨在唤醒世人内心的民族自豪感，从而为传承国宝作出更多的贡献。

作　者

目　录

青铜岁月叹苍天

■ 第六章　最早的"音乐控"——曾侯乙编钟传世之谜

玉器长生梦登仙

■ 第七章　弟弟的玩具——红山碧玉龙传世之谜

陶瓷难解众生相

■ 第十二章　好大的一个"瓮"——青釉荷叶盖罐传世之谜

■ 第十三章　10 亿不卖——萧何月下追韩信图梅瓶传世之谜

金石顽物秀凡间

■ 第十四章　云南曾有王——滇王蛇纽金印传世之谜

书画自来清高态

古籍泛黄诉从前

青铜岁月叹苍天

第一章 国之重器
——后母戊鼎传世之谜

　　青铜，古称"金"或"吉金"，是红铜与其他化学元素（锡、镍、铅、磷等）的合金，因出土的青铜器经时间流逝呈青灰颜色而得名。史学上所称的"青铜时代"是指大量使用青铜工具及青铜礼器的时期。中国的青铜时代主要是夏商周三代。青铜文化从发展、成熟、鼎盛乃至衰落经历了漫长的历史。由于青铜器以其独特的器形、精美的纹饰、典雅的铭文向人们揭示了奴隶制社会的铸造工艺、文化水平和历史源流，因此被史学家们称为"一部活生生的史书"。中国的古文明悠久而又深远，青铜器则是其缩影与再现……

老祖宗的规矩改不了

　　19世纪末20世纪初，自河南省发现了殷墟遗址的那一刻起，就注定了这个中原大省不再宁静。大家都清楚河南的大地下面肯定埋藏着许多奇珍异宝，这就导致民间的盗墓行为时有发生。为了保护地下文物，当时的人们也在积极进行考古挖掘。

　　1928年10月起，在河南安阳的大地上，人们时常可以看到一些表情严肃、举止得体、装备齐全的考古队员在田野里出没；与此同时，人们还能看到一些经常四处打探、凑在一起就窃窃私语的文物贩子。考古队员和文物贩子都是为了地下的宝物来的，不同的是，他们一方是护宝的，另一方却是觊觎者。尽管法令禁止买卖地下出土文物，但是这并不影响文物贩子四处打探消息。

正在安阳进行考古的这支工作队是国家级的考古队，他们已经对安阳殷墟进行了连续多年的考古发掘。就在安阳县小屯村这个不起眼的地方，随着大量甲骨和各种器物的出土，一个3000多年前的王朝——殷商，逐渐浮现出来。

殷墟出土的文物

一时间，小屯村吸引了无数人的目光，有敬仰，有迷恋，也有贪婪……

小屯村位于安阳市郊洹河南岸，洹河北岸就是武官村。早在考古队进行殷墟科学发掘的初期，考古学家们就预感到洹河北岸的武官村一带地下极可能有商代贵族大墓。但是，这一片广阔的田野是武官村村民世代相守的祖坟，掘人祖坟那是不可取的，即便是厚颜无耻的盗墓者也要半夜时分悄悄进行。考古队试探性地与村民沟通此事，村民都是一口拒绝，考古队只好暂且放弃发掘武官村地下的想法。不过，考古队在小屯村勤勤恳恳的工作还是有了回报。到1936年底，考古队相继在小屯村周边发现了大量的文物，还发现许多重要遗址，武官村也再次被划入勘探范围。

1937年初，考古队队长梁思永（梁启超次子）找到武官村村民吴培文，请求对村西北位置的吴培文家的祖坟区域进行勘探。吴培文当即以保护"祖坟风水"的理由拒绝了。无奈之下，考古人员只好在吴家坟地周围进行试探性挖掘，先后发掘出了上千座墓葬，还有十几座王公大墓，

殷墟出土的甲骨

发现了包括牛方鼎、鹿方鼎在内的大批珍贵文物。一座座大鼎的出土，让武官村村民极为震惊。

从考古队员的口中，村民也了解到在古代，鼎是贵族身份的代表，也知道了天子九鼎、诸侯七鼎、大夫五鼎、元士三鼎或一鼎的用鼎制度。鼎大多为三足圆形，但也有四足的方鼎（后母戊鼎便是最负盛名的四足大方鼎）。此外，鼎也是国家政权的象征。《左传》有载："桀有昏德，鼎迁于商，载祀六百。商纣暴虐，鼎迁于周。"可见鼎在古人的心目中地位何等重要。

看到了地下隐藏的丰富宝藏，武官村的村民都能感受到这些文物的价值，他们也开始悄悄行动，梦想着有朝一日也能得到一件宝物而一夜暴富。因此，有些村民私下里以各种名义四处挖土，自行寻找宝物。

1937 年 7 月，七七事变爆发，日本发动全面侵华战争。河南很快成为日寇重点进攻的目标之一，考古队也被迫撤离了河南。

1938 年，日本人的所谓"北支学术调查团"打着"保护文物"的名义来安阳进行"考古"；同年秋天，日本"东方文化研究所"也派人到殷墟疯狂盗掘文物。他们不仅从地下掠取文物，而且勾结汉奸豪夺老百姓手里的传家宝。本来武官村一带老百姓的日子就不好过，日军占领后，苛捐杂税奇多，这么一来，家家户户更是度日如年。青黄不接的时候，家家户户都吃不饱饭，大家只好结伙儿在田地里挖"宝"，幸运的能找到一些小物件，这些"不值几个钱"的文物就卖给时常在这一带转悠的"古董商"，买回米面填饱肚子。

为了平衡各方面的利益，武官村向来有个老规矩："探宝挖宝"不分地界，但要跟地块的主人对半分；如果还有其他人参与挖掘，就算入股，相应再分得一杯羹。这个规矩让武官村的人都极为满意，大家都严格遵守这个约定，谁也不敢有半分违抗。毕竟一个村子里的事情，谁要是做出了背信弃义的事情，那可是被人戳脊梁骨骂的，甚至整个家族都跟着挨骂。这是当时特定历史背景下发生的事。

对于日本侵略者的行为我们无比愤恨，对于因此而遭劫、流失的文物深感难过惋惜。这样的事不会再重演！

卷刃的洛阳铲

1939 年 3 月 15 日，武官村村民吴希增拿着一柄洛阳铲出来"探宝"，多年的经验积累，他已经成为一个探墓的行家。这次他以寻找中药材"田七"为名，来到同村他的叔伯弟弟吴培文家的祖坟地查探。他在坟地里四处钻探，决不放弃任何线索。挖宝有挖宝的门道，什么是生土，什么是熟土，这都是有讲究的。探杆碰到铁、铜或者玉石，带出来的土颜色也不同，"老江湖"一看便知。吴希增连续接了好几根杆下探，探到 13 米深的时候，已经打到了水脉。如果再没有熟土，吴希增就打算放弃这个探洞了。

突然，洛阳铲触到了一个硬东西，吴希增试探着打了几下，都无法深入，只好拔出来，一看洛阳铲的铲刃都卷了。吴希增正有些懊恼，突然他发现探杆头带上来些许铜锈。

"嘿！有宝！"凭经验判断，地下肯定有东西。吴希增压抑着内心的激动，他迅速收拾工具，不动声色地回村了。

傍晚时分，吴希增来到他的叔伯弟弟吴培文家里。由于两个哥哥相继早逝，年仅 18 岁的吴培文此时已独撑家门。两个人坐在堂屋里就着咸菜吃着简单的晚饭，吴希增说他探测到的情况。吴培文犹豫了。坟地下有铜器这是肯定的，如果挖掘祖坟坏了风水怎么办？可是如果不挖这片地，早晚也会被日本强盗挖开，宝物终究还是会失去！经再三考虑，吴培文决定当晚就去挖掘地下的青铜器。吴希增竖起大拇指，这个弟弟虽然年轻，气度却是非凡，果敢坚毅，

洛阳铲

做事干净利落。

两人商量了挖宝的细节，判断那肯定是一个超过 13 米的深坑，凭他们两个人肯定不行，于是他们决定再找几个人连夜开挖。当天晚上，吴培文找来了七八个要好的铁哥们，黑灯瞎火地奔向祖坟。按吴希增白天所做的标记，在光线微弱的风灯下，他们开了一个大坑，然后继续朝下挖。这些人虽然都是普通农民，但多年来的耳濡目染，对于发掘这种事还是驾轻就熟的。长年的劳作又锻炼出了他们的好体力，操作铁锹就和使用筷子一般，大家轮流入坑铲土，很快，一个十多米深的大洞就被挖了出来。

"当啷"一声，铁锹触到了宝物上，众人大喜，坑底的人仔细地铲去上面的硬土，想一睹尊容为快，却发现这个家伙好像很大，沉睡在坑底处，只露出半个身形，黑黝黝地歪倒在泥土里。

"挖大点，看看这东西是个啥？"吴培文指挥着下面的人向坑底的四周挖土。他们很快发现这样掏土挖掘不是个好主意，上面的土一旦塌下来就完蛋了，还是得从上面往下重新扩大探洞。

此时天边已经开始发亮，不能再干下去了。最近时常有一些来路不明的外地人和古董商出没，被他们发觉就不好办了。为了掩人耳目，吴培文他们只好填回一些浮土，又用柴草盖住洞口，并用树枝盖住翻上来的泥土。吴培文等人检查完现场，感觉看不出什么破绽，便约定白天各自忙自己的事情，晚上再接着干，大家都要守口如瓶，不要对外人讲。

吴希增对吴培文说，坑底的这个家伙实在太大了，眼前这几个人手肯定不行，必须得再增加人。考虑到这个宝物的价值，多几个人大家也愿意。他们边往村里走边商讨着再找哪些人合适。

好大的"马槽"

3 月 16 日夜，参加的人数增至三四十人。大家都知道了吴希文祖坟里出现宝物的消息，既然是同村，大家都愿意出力。晚饭后，估摸着大部分村民都睡下了，这些人才各自拿着工具从家里走出来，到吴培文家集合出发。

夜半荒野，坟地周围一片寂静。微弱的灯光照着探坑，大家七手八脚地向四周破土，尽量扩大深坑。两个小伙子顺着绳子下到坑底挖土，下面的土一筐筐提上来。到了午夜时分，宝物终于露出来了，借着昏暗的灯光，仔细一观察，坑底躺着一个巨大的青铜炉样的东西。宝物终于揭开了"盖头"。

"怎么是个喂马的槽子啊？"有个村民很失望地嘟囔了一句。

这个长方形大家伙，确实大如马槽，村民们不知道应该怎么称呼它，就叫"马槽"。吴希增小声说："不长眼神的愣子，这是鼎！"

只见这个"马槽"斜立在泥水之中，口向东北，足向西南，一耳朝上。村民用井绳拴在鼎耳上，下面的人使劲往上抬，上面的人向上拉，但大鼎纹丝不动。这时，坑里一个细心的村民突然发现埋在底部一侧的一只鼎耳不见了，很有可能是刚才不小心弄断了。

下面的人立刻在坑中仔细寻觅，翻遍了泥水坑，也不见鼎耳的踪迹。坑上面的人又跑到刚刚吊运上来的土里翻看，也没有。最后，他们又向下挖了一米依然没有找到鼎耳。就在众人互相埋怨的时候，有个细心的村民用水壶中的水冲洗了鼎耳的断裂处，发现断口为旧碴口，看来这个大怪物被埋在这里之前就已经残破了，于是大家就不再寻找鼎耳了。

可是，另一个问题出来了：鼎太大太重了，怎么才能把它弄到地面呢？

有人提议把鼎锯成几块，再分别把它们弄出地面。这个提议当即被吴希增喝骂！看样子只能用土办法了——填土取物。当地人叫"叉抽"，就是在坑口支起结实的三脚架，固定上辘轳，再用粗绳子从辘轳上面拉过来，直通坑底，成了稳固的提升架然后用牲口拉动绳子使劲往上拽，下面的人再一起帮衬着用杠子撬并且用土回填大鼎下面空出来的缝隙，让大鼎一点点升起来。

说干就干，有人很快找来木头，在坑口支起架子。上面号子一喊，几十号人憋住气猛地一拉，"马槽"上升了十多厘米。大鼎一挪动，立刻有人往大鼎下垫土。然后，如此往复，大鼎一点点提升。折腾了很久，大鼎才上升了五六米。此时天色渐亮，众人不免心急，用的力过猛，只听到"啪"的一声，绳子断了！

由于一层层地垫土，所以大鼎对洞下面的人并没有造成伤害。不过借力的绳子断了，想干也没法干了。众人又担心日本人得到消息，吴希文等人只好填回一些浮土，再用柴草盖住洞口，约定晚上再接着干。

吴培文到家之后顾不上睡觉，胡乱吃了一口饭，就去镇上买三根最粗的井绳，今晚无论如何也要把宝物挖出来。

大家都开心极了

3月17日，难熬的白天缓慢度过，从乡亲们闪烁的言语中，大家都很清楚，一个天大的宝物即将呈现给村民。当晚很多出力的人家晚饭格外丰盛，四十来个村民吃饱喝足，小声地呼唤着集合起来。此时，夜幕已经降临，吴培文一身短打扮，地上摆着白天刚从县城里买回来的三盘粗粗的新井绳。村民抬着早已准备好的圆木房梁等物件走向荒野，一行人静悄悄地消失在村尾。

与村民同时去坟地的还有一群特殊的人，不知道是谁走漏了消息，武官村所属的第十区区公所知道了宝物的事。区公所也算有爱国心，他们把这件事控制下来。一个有名望的头头来到武官村，和吴培文说大家是乡里乡亲的，要派一个排保护现场，免遭土匪袭击。吴培文接受了区公所的好意。于是，大坑周围，每50米远就设一个岗，自然这些负责警卫的人都是知根知底的本地人。

昨晚奋战了一夜的坑口依然如故，那个庞然大物还是稳稳当当地卧在泥土里。很快，十多个身手敏捷的汉子在坑口用房梁重新搭起了一个牢固的三脚架，上面放上一个辘轳，三根粗粗的井绳缠绕在辘

铲上，绳子的前端被紧紧固定在三
头大牲口的身上，三根绳子的尾端
垂向深坑里。一根绳子拴在了鼎耳
处，另两根绳子拴在了对角的两个鼎
足处。

后母戊大方鼎

村民分成了两组，坑上面的人吆喝
牲口并帮助一起使劲拉绳子，并且随时
固定住升上来的绳子避免回溜。坑下面
的人同时用几根粗大的杆子伸入鼎下使
劲往上翘，伴随着几声闷哼，鼎的底端在两股力的作用下被翘起来一个
空隙，两个身材瘦小的汉子立刻用铁锹往空出来的鼎下填土，然后撤出
杆子，让大鼎压在刚刚垫起来的土堆上；然后杆子换到鼎的另一边依法操
作，撬动大鼎，往下填土、夯实。就这样，一层层土填在大鼎的下面，大
鼎缓慢地从深坑内上升，它的面目也越来越清楚。

夜晚的凉风寒冷刺骨，几十个汉子却热得浑身冒汗，累了就坐在地上
抽袋烟，渴了就对着水壶嘴喝上几口，大家就一个想法，天亮前必须挖出
这个宝物。

清晨5时，大坑终于被填平，这个耗费了三个夜晚，在三四十个壮劳
力外加三头牲口的努力下，终于从十几米深的泥坑中出来了，在场的人无
不兴奋异常。

一个来自3000多年前的国宝终于得见天日，只是它此时还不能呈现
在公众面前。紧接着，大鼎被架到牛车上，众人趁着夜色悄悄把鼎运回村
里。为了避免宝物被日本强盗抢走，吴培文早就想好了埋藏的地方。大鼎
暂时被埋藏到他家西院里一个粪堆下面，上面用柴草伪装好。在场的人都
被要求保守秘密，这些乡邻都当即立下誓言，绝不吐露大鼎的埋藏地点。
区公所派来的人自然也不例外都要立下誓言。

鬼子来了

宝物藏好了，参与挖宝的人心却一直悬着。为了安全起见，宝物必须尽快出手，吴希增第二天就外出联系可靠的买家，可是没等他带古董商回到村里，大鼎的消息还是泄露了。

埋藏宝物之后没几天，村里的两个小孩突然跑来对吴培文说："三叔，你赶快跑吧，鬼子来了！"此时，宪兵队、铁道警备队，还有皇协军共100多人已经出现在村外。吴培文一看这阵势，撒腿就往后村跑。一直跑到野外藏在一个土坑里，远远地观察村子里的动静。

这一次，日伪军得到的消息是捕风捉影的传闻，他们也不知道宝物到底是个什么样子？于是把吴培文家翻箱倒柜弄了一遍，没有找到"马槽鼎"，还在村子里乱搜了两个小时，逼问了许多乡亲，一无所获，最后离开了。

招惹了鬼子，这可怎么办？就在大家惴惴不安时，吴希增回来了。同来的还有赫赫有名的北平大古董商萧寅卿，随行的还有两个腰里藏枪的保镖。

日军进村的丑态

大鼎被重新挖出来，一看到大铜鼎，萧寅卿一下子惊呆了。他拿出放大镜，从鼎耳仔细地看到鼎足。他眯着眼睛，一声不吭，反反复复地看着大鼎。大家沉不住气了，纷纷催促他说个数。萧寅卿站起来，竖起两根手指头："我要了，这个数怎么样？"

"2万？"大家的眼里顷刻间闪现出欣喜，发财了，每家分几百大洋看来是没问题了。

"20万光洋！"萧寅卿豪迈地说，"不过，这兵荒马乱的，运不到北平，我也没法出手，你们得把它分解开，起码分个七八块，不然，我也过不了鬼子的检查站？等我一块块地装了箱，就把钱付给你们。怎么样？干不干？"

价码一下子翻了10倍，所有的人都动心了！受20万银圆的鼓舞，村民开始肢解大鼎，他们买来三打德国造的钢锯条，分别锯刻有铭文一侧的两个鼎足。但36根锯条几乎磨秃，鼎足仅留下轻微的痕迹。锯不开就砸开，有人拎来大铁锤，垫上被子往鼎上砸。"轰"的一声，巨大的声响还是远远传出去，由于害怕把鬼子招来，大家放弃了砸开的想法。肢解大鼎太难了！

吴培文突然说："这个萧寅卿不会是耍我们吧？如果鼎破了之后萧寅卿变卦怎么办？"吴希增也觉得不妥，说："按理讲萧寅卿不用开口给20万，哪怕给2万咱们也会卖的，他上来就开出20万的价确实不合情理。我看咱们还是等等再说。"

众人恍然，商议后决定暂时把大鼎埋起来，待银圆到手后再做计较。经过这番折腾，吴培文等人都认为先前埋鼎的地方已经不安全了，于是他们将大鼎转移至西屋马棚下。

还真让吴培文说对了，萧寅卿一去不返，迟迟没回武官村。

萧寅卿没来，鬼子可是又来了。上一次扑个空的日军不甘心失败，几天后又突然冲入武官村。这一次，日本人动用铁道警备队、日本宪兵队三四百人，在各路口架起机枪，将全村围得水泄不通。幸好吴培文机警地躲过一处岗哨，直奔村外，躲进了挖沙的大坑里。日本人一进村就直奔与吴培文家一墙之隔的西院，把粪堆翻了个底朝天，又深挖十余米，结果一无所获。日本人在村里找不到吴培文，留下几句恶狠狠的话撤兵了。

为了让日本人死心，村民凑了七八十元伪钞买了一尊赝品的"青铜甗"，并将它与一些碎陶片一并埋在吴家的地下。果然，第二天日本人又卷土重来，他们很顺利地找到了那尊藏在地下的"青铜甗"。据村中老人回忆，就在日本人找到这个假宝物之后，从武官村西北方向刮起了几十年罕见的大风，飓风卷着泥沙袭来，连根拔起几十棵大树。日本人不敢久留，带着搜查到的"宝物"，离开了武官村。这个说法有点迷信色彩，但多少也表现出村民对大鼎的厚爱。

吴培文知道日本人不会轻易被骗，他们肯定会研究带回去的东西，如果发现是假的，还会再次光临武官村。从这以后，吴培文被迫离家出走，他在江苏的亲戚家住了两年，又跑到外地给人做短工，维持生计。

蒋介石的寿礼

吴培文虽然跑了，日本鬼子并没有消停，他们多次来武官村威逼利诱村民交出宝物，有骨气的村民信守诺言，没有一个人自甘堕落、投靠日伪，大鼎就这样被武官村村民保护下来。抗战结束后，吴培文回到了武官村，当初参与挖鼎的这些人又开始合计怎样把鼎卖出去。

精美绝伦的后母戊大方鼎

1946 年 6 月，当时安阳县的一位极有城府的"陈参议"觊觎宝物，他威逼吴培文等人把大鼎上交县政府。几次威逼不见成效，陈参议就勾结驻军强抢。当时出版的《民生报》载文说：7 月 11 日夜，陈参议派人并得到驻军某部之协助，至该村掘至终夜，于 12 日早晨将古炉用大马车运县，存放古物保存委员会内。此文中"古炉"即武官村的大鼎。

当时的古物保存委员会设在安阳老城县东街 4 号的萧朝庙内，一时城内百姓争相参观，盛况空前。县里还没捂热乎宝物，风声又传到了驻扎在新乡的国民党第 31 集团军司令长官王仲廉的耳中。时值蒋介石六十大寿在即，王仲廉正在发愁送什么礼物，得知此事，正中下怀！于是，王仲廉派专人专车把这个庞然大物运到了南京，作为寿礼献给了蒋介石。蒋介石观看大方鼎后感慨了一番，最后下令把它交给当时的中央博物院筹备处保存。

当时的中央博物院的专家们接收了大鼎，他们仔细研究了大鼎的所有细节：大方鼎整体通高 133 厘米、口长 110 厘米、宽 78 厘米、足高 46 厘米、壁厚 4 厘米，重达 832.84 千克。该鼎的化学成分为：铜 84.77%，锡 11.64%，铅 2.79%，其他 0.8%。大方鼎呈长方形，有两个立耳（缺一耳），腹下连接四个中空的柱足，两耳外侧装饰一对虎嗜人纹，鼎的腹部装饰有饕餮纹等图案。鼎腹的内壁铸有"司母戊"三个字，考古专家们认为大鼎的全称是"司母戊大方鼎"，并认定它的所属朝代为商。直到此时，这个被村民称为"马槽鼎"的宝物终于有了自己的名字。

专家推断：铸造大鼎，需要的金属原料在 1000 千克以上，浇铸它必须有巨大的熔炉。在距今 3000 多年的商代，这样巨大的宝鼎是怎么铸造的呢？《周礼·考工记》中有"金有六剂，六分其金，而锡居一，谓之钟鼎之剂"的记载。研究发现，制造大方鼎的合金成分与古书的记载完全相符。

最让人吃惊的是，结构复杂的大鼎，除双耳是先铸成后再嵌入鼎范之外，鼎身部分都是一次浇铸而成的。这种铸造工艺本身就是一个奇迹，它标志着商代青铜器铸造技术已达到了相当高的水平。古代铸造青铜器用陶范。陶范就是模具。大方鼎的鼎身每面用 2 块外范，鼎身用 4 块内范，底用 4 块外范，每足用 3 块外范拼成，整个鼎共用 28 块陶范。

大鼎不但反映了中国商代青铜文化顶峰时期的水平，在世界青铜文化中也占据着极为重要的地位。它的庞大的体积和神秘的花纹也是研究中国古代历史的重要史料。

正名后母戊

1948 年 5 月 29 日，大鼎在南京展出。这个有着"古代青铜器之王"美誉的大鼎铸造工艺精湛，造型凝重结实，纹饰繁丽雄奇。首次与观众见面，便引发了热烈的反响。

1949 年春天，国民党残部由大陆败退至台湾，将大批珍贵文物悄悄运往台湾省。其中就包括商周时期许多珍贵的青铜器，例如铭文最多的青铜器毛公鼎。战事紧急，大鼎被运到南京机场后，由于太大太重了，又缺少必要的起重设备，就滞留在南京机场。解放南京时，大鼎被解放军士兵发现，随即被妥善保管，后转移到南京博物院存放。

1958 年，南京博物院从山东请来两位师傅，为大鼎复制了另一只鼎耳，安装在缺失鼎耳的部位，让发掘时只有单耳的大鼎恢复了全貌。

1959 年，中国历史博物馆（今名国家博物馆）建成后，大鼎从南京调往北京。自此，作为国之重器，"青铜之王"开始走向新的辉煌。此后，大鼎就再也没有离开过国家博物馆。国家博物馆开馆后，观众如潮。在规模宏大的中国古代青铜器展览馆里，各种精美的青铜器交相辉映。唯独大鼎傲视群雄，庄严、持重，气势压人，给人一种无言的强大震慑力，让人不由自主地肃然起敬。人们久久伫立在大鼎前，赞叹源远流长的中华青铜文化，赞叹中华民族出色的艺术创造才能。

存有争议的字样

20 世纪 70 年代起，学术界对大鼎的铭文提出了新的考释：因为商代的文字书体较自由，可以正书，也可以反书。因此，"司"与"后"二字的字形是可以一样的，"后"在这里表示墓主人的身份，即她生前乃商王之"后"，大鼎是商王祖庚或祖甲为祭

青铜岁月叹苍天

祀其母戊而作的祭器。因此，学术界建议将鼎名更正为"后母戊"鼎。但是民间对"司母戊大方鼎"这个名字早已耳熟能详，是否更名考古学界也有分歧。随着近年来考古学家对商代文明研究的深入，认为应改名为"后母戊"鼎的学者多了起来。

2011年3月28日，经过整修，重新对外开放的国家博物馆里，"司母戊"鼎已悄然改称"后母戊"鼎。一字之变，令很多国人错愕，很多国人都以为又发现了一个和"司母戊大方鼎"一模一样的国宝呢！经过媒体解读和释疑，大家才知道原来是改了名字。这尊3000多年前青铜重器，如今正傲然矗立在国家博物馆里，恭迎世人盛临观瞻。

第二章 字比金贵
——毛公鼎传世之谜

被誉为晚清"海内三宝"的大盂鼎、大克鼎、毛公鼎声名远播。其中,大盂鼎收藏于北京,大克鼎收藏于上海,唯独"海内三宝"中的另外一宝毛公鼎越过海峡,落脚在台北。毛公鼎到台湾省后,从此海峡阻隔。有很多学者一生都在研究宝鼎,却始终没能亲眼见过它,成为终生隐隐作痛的遗憾……

都来喝羊汤啊

先秦典籍记载,中华文明的步伐走到夏代,进入了奴隶制文明社会大门。夏禹定天下而划分九州,铸造九鼎,以作为社稷和王权的象征。九鼎随王朝的兴亡先后由夏而传至商周王朝。由此可见,重鼎大器向来是中华文明历程中最明显的标记。毛公鼎是西周时期最重要的青铜重器,也是我国迄今出土的青铜器中铭文最多的一件。

毛公鼎

从出土那一刻起,它近百年的传奇故事让世人充满好奇,而且毛公鼎保存在潍坊就有60年的光阴,这与金石学家陈介祺有着密不可分的关系。我们不妨通过稀世瑰宝毛公鼎重大的学术价值与问世后的坎坷命运来一睹它的尊容。这是一件在地下沉睡了近3000年的西周青铜器。自从毛公鼎出土的那一刻起，它的坎坷命运就已经悄悄拉开了序幕。

清道光年间，正值春季，陕西岐山董家村村民董春生在村西地里翻弄土地，他的两亩薄田是全家人生活的依赖，为了多收点粮食，他一直想把田中的那块大石头搬走。这块石头个头不小，他喊来了两个乡邻帮忙。一顿饭的时间，他们就把石头挖了出来。

谁知，在石头的底部泥土里，董春生还看到了一个圆滚滚的家伙，好像是个青铜物件。三个人见挖到了宝物，惊喜万分，顾不得石头，连忙把宝物抬出来。董春生用手拂去上面的泥土，原来是一个鼎，上面密密麻麻的有很多字。

"这家伙一定很值钱吧？春生大哥！"

"不知道，别出声，找个机会卖了它，银子咱们三个一起分！"

"春生大哥，跟着你，我俩也沾光了，哈哈！"

三个人本想等天黑之后将大鼎偷运回村里，可惜农村好打听事的人多，凑热闹的人也多。旁边的田地里有干农活的人，也知道董春生今天要搬走地里的大石头，就等着看这个热闹呢！有两个干完农活的人见董春生三个人围坐在地里不动，就以为他们在歇晌，就走过来，想蹭一锅烟抽抽。走到近前，他们就看到了这个大鼎，董春生想掩藏也来不及了。

这两个人看着眼红，忌妒地嚷起来："嗬，好家伙，有这好东西，大家来看啊，春生挖出宝了！"附近的村民闻讯赶来，将大鼎围得水泄不通。董春生无奈，只好抬着大鼎在众人的跟随下回到家里。

第二天，一个自称姓牛的古董商人出现在董春生的家里，他很在行地端详着大鼎，见鼎内有密密麻麻的一大篇古文字，知是"宝鼎"，便和董春生商讨价格。众村民七嘴八舌，有的说卖50两，有的说卖100两，还有的说卖120两。董春生心里没有主意，他故作镇定，让古董商开价。古董商见董春生不主动报价，以为卖家识货，生怕拖久了有变化，就当即开出白银300两银子的价格。

这300两银子是什么概念呢？我们可以从《大清会典》卷"文职官之

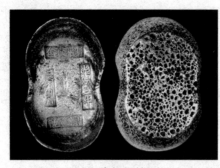

清朝银锭

俸"条中了解到：一品岁支银 180 两，二品 150 两，三品 130 两，四品 105 两，五品 80 两，六品 60 两，七品 45 两，八品 40 两，正九品 33 两，从九品、未入流 31 两。此为基本工资，称"正俸"；而"京员（朝廷和京城地方官员）例支双俸"，即在基本工资之外加发同样数目的津贴，称"恩俸"；此外"每正俸银一两兼支米一斛，大学士、六部尚书侍郎加倍支给"，称"俸米"；三者相加，就是清朝官员的工资了。例如：一个七品知县年收入就是 45 两银子外加 45 斛米（1 斛相当 100 升）。可以看出，300 两银子在当时还是非常有购买力的。

董春生大喜，当场成交。雪花白银堆满了桌子，董春生没有食言，和他的两个小伙伴每人分了 100 两白银。董春生知道村里人都爱热闹，也爱占点便宜，就提议三个人凑钱买 10 只羊用大锅做羊汤，宴请全村人喝羊汤。众村民听了无不欣喜万分，大赞董春生三人仗义。

名字惹的祸

古董商得到了鼎，心里窃喜，他偏偏多事，留下来准备喝羊汤。傍晚时分，他带着醉意，坐着驴车，和两个随从大摇大摆地向村南走去，为了礼节，董春昌送他们到村口。

在村口，一个叫董治官的村民拦住了他们。董治官面生恶相，光着膀子，左手拿着一只啃了一大半的熟羊腿，右手拿着一把杀羊的尖刀。他的身后，是他三个生龙活虎的儿子，一个个生得高大魁梧，而且都会功夫。

董春生连忙上前招呼："治官大哥，刚才劳烦您宰羊剔骨了，回头我再给您送只全羊过去。"

"没你的事，我和他说话！"董治官推开董春生，恶狠狠地指着古董商。

青铜岁月叹苍天

"这个大鼎是在我和董春生家里地中间挖出来的，有我的一半，你说拿就拿走吗？给我300两银子，我就放了你。"董治官毫不客气地狮子大开口。

董春生悄声告诉古董商，董治官是村里的恶霸，没人敢惹他，今天是看到银子眼红了，不如给他点银子打发了。古董商走南闯北，什么场面没见过，他看了看董治官说："我是从董春生手里买的，买卖公平，交易合法，众乡邻都可以作证。你如果不服可以去告官！咱们走！"

"走可以，把东西留下。"董治官大吼一声。

他的三个儿子一拥而上，准备将大鼎抢下来。古董商的两个随从也抢上一步，双方拳打脚踢混战在一起。很快，董治官的三个儿子占了上风，他们力气大得很，几拳就将古董商的随从打翻在地，乐呵呵地抢到了大鼎。

"拿银子来，这个东西老子留着没什么用，胡乱卖点银子就给你了！"董治官对古董商说道。若在平时，古董商不会和这种人计较的，他肯定会拿出点银子平息此事，但今天，他喝了酒，胆气很盛。他留下几句恶狠狠的话，带着随从离开了。董治官挠了挠头，借着酒劲捧着大鼎回家了。

古董商岂肯善罢甘休，他连夜赶赴县城报官。县令见有利可图，当即派衙役将董治官抓获并投入监狱，罪名有两条：第一条是私藏国宝，大不敬；第二条十分荒唐，呵斥平民百姓岂敢取名"治官"，乃犯上作乱。当堂命令他改名为"治策"，并用铁链吊着拷打他，迫令招供藏鼎何处。董治官受不住刑罚，全盘交代了。县令又派衙役取出大鼎，装上单套驴车，披红放炮，运往县衙。大鼎被弄到县衙门后，这个古董商拿出50两银子贿赂县令，就这样，大鼎还是被古董商悄

清朝时期的审案情景

悄带走了。

这一次，古董商吸取了教训，他谨慎行事，宝物不肯轻易示人。他也识文断字，凭借自身的文学素养，将鼎文也细细琢磨了，但是很多字词他无法参透。辗转几年间，他将大鼎带到了西安，最后被来自北京最大的古董铺永和斋的苏亿年、苏兆年兄弟俩重金收购。古董商见没了心事，又得了这一大笔钱财，便毅然离开西安，隐居乡下，从此不再露面。

一个字一两金

苏氏兄弟无意中购得此鼎，研读之后，知道了此鼎为毛公所制，于是将此鼎命名为"毛公鼎"。他们认为奇货可居，便将宝鼎带回北京。为什么苏氏兄弟认为此鼎奇货可居呢？一是此鼎年代久远，至少已经有近三千年的历史；二是此鼎出土时无破无损，极为完整；第三则是此鼎内腹部的字数极多，有32行、共497个字（也有一说是499个字）的铭文。当时无论地下出土的还是传世的青铜器，只要带有铭文的就更加贵重，多一个字可以加一两黄金。

西周青铜器可分为早、中、晚三期。青铜器上的铭文少则几个字，大多是族徽图像、人名或父祖名，多则三四十字，内容大抵是因赏作器，还有征伐、祭祀等内容。相比之下，有几百字的毛公鼎自然就格外珍贵了。

苏氏兄弟收购了一个大鼎的消息传到北京，出高价前来购买的人络绎不绝。但苏氏兄弟一概予以回绝，说根本没有这回事，都是瞎传的。身为古董商人，苏氏兄弟为什么不赶紧出手大赚一笔呢？这里不能不提到一个人，他就是毛公鼎的第二任收藏主人陈介祺。

陈介祺是清代著名的金石学家，被公推为19世纪末最有成就的收藏家之一。著名文字学家商承祚先生在著作中感叹："……他的眼光太好了。他一生收藏的铜器等不下几千件，没有一件

陈介祺印鉴

是假的。这人是谁？就是山东潍县的陈介祺。"他也是第一位给毛公鼎做释文的人。鲁迅先生曾说过："论收藏莫过于潍县的陈介祺。"商承祚和后来的裘锡圭都认为"陈介祺是前无古人、后无来者的一代宗师"。

陈介祺出身官宦世家，祖籍山东潍县，少年跟随为帝王之师的父亲陈官俊游学燕蓟，19岁即以诗文名扬天下，33岁殿试二甲第三名，以进士身份担任了翰林院编修。陈介祺以毕生精力收集金石文物，在青铜器、陶器、印玺造像方面有极高的造诣。他一生著作极为丰富，如《十钟山房印举》《封泥考略》《簠斋吉金录》等五十多种。他是我国陶文发现、鉴定、考释第一人，有"陶文之父"之称，其所著《簠斋论陶》一书成为我国陶文研究的最重要文献。陈介祺与当时著名收藏大家潘祖荫、吴大澂、王懿荣、吴云等人过从甚密，经常以书信形式共同考辨古物，研究古文字，也是当时著名的金石文字专家。就在毛公鼎出土前，陈介祺还收购了一件西周的鸿宝重器"天亡簋"（又称大丰簋）。

收购"天亡簋"使陈介祺和苏氏兄弟成为好朋友——将"天亡簋"卖出的正是苏氏兄弟。陈介祺与苏氏兄弟十分投缘、关系甚密，因此，苏氏兄弟答应陈介祺，一旦他们手中有了上好的古董，一定要让陈介祺优先挑选，只要看中了，他们就绝不再让第二个买家过目。陈介祺爱宝如命，当他得知有很多文字的大鼎出土后，恨不得第二天就把此鼎揽入怀中。但他却没有这样做，他几乎就在毛公鼎的边上，静静地苦等了很长一段时光。

苏氏兄弟回京后第一天，两人兴冲冲地闯进陈介祺府中，迫不及待地告知他这个好消息，让陈介祺收购宝鼎。谁知，陈介祺却一脸冰霜，淡淡地摇摇头，轻声说道："现在既不想看鼎，也不能购鼎。"

此话让苏氏兄弟大吃一惊。原来陈介祺是个大孝子，一向严格遵守其父的训导。其父陈官俊担任过道光朝中的工部尚书、兵部尚书、礼部尚书和吏部尚书。他深谙人生沉浮的秘诀和青铜宝鼎的分量，他担心儿子收藏的古物过于罕见，会引起同僚的猜忌，所以他坚决反对儿子以重金购买毛公鼎。由于父亲的严格限制，陈介祺只能眼睁睁地看着毛公鼎可能被别人所得。

　　苏氏兄弟当即留下话，鼎不急着出手，等陈介祺看过之后再说。这苏氏兄弟也真是诚信守义之人，他们知道陈介祺爱宝心切，又无奈迫于父亲的威严，就答应先等等。据说这一等就是九年。直到咸丰二年，即1852年，父亲去世后，陈介祺开始独掌家业，才花重金将毛公鼎买了下来。

冲冠一怒为毛公

　　因社会黑暗风气败坏，故有"怀璧之惧"。为防止不测，陈介祺尽可能地减少外界对毛公鼎的影响。即使对亲朋好友，他也矢口否认自己收藏了宝鼎。

　　陈介祺对于收藏的文物，大都乐于公之于世，印成目录，昭示天下，唯有对毛公鼎，始终深锁秘藏，秘不示人。就连毛公鼎的铭文拓本，也只在得鼎之初拓了四份。目前，国内仅存两件毛公鼎铭文拓片。陈介祺精通古文，故购得毛公鼎后，先拓后释。他直接对应铭文写出释文，不识之字则照原文摹写。现在看来，他的释文已经把铭文中的大多文字释出，或许

毛公鼎铭文

是一时疏忽，他竟然漏释了一行字，并且对于一些关键性的、难度高的字大多阙疑。但这毕竟是毛公鼎的第一篇释文，陈介祺有开创之功。

毛公鼎铭文拓片

毛公鼎释文刚一面世，立刻引起轰动，许多学者著文论述，凡研究金文的专著中都少不了毛公鼎。不过，基本以考释铭文为主，其他问题则很少涉及。

陈介祺得到毛公鼎仅一年多，其母病故。咸丰四年，他借母亲病故、回乡奔丧的机会，辞官回归故里，专心致力于古物的收藏与考证。他以"热闹场中良友少，巧机关内祸根蟠"这两句诗，表明了自己安居故乡、从此远离仕途的心境。由于他深居简出，很少与人来往，因此也就没有引起什么波澜。

但坊间却流传着这样一个故事。话说在他携宝返归故乡以后，朝中重臣张之洞著文说"毛公鼎"是伪造赝品，陈介祺以千金买赝鼎，实在不慎重。一时间，北京收藏界大为震惊，流言纷纷。陈介祺不仅珍爱毛公鼎，更极其爱惜鼎的声誉。听到有人说自己手中的宝鼎是假，一气之下，一直隐居的他立即高调亮相北京收藏界，否定了张之洞对毛公鼎的妄自猜忌。他反诘说："古文字一篇中之气，一字中之气，一画中之气，岂是今人所能伪造？"虽然陈介祺澄清了毛公鼎的价值，维护了毛公鼎的声誉，但是也让毛公鼎从此大白于天下。

按照文史资料的记载，毛公鼎是西周晚期的一件青铜重器。铭文记载了周宣王为中兴周室，要重臣毛公忠心辅佐，并赐给他大量物品，毛公为感谢周王，特铸鼎记事的史实。毛公鼎铭文是成熟的西周金文风格，结构匀称，线条遒劲稳健，文辞典雅。郭沫若先生赞其"泱泱然存宗周宗主之风烈""抵得上一篇《尚书》"。

为了响应陈介祺，浙江嘉兴名士徐同柏和清代杰出金石学家许瀚也对毛公鼎进行了研究。与陈介祺不同的是，徐氏还对铭文中的疑难字句进行解释，并注重与典籍相互印证。徐氏的释文收录在《从古堂款识学》一书中，许瀚的研究成果则收录在其专著《攀古小庐古器款识》中。此后，孙诒让、吴大澂、刘心源等学者也参与了对毛公鼎的研究。

后来，陈介祺又在参考徐同柏和许瀚的释文后，五易其稿，于1871年写成《周毛公鼎考释》，惜未刊行，难以得见，后由其后人捐献给国家。

崽卖爷田心不痛

陈介祺嗜好收藏文物，铜器、玺印、石刻、陶器、砖瓦、造像等无不搜集。提起他的收藏，不得不说万印楼。万印楼始创于清道光三十年（1850年），当时陈介祺还在翰林院中供职，在金石收藏研究上初露锋芒，不过已有退出政坛、专事金石之念。回潍县后，这里就成了他收藏研究金石之所。在这里，他秉承"意在传古、志在为国"的理念，鉴古、集古、释古、传古，三十年如一日，至死方休，终成"前无古人、后无来者"的一代金石大师、晚清金石界领潮人。

毛公鼎在陈介祺手上收藏了三十年，也静静地陪伴陈介祺过了三十年平淡的日子。他不但收藏了毛公鼎，而且还把毛公鼎藏在潍县万印楼，并进行了很多有重大历史研究价值的考释。为确保毛公鼎万无一失，自己的学术研究不被打扰，陈介祺还发明了一种天梯，使平时楼上楼下完全处于隔绝状态，但只要情况需要，一按机关，便可自由往来楼上楼下。正是在万印楼这神秘的空间里，陈氏完成了奠定他金石学大家地位的系列著作《簠斋金石文考释》《簠斋藏陶》《封泥考略》《十钟山房印举》等。其中后者以分类编纂，开科学研究古印先河，被学林誉为"古印谱之冠"。在陈介祺影响下，流风所及，潍县名印谱层出不穷，在民国以前，便形成了博大精深的万印楼印学文化。

万印楼

如今陈介祺离去一百多年了，当年的万印楼占地一公顷，现在遗留的房屋占地仅是原来的三十分之一。这座寂静而又沉默的小楼仿佛有一种独特的气质，将自己与外边世界的嘈杂与繁华隔离。如今，人们只能在斜阳草树、寻常巷陌中，透过历史沧桑去寻找昔日那繁华盛世的残迹，品味潍坊历史文化那深厚的积淀。

陈介祺于光绪十年（1884年）病逝，所藏古文物分给三个儿子，其中次子陈厚滋分得毛公鼎诸器。他一直牢记父亲的生前教诲，安心于读书守业的平静生活。

陈介祺生前曾为其子孙立下三条规矩：一不许做官；二不许经商；三不许信教，希望后辈能安分守己做学问。他的儿子都很听话，但是到了陈厚滋的次子陈孝笙时，陈家平静的日子被打破了。虽然陈孝笙知道，爷爷传下来的那只宝鼎价值连城，还有些神秘的故事，但宝鼎只能看不能卖，又不许声张，怎么能赚到钱呢？于是他想尽一切办法，想要尽快卖掉毛公鼎，一念之差，便引发了持续多年的夺宝之争……

打人的鸡毛掸子

陈孝笙主掌家业后，不顾爷爷陈介祺生前的规诫，先后开办了一个钱庄、一个药铺，想以经商振兴家业。在商业交往中，他不时向外人炫耀自己家里的收藏，兴奋之余，就泄露了自家藏有毛公鼎的秘密。这个消息传到了两江总督端方的耳朵里，这位位高权重的总督也和陈介祺一样，十分爱好金石古物，并且也是爱鼎成痴。

端方（1861—1911年），清末大臣，金石学家，字午桥，号陶斋，正白旗人，托忒克氏。历任工部主事、陆军部尚书、湖广总督、两江总督等职。端方1882年中举人，捐员外郎，后迁候补郎中。一度支持戊戌变法，但在变法失败后又受到荣禄和李莲英的保护，未受株连。光绪二十四年（1898年），任直隶霸昌道。不久清廷在北京创办农工商局，将其召还主持局务。端方趁此机会上《劝善歌》，受到慈禧赏识，被赐三品顶戴。此

端方

后，端方出任陕西按察使、布政使。光绪二十六年（1900年），八国联军占领北京，慈禧和光绪帝出逃陕西。端方因接驾有功，调任河南布政使，旋升任湖北巡抚。光绪二十八年（1902年），代理湖广总督，光绪三十年（1904年），代任两江总督。之后，他调任湖南巡抚。在历任上述封疆大吏期间，端方一直鼓励学子出洋留学，一度被誉为开明人士，民间赞其"奋发有为，于内政外交尤有心得"。

光绪三十一年（1905年），端方被召回北京，升任闽浙总督，未及上任，便被派遣了更为重要的任务：端方和戴鸿慈率领33人，历访日本、美国、英国、法国、德国、丹麦、瑞典、挪威、奥地利、俄国十国。回国之后，端方总结考察成果，上《请定国是以安大计折》，力主以日本明治维新为学习蓝本，尽速制定宪法。端方还献上自己所编的《欧美政治要义》，后世认为此乃中国立宪运动的重要著作。

端方一生嗜好金石书画，大力搜集收藏青铜器、石刻、玺印等文物。对于毛公鼎，端方也是非常喜爱，而且手中还有毛公鼎的铭文拓本。得知宝鼎果真藏在陈家，端方便决意一定要得到毛公鼎。凭他两江总督的官位，"海内三宝"怎么说也该有一宝归自己收藏。

他找来自己的密友陈子久，请他帮忙从中撮合收购毛公鼎。陈子久一口答应，一连几天请陈孝笙喝酒。席间，酒醉的陈孝笙当面说出毛公鼎就藏在自己家中。不想第二天，陈子久就登门拜访了。一进门，陈子久就说明来意，要出价白银2万两购买毛公鼎，更毫不避讳地直言，买家就是两江总督端方。

一听端方这个名字，陈孝笙自知惹出了祸端。虽然他生性爱财，但也久闻端方大名，知道两江总督的钱可不是好拿的。就在他不知如何抉择之时，在一旁陪坐的母亲突然发话了："逆子，你给我跪下！"

陈孝笙吓了一跳，两腿发软，扑通一声跪倒在地。陈母厉声道："家运本是不济，你为何还要在外胡诌，炫耀家中有宝？这下倒好，家中本没有鼎，你却在外胡言，现在大人派人来索，看你怎么办？"说罢，她顺手抄起鸡毛掸子，打在了儿子身上，边打还边骂："打死你个不孝子！祖宗的脸都让你丢尽了。"

一见此场景，坐在一旁的陈子久再也待不住了，他看得出，陈母是演戏给自己看，就是不愿出让宝鼎。陈子久起身便走，临出门时撂下一句话："陈家母省省力气吧，等端大人来了再打也不迟！"

陈母还是陈家儿媳时，就曾经亲耳听自己的公公讲过宝鼎的事。她深知宝鼎只有大隐于世，才能保住一家人的安全。等陈子久出门，陈母再次告诫儿子：毛公鼎是传世之宝不能擅动，否则将带来无法预知的灾难！

虽然被母亲当着客人的面痛打了一顿，陈孝笙并没有幡然悔悟，反而和母亲较上了劲。他一心想找端方卖掉宝鼎，用赚来的钱做大生意。端方得知陈孝笙生性爱钱，只是碍于祖训和母亲的劝阻才没有答应，于是托人转告陈孝笙：如果答应卖鼎，除 2 万两白银外，陈孝笙还能得到

端方（前排左）出国访问

位高权重的官员职位的好处。面对如此大的诱惑，利欲熏心的陈孝笙顿时心花怒放。宣统二年，也就是1910年，陈孝笙不顾家人和母亲的反对，他让端方出一纸文书作凭证，以2万两白银的价格，把毛公鼎转售给了端方。

得了毛公鼎的端方欣喜若狂，立刻收入密室保存。卖了毛公鼎的陈孝笙却迟迟不见端方许下的局长的委任状。没多久，端方奉命到四川镇压保路运动，拍拍屁股走了。

陈孝笙拿着端方所留下的凭证到总督府理论，结果被告知，那凭证上的印鉴不过是一枚废章，凭证变成了一张废纸！上当受骗的陈孝笙站在总督府的门口，突然想起母亲的话：毛公鼎是传世之宝不能擅动，否则将带来无法预知的灾难！他突然觉得胸口发闷、眼前发黑，昏倒在了总督府门前。悔恨交加的陈孝笙，从此一病不起。

陈家的姻亲、当时的一位金石学家吴重熹为此写了一首诗："病史当年卧海滨，十钟万印尚纷陈，楚人轻问周家鼎，尤物从来不福人。"

受骗失去宝鼎的陈孝笙没想到，得到宝鼎的端方也应了"尤物从来不福人"的诗句。得到毛公鼎的端方还没来得及好好欣赏，就在四川保路运动中被砍掉了脑袋。

端方一死，端家失去了顶梁柱，好在端方积累了万贯家财，不至于经济受困。1918年，端方的女儿出嫁时，端府的太太想以毛公鼎作为长女嫁入婆家的陪嫁品。可长女婆家听说了其中的传闻，生怕惹来他人艳羡，就是不敢接受宝鼎。毛公鼎只好继续留在端家。

典当风波

失去了端方这棵大树，端家人只能坐吃山空，没几年就陷入拮据的状态。端方的几个妾又不和，相互间争斗很激烈，为了家产，各种方法用尽。他的一个妾最后占有了毛公鼎，对于一个没有什么文化底蕴的妇道人家来说，毛公鼎就是一个值钱的物件，只有卖掉才有价值。

为了卖个好价，其妾四处兜售毛公鼎，她嫌中国人开价太低，就准备将毛公鼎卖给外国人，她选择了天津华俄道胜银行。在天津华俄道胜银行收入毛公鼎之前，当时古玩界有些人想坏掉这宗交易，逼端家为毛公鼎另择他主质押，便借"爱国护宝"之名四处放风，以致当时盛传该鼎是后人做的赝品。华俄道胜银行为慎重起见，派出专人来潍县陈氏后人府上，借调当年陈介祺铸造的毛公鼎仿器进行比对，发现两器重量有差异，而且仿器的造型与铸工均很粗劣，才断定所收质押之器是真品，然后准予质押，入库保存。端方的妾靠着典押毛公鼎得银 3 万两，生活起居好了起来。她原本也没想再为毛公鼎赎身，只要自己的小日子过得舒服就满足了。

经过这场质押风波，毛公鼎身价倍增。不过经历了这样的波折，毛公鼎已不再是秘藏之物。不久，美国学者福开森出面做"媒"，拉拢英国记者辛浦森准备出价 5 万银圆让端方妾转手毛公鼎，其妾嫌价低拒卖。

福开森何许人也？端方生前曾经为立宪制度出洋考察宪政，又担任过南洋（外交）大臣，结识了欧、美、日多国很多的上流社会人士，这个美国学者福开森就是其生前的一个朋友。端方死后，其京城房产被人纵火烧毁，其遗属为维持生计出售了许多佳品。福开森以端方故友的身份，诱骗端方之子把一整套举世无双的商朝青铜器卖给他。

原华俄道胜银行大楼旧址

1926 年前后，大陆银行总经理谈荔孙来到端家，表示愿以相当低的利息为优惠条件，代端家去天津华俄道胜银行赎出毛公鼎，改转质押给大陆银行。经当时端家掌门的端方子媳夫妻同意，谈荔孙亲自前往天津华俄道胜银行办理了转赎手续，将毛公鼎运回京城存放于大陆银行。

对毛公鼎始终念念不忘的福开森，之后对时任北洋政府交通总长的大收藏家、后任北京大学国学馆馆长的叶恭绰表示愿向其借资出款，请其出面将毛公鼎从大陆银行赎出。

叶恭绰除早年致力于交通事业外，生平于艺术、书画、诗词、文物鉴藏无不精通。书工楷、行、草，主张以出土竹木简及汉魏六朝石刻、写经为宗。他用笔运腕，独有心得，笔法雄强朴厚，妍媚动人，自成一家。人称其书有褚之俊逸、颜之雄浑、赵之润秀，被誉为当代高手。画则竹梅松兰，尤善画竹，秀劲隽上，直抒胸臆。画就辄题诗词，全国性美术展览及书、画团体无不参加。

为了保护祖国文化遗产，使之不流入外国人之手，叶恭绰曾经购买了许多珍贵字画、碑帖、瓷器、铜器、孤本、善本、外国难得之名著与故宫禁物，约有八大箱准备献给博物馆，均不幸损毁。一次他重金购得稀世珍品——晋朝王献之的《鸭头丸帖》真迹，慨然捐献给了上海博物馆。又先后将全部收藏品捐给北京、上海、广州、苏州、成都等市有关机构，他是一个爱国人士。

身为收藏大行家的叶恭绰当然明白福开森的醉翁之意，眼见洋人居心叵测，他便联系了暨南学堂（现暨南大学）首任堂长郑洪年、光绪进士冯恕商议如何保住毛公鼎，三人决定合股买进毛公鼎，但购得后仍存放在大陆银行内，福开森的诡计因此没有得逞。

1930 年，叶恭绰手头积蓄了一笔钱，郑洪年、冯恕两人出让了对毛公鼎持有的股份。从此，毛公鼎的所有权归叶恭绰独自拥有，但继续存放于大陆银行。1934 年，叶恭绰迁居到上海筹建"上海市博物馆"，次年"上海市博物馆临时董事会"成立，叶恭绰出任董事长，毛公鼎也随之从大陆银行取出运至上海保存。1937 年，淞沪会战开战，叶恭绰眼见上海即将沦陷，便决定去香港避难。离沪前将毛公鼎秘密寄存于公共租界英商美艺公司仓库内。

笑到最后的竟然是个汉奸

1937 年 11 月，日军占领上海，叶恭绰来不及转移毛公鼎就匆匆忙忙赶到香港避难。在滞留香港的 3 年时间里，他每天都在思念毛公鼎。不料，1940 年，叶恭绰的姨太太为侵吞他在上海的财产，大兴讼事。为了赢得财产，这个姨太太竟然投靠日本人，把毛公鼎在上海叶氏家中的消息透露给了日本人。

叶恭绰急电侄子叶公超代自己回上海应诉，在香港叶恭绰见到侄子后再三叮嘱：“我把毛公鼎交付给你，日后不得把它变卖，不得典押，决不能流失出国！有朝一日，可以献给国家。”

叶公超何许人也？他 1904 年生于江西九江，名崇智，字公超。曾先后任北京大学、西南联大教授，是新文化运动的先锋，培养了像钱钟书、季羡林、吴世昌等高足，当了 14 年老师后投身政治。

叶公超到上海后，第一件事就是赶快把寄存于公共租界英商美艺公司仓库内的毛公鼎藏在一个安全的地方。不出所料，他刚妥善掩蔽好毛公鼎，就遭日本人逮捕。

日本人本来就对毛公鼎垂涎三尺，而今知道了毛公鼎的下落，更是不遗余力地要把此鼎弄到手。于是，他们频频到叶宅进行搜寻查找，搞得叶家老宅鸡犬不宁。日本宪兵队在叶家搜出一些字画和两把防身用的手枪，叶公超因此以“间谍罪”被捕。日本人把叶公超拘捕至宪兵队，关进阴森恐怖的大牢，不分昼夜地对其进行严刑拷打，逼其说出藏鼎的地方。叶公超受尽折磨，但他始终守口如瓶。后来，为了蒙混过关，叶公超密嘱家人仿造了一个赝品交给日军，暂时蒙骗过去，又由其大哥叶子刚出面，重金具结保释。当他形容憔悴地走出日本宪兵队的牢房时，已经被整整关押了49 天，但仍受到日本人的监视。

1941 年，叶公超寻机密携毛公鼎逃离上海来到香港，把国宝完好无损地奉还于叔父叶恭绰。终于又见到了魂牵梦萦的毛公鼎，叶恭绰悬着的心总算放了下来。然而让人意想不到的是，香港沦陷了。叶恭绰不得不费尽心思，于 1942 年 10 月密携毛公鼎潜回上海，历史抉择又一次落到了毛公鼎上。叶恭绰回沪后坚拒出任伪职，闭门谢客，不久身染重病，家庭经济发生危机。然而此时叶家一大群人全仰仗他一人养活，家境困窘到了典当度日的时候。

1944 年，日军已节节败退，抗战胜利的大局已定。这时，有一个人向叶恭绰表示想买毛公鼎。这个人叫陈咏仁，是上海的一个大奸商，他买鼎的目的可不是爱国，而是给自己留条后路。叶恭绰不忍看着一大家子人饿死，便和陈咏仁达成协议，保证在抗战胜利后一定把毛公鼎捐献给国家，陈咏仁答应了。叶恭绰在万般无奈之下把毛公鼎转到了陈咏仁手中。

陈咏仁原是一位机械制造设计工程师。抗日战争前，陈咏仁曾在江苏无锡开设铁工厂，因技术高超又善于经营，在中国机械行业、苏南工商界中享有一定声誉。1938 年，无锡沦陷于日本侵略者之手。一些民族败类在日寇卵翼下粉墨登场，组织了傀儡政权。陈咏仁也为之心动，但他不敢公开担任伪职。当抗日战争进入持续阶段后，陈咏仁惑于私利，竟然与日本军部做生意，用日本军部从中国搜刮得来的五金物资为侵略者加工生产，甚至协助侵略者收购金属物资，制作机械，直接为日军军需生产服务而沦为汉奸。

抗日战争胜利后，陈咏仁原应受到国法制裁，但由于他拥有巨量财富，四处打点，通过与国民党政府的种种关系，贿赂国民党官员，最后居然能逍遥法外。而且，陈咏仁大张旗鼓地将毛公鼎交给了"上海敌伪物资管理委员会"，为自己又赢得一份喝彩，隐隐然成为一个"保护国宝"的"义士"了。

海峡的另一边

1946 年 7 月的一个傍晚，在上海火车站的站台上，一列开往南京的火车即将开车，一个官员模样的人和两个随从扛着一个大大的箱子匆匆上了车。车到南京已是深夜，这个官员将两个随从打发走，自己扛着箱子走进一间办公室，悄悄地把箱子放在一个办公桌下，又在箱子上放了一些书报伪装好，便迅速锁好门离开了。连夜带着箱子从上海赶回南京的官员，就是当时的国民党教育部长徐伯璞，箱子里装的就是毛公鼎，当时存放在"上海敌伪物资管理委员会"。经过多次交涉，徐伯璞将毛公鼎取出，准备移交给南京博物院收藏。

那么堂堂的一个教育部长，又是堂堂正正地准备将宝鼎移交国家，为什么还要搞得如此神秘呢？原来，徐伯璞之所以连夜把毛公鼎从上海带回南京，是怕万一被一些有权势的人知道，再闹出什么波折，因为毛公鼎是一个许多人都想攫取的宝贝。毛公鼎在徐伯璞的办公桌下不为人知地躺了20 多天后，在 1946 年的 8 月 1 日这一天，南京博物院派专人前来，将毛公鼎郑重领走。

同年 10 月，恰逢蒋介石六十寿辰之际，国民党教育部、中央研究院联合举办"文物还都展览"，展期为一个月，毛公鼎列于其中。三件青铜重器终于相聚南京。展后，毛公鼎作为国宝重器被南京博物院收藏，正式结束了民间收藏历史。

1948 年，解放战争深入发展，国民党节节败退，要把南京博物院等处的文物转移到台湾。11 月 10 日，兼任故宫博物院理事长的翁文灏邀集常务理事朱家骅、王世杰、傅斯年、李济、徐森玉等，以谈话会的方式密议，商定选择故宫精品，以 600 箱为范围先运到台湾，而以参加伦敦艺展的 80 箱为主。

1948 年 12 月，包括毛公鼎在内的文物被送上了军舰"中鼎号"。后母戊鼎也在同行之列，由于太重，后母戊鼎没有被运上飞机，最后遗留在南京机场，被解放军战士缴获。毛公鼎与一批国宝重器被运往台湾省基隆，上岸后押运到台中雾峰乡吉峰村的联合管理处保管。

包括毛公鼎在内的三批文物运台后，除重要文件存于台北，一些文物暂存新竹的杨梅，其他文物皆转到台中糖厂仓库储放，并重新编箱编定《存台文物清册》，构成了台北故宫博物院典藏的主要部分。

1950年初，毛公鼎被运到台中糖厂，只存放了一年多的时间，由于文物没有办法保护，又找到了台中的雾峰乡北沟村。除一部分文物还留在杨梅以外，其余所有的文物全部运到了雾峰，一个临时机构也成立了。

1957的春天，北沟库房的西边空地上盖起了一座小规模的陈列室，占地仅有600平方米，相当于一个篮球场的大小。作为台北故宫博物院的前身，这座位于北沟的陈列室第一次将文物进行公开展出。

1965年台北故宫博物院正式落成，毛公鼎放在商周青铜展厅最醒目的位置。

台北故宫博物院

毛公威武

鼎，在中国文化中有着特殊的地位。这个原本是古人用来蒸煮食物的器具，后来被用在祭祀活动中。今天的人们可以透过其上面的每一个字去洞见祖先的生活片段，连缀起他们的生活场景。历经沧桑的毛公鼎，无言地证明着中华文明生生不息的传承历史。

毛公鼎在过去多被认为是周初之器，郭沫若定为周后期宣王时期，但唐兰提出不同看法："这个鼎从它的形制、铭文内容、文字书法看，应该是厉王时器。"不过学术界多认同郭沫若之说。

毛公鼎通高 53.8 厘米，腹深 27.2 厘米，口径 47.9 厘米，重 34.7 公斤。敞口，双立耳，三蹄足。口沿上有厚实高大的双耳，颈部的两道凸弦纹之间饰以精美的重环纹。腹如半球形，足呈马蹄形，造型浑厚朴实。内壁铸铭文 32 行，497 字（也有说法认为是 499 个字），是我国现存青铜器中最长的铭文。毛公鼎的铭文之最，非仅在字数之多、训诂辞之华美，它对研究中国冶金史、文字史和西周史等均有重要价值。

在金文的研究领域，毛公鼎是一颗耀眼的明珠。首先，毛公鼎是青铜器中的重器，它器形虽小，外形亦不甚华丽。它的高度和重量与一些所挖掘到的殷商时期巨大青铜器可说是天差地远，然而，毛公鼎上刻的铭文却是当今出土的几千件铭文青铜器中最多的，是青铜器之最，是周宣王时代的完整册命，相当具有研究价值；其次，毛公鼎铭文具有典型性，它的文体特征与常见的铭文有所不同，不落入俗套，整篇铭文分五段论述，每段以"王若曰"或"王曰"开头，每段一个主题，内容丰富；再次，铭文记载的是当时社会历史第一手的宝贵材料，对古文字学、历史学研究都具有十分重要的意义，学术价值极高。

那么，毛公鼎上密密麻麻的文字记录是什么呢？

原来它是一篇完整的"册命书"，铭文记述了周宣王册命重臣毛公，委以定国安邦以及管理周天子家事的重任，并授予他宣示王命的专权，又特别申明，凡未经毛公同意的王命，毛公可以预告大臣们不予执行；继而又告诫、勉励毛公，不要懈怠懒惰，不要壅塞民意，不要侮鳏寡，要忠心辅佐王室，以免遭丧国之祸。为确立毛公的权威，周宣王重赏了毛公仪仗、车马、兵器等器物。毛公为感谢周王的恩德，特铸造铜鼎以为纪念，并嘱咐后世百代、子子孙孙永远作为宝贝珍藏。

这篇皇皇巨制，不仅是一篇重要的历史资料，在艺术上也极具美学价值，所以，自出土以后，书法家们无不为之倾倒。清末著名书法家李瑞清就曾说："毛公鼎为周代庙堂文字，其文有如《尚书》；学习书法不学毛公鼎，犹如儒生不读《尚书》。"

毛公鼎

毛公鼎整体造型浑厚而凝重，饰纹也十分简洁有力、古雅朴素，标志着西周晚期的青铜器已经从浓重的神秘色彩中摆脱出来，淡化了宗教意识而增强了生活气息。正因为如此，毛公鼎才跻身"海内三宝"之列，真的期望有一天，"海内三宝"可以相聚在一起，让所有的中国人都来欣赏。

青铜岁月叹苍天

第三章 天下第一剑
——越王勾践剑传世之谜

据《拾遗记》记载："至越王勾践，使工人白马白牛祠昆吾之神，采金铸之，以成八剑之精，一名'掩日'……二名'断水'……三名'转魄'……四名'悬翦'……五名'惊鲵'……六名'灭魄'……七名'却邪'……八名'真刚'……"勾践不仅喜欢铸剑，他还热衷于搜集和珍藏名剑。当宝剑鉴定大师薛烛看到勾践珍藏的宝剑时，大吃一惊，说他从来没有见过这稀世之宝。

西门吹雪的剑

有一种人，已接近神的境界，因为他已无情。

有一种剑法，是没有人能够看得到的，因为曾经有幸目睹的人都已死去。

有一种高超剑术的寂寞，是无法描述的，因为它源自灵魂深处。

他以剑法立足江湖，其人喜穿白衣，面容冷峻，生性冷僻，不苟言笑，嗜剑如命，取人性命在电光火石之间，所居住的万梅山庄，如"西门吹雪"这四个字一样，闻之令武林人生寒。西门吹雪的神韵，不在于他闪电般拔剑、出剑；而在于收回长剑时，剑锋上滑落的那一串血花……

著名武侠小说作家古龙笔下的西门吹雪给许多读者留下深刻印象，他一袭白衣，手持一把利剑，行侠仗义，此般侠义之风不知何时已深深定格在了人们的脑海中。

单手握剑的轩辕黄帝像

剑，至今已经有数千年的历史了，世人尊其为"百兵之祖"。剑因其携之轻便、佩之神采、用之迅捷，故成为历朝历代王公帝侯、文士侠客、商贾庶民所追捧的对象。不过究竟是谁发明了剑，至今还是一个未解之谜。有人根据《管子·地数篇》中"昔葛天卢之山，发而出金，蚩尤受而制之，以为剑铠，此剑之始也"的描述，判断剑出现于轩辕黄帝时代。

也有人说剑出现于殷末周初，《逸周书·克殷》记载，牧野之战取得胜利后，武王用"轻吕"击刺纣王的尸体，此"轻吕"古书释为"剑名"。

剑的历史悠久，到了东周，大多以铜铸剑，剑质颇佳，冶炼技术也逐渐进步。春秋战国时期，各诸侯国规范了铸剑的法则，使剑成为最主要的短兵器，并成为社会各阶层必有之佩备。佩剑者，或纵横沙场英雄百战，或称霸武林行侠仗义，或随身佩戴孔武有力。而伴随着越王勾践剑的出土，这种似乎只存在于武侠小说中的"神剑"也渐渐走向了现实。

想让其灭亡先让其癫狂

1984 年的一天，在中国历史博物馆（现国家博物馆）的贵宾室里，聚集了文物考古和冶金方面的许多专家，他们正在看一个有意义的试验：桌上平铺着一叠纸，足有 20 来层，有人小心翼翼地从包装盒中取出一柄 2500 多年前的青铜短剑。阳光透过玻璃窗，照得铜剑寒光闪闪。只见他用剑锋在纸上轻轻一划，那些纸立即被齐刷刷地割成两半。人们禁不住连声说："真锋利！"

这柄青铜剑为何如此锋利？它是怎么得来的，它的主人又是谁呢？我们不妨将思维飞越到春秋时期吴越争霸过程中！

公元前 496 年，越王勾践刚登王位，吴王阖闾即趁越国哀悼先王之际大举兴师伐越。越国军民痛恨吴国乘人之危的行径，同仇敌忾，奋力抵抗，竟然大败吴军，吴王阖闾负伤死在归国途中。临终前，吴王阖闾告诫儿子夫差一定要为自己报仇。

公元前494年，吴王夫差的复仇之师在夫椒一举击败越军，勾践被迫向吴国求和。骄傲的夫差应允了，于是勾践偕夫人入吴为奴，受尽凌辱。为奴三年后，骄傲霸气的吴王夫差不顾国相伍子胥的劝谏，竟然释放勾践返越，为自己埋下了苦果。

回国后，受尽侮辱的越王勾践并不死心，他卧薪尝胆，积极准备复仇。性格阴冷的勾践想起一个对付夫差的"阴招儿"，也就是"送美女给事吴国君臣，乱其心志"。

勾践命范蠡在越国各地找寻美女，最终选中西施、郑旦。这便是中国历史上最早的一次"选美"。越王获取貌似天仙的西施、郑旦后，便给这两位姑娘披上轻软的罗纱，打扮得如花似玉。大臣文种则认为，真正的美人应该具备三条：一曰容貌美，二曰善歌舞，三曰形体佳。西施、郑旦只具备一个条件，还缺乏其他两条。于是，勾践便命人在会稽城外的土城建起一座美人宫，让文种负责训练西施、郑旦，教以歌舞、步履、礼仪等。越王又命人为她们定制华丽适体的宫装，然后才派范蠡带着两位美女去吴国进献。

于是，历史上第一次"选美"产生的冠亚军随即成为施行"美人计"的工具。原本好色的夫差见到如此绝色美女，自然大悦。伍子胥急忙劝阻说："不可，王勿受也……臣闻贤士国之宝，美女国之咎：夏灭以妹喜，殷亡以妲己，周亡以褒姒。"

夫差根本不听伍子胥的这番美女"祸国论"，得西施、郑旦后便神魂颠倒。命筑姑苏之台，横亘五里；建造春宵宫，为长夜之饮；筑天池，池

吴王夫差雕像

伍子胥画像

中设青龙舟,舟中大摆妓乐,轻歌曼舞,日夜与西施、郑旦为水嬉;营造供歌舞表演与欢宴的馆娃宫、海灵馆,用珠玉装饰楹槛,金碧辉煌。一边是夫差沉湎酒色,不理朝政;一边是勾践卧薪尝胆,励精图治。勾践还定出奖励生育的制度,生的孩子越多给其父母的奖励就越多。他叫文种管理国家大事,叫范蠡训练人马,自己虚心听从别人的意见,救济贫苦的百姓。勾践时刻不忘耻辱,日日等待时机。历经"十年生聚又十年教训",越国国力日渐恢复,吴王对此却未加以警惕。

公元前482年,夫差参加黄池之会精锐尽出,仅留太子和老弱守国。越王勾践乘虚而入,大败吴师,杀吴太子。夫差不得已与越议和。公元前473年,越军再次大破吴国,夫差被围困在吴都西面的姑苏山上,求降不得而自杀,吴亡。

越王勾践平吴后声威大震,留下这段可歌可泣的"王子复仇记"。越王勾践完成了自己的使命,时光飞逝,他很快沦为一抔黄土,渐渐隐没在历史长河中。如今世人皆知勾践"卧薪尝胆"和西施的故事,不过至今仍然让他出尽风头的却是他的一柄佩剑——越王勾践剑。

高冷的青铜剑

1965年12月,一群农民正在湖北省荆州市修筑"二干渠"。由于连续几年干旱,当地收成很差,连栽红苕都没有收成,当地政府为了解决天旱问题,便从荆门漳河修一条水渠引水灌溉川店、马山、八岭山等乡镇的部分村,这条渠道就是"二干渠"。修渠的过程中,民工发现了"五花土",指挥施工的公社技术人员认为下面可能埋有古墓,便向上级汇报此事。考古专家来后,判断下面是一座楚国贵族墓,考古队很快进入现场。

由于荆州以北地区地下水位较高,墓坑积水较多,土质情况不良,坑壁极易崩塌,发掘时天气严寒,常有雨雪,给工作人员带来了很大困难。

当考古队来到公社后，当地公社不仅抽调民工帮他们发掘，还安排了部分民兵帮助维持秩序，并在墓地附近找了几户人家，安排考古队住宿。由于连日雨雪，发掘工作持续了几个月，文物出土后，参观者络绎不绝，特别是文物在墓地旁边展览的几天，大大小小的各式车辆从藤店公社门口路上一直停到公社门口路上，绵延好几公里。

这座楚国贵族大墓被命名为"望山一号墓"，与此同时还发现带封土堆的大中型墓葬 25 座，无封土堆的小型墓葬 30 多座。"望山一号墓"是一座中型、有封土堆、带墓道的竖穴坑木椁墓，墓坑东西长 16.1 米、南北宽 13.5 米。该墓因未被盗掘，随葬器物保存较好，发现有包括剑、戈、矛、殳和镞 5 种共 66 件兵器，其中一件青铜剑最引人注目。

这柄剑位于棺内人骨架的左侧，外套有黑漆木鞘。剑通高 55.7 厘米，宽 4.6 厘米，柄长 8.4 厘米，重 875 克。剑首向外翻卷成圆盘形，内铸有间隔只有 0.2 毫米的 11 圈同心圆，圆茎空心，近首处略粗大，近格处较细小。格的正面用蓝色琉璃、背面用绿松石镶嵌成美丽的几何花纹。当人们将它从剑鞘内抽出时，顿时有一种寒气逼人的感觉。只见剑身呈紫黄颜色，毫无锈斑，其光亮、色泽如同新铸成的一般。剑身较宽，中脊起棱，两锷垂末微弧，两面满饰黑色菱形花纹。在靠近剑格（即剑身和剑柄之间的椭圆部分）的地方，有两行鸟篆铭文，也称"鸟虫书"，共 8 个字。在发掘现场的考古人员初步解读出铭文中的 6 个字，分别为"越王××""自作（乍）用剑"，由此可知这是一把越王的佩剑。但是春秋时越国自允常于公元前 510 年称王起，经勾践、鹿郢、不寿、朱勾……至无疆于公元前 334 年被楚所灭止，先后有 9 位越王，该剑又属于哪位越王呢？唯有弄清剑铭中至关重要的两字王名，才能做出定论。

于是在考古学家、古文字学家之间展开了一场以书信往来为主要方式的学术大讨论。经过两个多

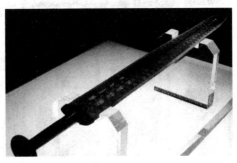

越王勾践剑

月的交流与研讨，终于确定这两个字为"鸠浅"（也有说是"鸠潜"），也就是大名鼎鼎卧薪尝胆的勾践的名字。于是这柄青铜剑被命名为"越王勾践剑"。

这柄宝剑在地下埋藏了 2000 多年，出土时毫无锈蚀，并闪烁着炫目的青光。据称，在发掘现场有人伸手去拿剑，手指刚一碰到剑刃，殷红的鲜血顿时就流了出来，足以见得宝剑的锋利程度，怪不得这把越王勾践剑被誉为"天下第一剑"。

穿越时空的技术

说这柄青铜剑被称为"天下第一剑"，要从铜剑表面看不到的复合金属工艺来讲。什么是复合金属工艺呢？简单地说，就是这柄剑是用两种不同成分的铜合金铸成的，越王勾践剑的含铜量为 80%～83%、含锡量为 16%～17%，另外还有少量的铅和铁。为了使剑韧性好，不容易折断，剑脊部的铜中少加一点锡。而为了使剑的刃部锋利，就在刃部的铜中多加一些锡。一把剑用两种合金，因成分不同，熔点也不一样，怎么铸造呢？古代的工匠们巧妙地利用了两种合金在温度上的区别，即先浇铸含铜较高、熔点也较高的剑脊，然后再浇铸熔点较低的剑刃，于是两种合金就复合成一体，使铜剑既坚韧又锋利。这种金属复合工艺，堪称是中国古代工匠的一大创造，领先世界 2000 年。

越王勾践剑细节展示图

越王勾践剑的剑身的黑色菱形花纹是经过硫化处理的，剑刃精磨技艺水平可与现在精密磨床生产的产品相媲美，充分显示了当时越国铸剑工匠的高超的技艺。剑首的 11 道极细小同心圆圈之间的圈壁仅仅在 0.2 毫米之间，即使现代的工艺也叹为观止。有人曾用现代车床技术仿制，同心圆的间距还是比较厚一些。古人的技术之高超确实让人佩服！

1973年6月在日本举办的《中华人民共和国出土文物展览》上，越王勾践剑和东汉的银缕玉衣都是其中的精品，郭沫若先生在展出前，专为勾践剑和银缕玉衣题诗一首，诗云："越王勾践破吴剑，专赖民工字错金；银缕玉衣今又是，千秋不朽匠人心。"越王勾践剑的展出，轰动了日本科技界和考古学界，许多学者对我国古代精湛的铸剑工艺盛赞不已，叹为观止。

吴王夫差矛

1984年12月，越王勾践剑又和刚在江陵出土不久的吴王夫差矛赴香港展出，被香港各界人士誉为"稀世珍宝"，是我国古代兵器中的"双璧"。

勾践所在的越国地区原本就有质地精良的铜、锡和非常发达的青铜冶铸技术，当今浙江著名的旅游胜地——莫干山，就是因为传说中的铸剑名师干将、镆铘夫妇曾在那里铸剑而得名。越王勾践为了强兵强国，着力发展兵器的冶铸，所以才能有这么精良的铜剑问世。

说到这里，有这么一个问题，越国位于浙江，怎么越王勾践的宝剑却是在湖北江陵的一个楚国贵族墓中出土了呢？这涉及楚、越两国的关系，对此曾引起许多学者的关注和探讨，主要有两种意见：一种是嫁妆说，根据史书和竹简所记，楚越之间的关系在楚威王之前是很密切的，楚昭王曾娶越王勾践之女为妃，于是勾践就将他珍贵的青铜宝剑作为嫁女之器，越王勾践剑因此流入楚国也并不是没有可能的。而墓主邵固是以悼为氏的楚国王族，从他祭拜先王、先君推测，他是楚悼王之曾孙，竹简中还记他常"出入侍王"，说明他与楚王的关系非常密切。邵固死时很年轻，楚王也可能为了表彰他的忠心侍候，最终把名贵的越王勾践剑赐葬邵固墓中。

再一种意见是战利品，结合《史记·甘茂列传》和《韩非子·内储说下》所载史料剖析，即公元前 309 年至前 306 年间，楚怀王曾派邵滑到越，离间越国内部矛盾，诱使越国内乱，楚怀王乘乱亡越，事后便将掠夺回来的越王勾践剑作为战利品赏赐给了灭越的大功臣邵滑。邵滑死后，便将这把驰名天下的宝剑陪葬。究竟是哪种原因呢？目前还不能下结论。

近年来，在湖北荆州辖区还出土了越王鹿郢剑、越王州勾剑、越王不光剑、越王剑等，现均存放在荆州博物馆。根据在今山西、安徽、湖南等地都有越王剑出土的事实，有人质疑，根据其他证据认为楚灭越的年代要比传统说法晚一些，而越王勾践剑等被葬入楚墓的时间要早于越国的覆灭，如此看来，越王勾践这把随身佩带的青铜宝剑，为什么会在远离越国的江陵楚国墓葬中出土，还是一个未解之谜。

千古不锈之谜

越王勾践这把随身佩带的青铜宝剑究竟是如何进入楚地的还需人们进行更深入的探讨。而除去不知如何入楚外，越王勾践剑还给后世带来了诸多的谜题，其中最引人注目的就是宝剑"千古不朽"依旧锋利无比的谜题。

早在 1977 年 12 月，有专家学者采用了质子 X 荧光非真空分析法对越王勾践剑进行了无损的科学检测。经检测发现，剑的主要成分是铜、锡及少量的铝、铁、镍、硫组成的青铜合金，依据剑各部位的不同，铜和锡的比例也有所不同。剑脊含铜较多，使剑韧性好不易折断；剑刃部含锡较高，使剑硬度大锋利无比。而且从剑身上的菱形纹饰中发现，除青铜成分之外，还含 5% 左右的硫。

铜是一种比较稳定的金属，日常情况下一般不容易发生锈蚀，这可以理解。但金属的表面硫化技术是 19 世纪末 20 世纪初才发明的，是现在仍在广泛使用的使钢铁表面光滑的技术。如果说勾践剑也使用了这样的技术防锈，那将是个了不起的成就。当时研究人员对这个结论很慎重，他们称也可能是表面氧化层受到硫化物污染所致，尚无足够数据确定铸剑时使用了硫化方法。可在此后的新闻报道中，中国早在2000多年前就掌握了金属表面的硫化处理技术的说法被不断传播。

勾践剑出土时并不是绝对没有生锈，只是其锈蚀的程度十分轻微，人们难以看出。而且出土几十年后，剑的表面已不如出土时明亮，说明在目前这样好的保管条件下，锈蚀的进程是难以绝对阻止的。因此剑不朽的原因，更大程度上也许不是由于剑本身，而在于当时特殊的环境。

根据基本的化学常识，古墓中铜器可发生锈蚀的情况主要有以下三种：第一，铜在潮湿的条件，有空气或氧气存在，可发生锈蚀，生成铜盐；第二，铜在潮湿的条件，与贵重金属（如金、银等）接触，可产生电化学腐蚀；第三，铜与硫或含硫的物质接触，可生成铜的硫化物，发生锈蚀。

勾践剑在出土时插在黑漆的木质剑鞘内，位于墓主人的左侧。外面层层相套有一椁两棺，并且椁室四周用质地细密的白膏泥填塞，其下部采用的还是经过人工淘洗过的白膏泥，致密性非常好。墓室深埋在数米深的地下，墓坑上部是夯实的填土，这样的环境就使得棺椁内部几乎形成了一个密闭的空间，断绝了与外界的空气交换。而"望山一号墓"又位于今天荆州附近的漳河二干渠上，地下水位较高，该墓室曾经长期被地下水浸泡，地下水酸碱性不大，基本上为中性。经地下水浸泡后，墓室内空气的含量更为稀少。正是这种完全隔绝氧气的稳定条件，最终使得勾践剑没有生锈。

望山一号墓主墓

与越王勾践剑同时出土的还有三柄青铜剑，这三柄青铜剑都放在该墓棺外的椁室内，锈蚀程度也较轻微，甚至与越王勾践剑完全相同。而1983年出土于江陵马山楚墓的吴王夫差矛，不管是从时代还是制造工艺上都很接近越王勾践剑，但是因为该墓保存状况不好，出土时不仅矛柄几乎全部腐烂，矛的表面也都布满了绿色的锈层。

可以肯定，越王勾践剑的不锈之谜也许是由于所处的环境条件所致，而不是其他的原因。但这样说剑身上的硫化物又怎么解释呢？有学者认为在春秋战国时期贵族的墓葬中都会有大量的陪葬品，而其中不管是尸体、衣物还是食物腐烂后都会产生相当多的硫化物，简单说这些物质便是越王勾践剑表面硫化物的来源。

其中最值得注意的是"硫化处理"这个结论，简单地说，"硫化处理"就是将一些物质稀释后包裹在物体表面。学者们认为，越王勾践剑是经过硫化铜的处理，这样就可以防止锈蚀，以保持花纹的艳丽。但后来许多仿制"越王勾践剑"的商家和个人，在经过无数次对比发现，最接近"越王勾践剑"原始"包浆"的只有硫化铬，而非硫化铜。

这样一来就产生了一个问题：春秋时期的中国人是否掌握"硫化处理"技术？按之前所知，"硫化铬"是德国于1937年、美国于1950年才发明的，并被列为专利。

其实像这样不可思议的技术元素，在中国并非孤证。袁仲一《秦始皇陵兵马俑研究》有这样一句话："一号兵马俑坑T2第十一过洞的一件青铜剑，出土时因被陶俑碎片压住而弯曲，当把陶俑碎片拿掉后，剑立刻反弹恢复平直。"这其中涉及一个名词"金属记忆"，又叫"形状记忆合金"，此项技术出现于20世纪70年代的材料科学中。

勾践的嗜好

尽管宝剑不朽在很大程度上取决于所处的密封环境，但不可否认当时的青铜铸剑技艺已经达到了炉火纯青的水平。那么在人们心中不禁会产生这样一个疑惑，这柄旷世名剑的铸造师又会是谁呢？据考证，欧冶子是最有可能的铸造师。

欧冶子（约公元前514年），春秋末期到战国初期越国人，被公认为中国古代铸剑鼻祖，龙泉宝剑创始人。欧冶子诞生时，正值东周列国纷争，楚先后吞并了长江以南45国，越国就成了楚灵王的属国。欧冶子肯动脑筋，具有非凡的智慧；他身体强健，能刻苦耐劳。他发现了铜和铁性能的不同之处，冶铸出了第一把铁剑——"龙渊"，开创了中国冷兵器之先河。

据《拾遗记》等古书记载，越王勾践有一个嗜好就是铸制名剑。在《吴越春秋》和《越绝书》中记载，越王勾践持有铸剑师欧冶子铸造的五把名贵的宝剑，剑名分别为湛庐、纯钩、胜邪、鱼肠、巨阙，都是削铁如泥的稀世宝剑。后来越被吴打败，勾践把湛庐、胜邪、鱼肠三剑献给吴王阖闾求和，但因吴王无道，其中湛庐宝剑"自行而去"，到了楚国。正所谓"君有道，

欧冶子雕像

剑在侧，国兴旺。君无道，剑飞弃，国破败"。为了此事，吴楚之间大动干戈，爆发了一场战争。

由于勾践名剑众多，收藏价值极高，并且古代尚武之风浓郁，一把稀世神兵更是世人所追求的。特别是勾践死后，许多人士曾绞尽脑汁去寻找他所珍藏的宝剑，但一无所得。除去近现代武侠小说的渲染，我们所得知的剑的记载多见于古籍或上古传说，如《史记》《越绝书》《列子》《吴越春秋》，有些是真实存在，而有些仅仅是人们假象或文学渲染的产物，但毋庸置疑，作为中华文明一部分的剑文化的代表者，剑在很大程度上象征

了中华民族某种正德、正身、正义的气节。

正如越王勾践剑一样，虽历经岁月变迁，依然显示出越国上下齐心协力、推翻吴国、复仇雪耻的壮举。天下第一剑也算实至名归。此剑不仅有超高的艺术价值，还有非常高的历史和文化价值，堪称国宝中的国宝，其具体价值是不可估量的。

青铜岁月叹苍天

第四章 挖出"水牛头"
——四羊方尊传世之谜

四羊方尊在地下沉睡了 3000 多年，让它重现人间的，是宁乡黄材镇龙泉村一位普通、也因此而不再普通的农民——姜景舒。然而，在炮火纷飞的抗日战争期间，四羊方尊竟被日机炸成一堆碎片，很随意地丢弃在一个仓库里。幸好，一个能工巧匠将它复原，我们才有幸看到四羊方尊的绝世风采……

248 块大洋

沿着清澈的龙泉溪行走，走进湖南长沙宁乡黄材镇月山铺转耳仑山，就可以看到其轮廓依稀像一只巨大的人耳。山上布满黑色的巨石，以及丛生的杂草，还有一片片山田。

1938 年 4 月，姜景舒带着另外两个兄弟

1937 年春，村民姜景舒在转耳仑山山腰挖土栽红薯时，一锄头下去便挖到一块坚硬之物，他以为是块石头，便没有继续深挖。他用锄头浅浅地刨了一层土，就放弃了在这个区域种红薯的想法。好在山田面积挺大的，也不在乎脚下的这一小片地。当年红薯枝枝蔓蔓爬满一地，姜景舒非常开心。

四羊方尊

又在这里挖土种红薯。一不留神，锄头又碰到一块硬物，姜景舒想起了去年的事情。这一次，他决定把这块"石头"移走。姜景舒猛一锄头下去，"哐"的一声，锄头重重地磕在硬物上，而且从土里还带出来一块锈铜片。姜景舒大喜，连忙小心清理泥土，随即就发现了有4个"水牛头"的青铜物件。挖出来的时候是黑色的，里面装满了黑色的泥土，很沉。姜景舒将里面的泥土倒出来，看着眼前这个家伙，好像很值钱的样子。兄弟三个人心里乐开了花，他们轮流扛着它回家了。

到家后，姜景舒用井水将它冲洗干净，然后用老式的杆秤称了重量，好家伙竟然有几十斤。他们不知道这个墨绿色、带有4个"水牛头"的东西为何物，猜想肯定是个宝贝。虽然并不清楚到底有何价值，但方尊不凡的外形和如黑漆般的色泽，让姜景舒以为挖到了"乌金"。很快，源源不断的人来参观、抚摸，为了避免宝贝被络绎不绝的参观者损坏，姜景舒不得不请当地乡绅出面维持秩序。

姜景舒挖到宝贝的消息很快在镇上传开了，由于长沙历来就是青铜文物出土的宝地，文物贩子在乡村往往布有很多眼线，因此黄材镇万利山货号的老板也在第一时间得到了消息。这个老板当即登门开出了400块大洋的价钱要购买这件后来被称为"四羊方尊"的稀世珍宝。

那时的姜景舒还只有17岁，生活在一个有10多口人的大家庭里，家里就靠爷爷做豆腐、父亲做短工的微薄收入度日，听说这件东西能卖个好价钱，也就只能忍痛割爱了，毕竟在当时能够解决温饱问题就已经很不容易了。经过当地保长、甲长和乡绅的层层盘剥后，400块大洋最后到姜景舒手上就只剩下248块了。

这248块光洋让他们家的生活有了极大的改善。当时，姜景舒家里拿钱买了9担稻谷、两块地、一处山，贫穷的生活稍微殷实了一些。不过姜景舒也许无法意识到，四羊方尊带给他的，远不止这些。几十年后，新中国成立了，姜景舒因为发现四羊方尊还登上了初中历史课本，成为当地人尊敬的对象。

卖掉宝贝后，又过了几天，姜景舒在盛针线的筐箩里发现了那片最先砸下来的碎片，他本想给买家送过去，又觉得肯定安不上了，送回去说不定还得扣他钱，就索性留下来做个纪念了。

然后就没有然后了

四羊方尊的出土，随即引来了一场场转卖风波。黄材镇万利山货号的老板得到四羊方尊的消息，以400银圆轻易购得这一宝物，他马上秘密派人约长沙西牌楼怡风祥商号店主赵佑湘，来黄材看宝。看后，赵佑湘等人马上以一万元购得此尊。

赵佑湘等人原打算将四羊方尊运回长沙再转手出售，但又担心运回长沙后争购者太多，无法应对，于是将四羊方尊运到靖港镇某商号寄存，内定起价20万，有买主要看货，得预交10万。

因为有文物不得走私出口的规定，当时的县政府侦察得到这一信息后，为防止奸商贪利将宝物卖给外国人，立即派警员将赵佑湘拘捕问讯。随后，县保安队在靖港将四羊方尊没收，并上交省政府。

四羊方尊送到省政府后，曾一度置于湖南省主席张治中办公室的几案上。宝物作为笔筒放在几案之上达3个月之久。后来，张治中觉得把国宝放在自己办公室里不合适，有觊觎国宝的嫌疑，就让工作人员和省银行做了交接手续，委托银行严密保管。

1938年正值日寇进逼长沙。为躲过炮火，11月，省政府和省银行均迁往沅陵。在运往沅陵的路上，遭遇日机轰炸，装有四羊方尊的汽车被炸毁。日机飞走后，护送人员整理七零八落的箱子，发现四羊方尊已经碎成20余块。无奈之下，就仔细地将破碎的文物重新装箱，随同车队运往指定地点。因为破损了，也就不那么受重视了，然后四羊方尊在战乱中就下落不明了。

玩的就是手艺

新中国成立后，1952年文化部受命派人追查四羊方尊的下落，经多方查询，最后得知四羊方尊在随湖南省银行内迁沅陵的途中，车队遭到日机轰炸，运载四羊方尊的车辆不幸中弹，四羊方尊被炸成了20多块。之后这些碎片就一直被放在湖南省银行仓库的一只木箱内，然后就没有记录了。获悉该情况后，文物部作出"抢救"的指示，于是省文物管理委员会派人仔细检索当年留下的记录。经过大量的工作，终于在省银行的一个仓库里找到了放置在木箱内的四羊方尊碎片。此时，距离它被炸碎已经过去14年了，能否复原还是个疑问。

由谁来修复这件国宝？重任落在了张欣如身上。张欣如20世纪30年代便在河南省开封市的"倾古斋"学习古玩修复，1954年4月，张欣如调至湖南省文管会，当年5月，便接到任务——修复四羊方尊。

四羊方尊拿过来的时候已初步修复，不过很粗糙，和原物有很大差距。看到如此精美的青铜器，张欣如有了让其重现真身的冲动。他放下了手头所有的工作，将一栋简陋的砖房当成临时工作室，专心修补四羊方尊。

为了尽量复原方尊表面的花纹，张欣如每次都要十分小心地清洗碎片，然后用烙铁进行焊接。方尊有30多公斤重，他有时要把方尊放在腿上，一手扶着，一手焊接，花纹很细，一点都疏忽不得。方尊的底盘碎得厉害，费了不少工夫。两个多月后，四羊方尊终于恢复了其瑰丽的身影。张欣如经手一共修复了2000多件青铜器，其中不乏国宝，但最好的还要属四羊方尊。当有人问到他怎么看不出一点修复的痕迹时？张欣如自豪地笑了："这就对了，当然要看不出修复痕迹。"

所幸，修复后的四羊方尊几乎看不出破损的痕迹。这样，经过战火洗礼的四羊方尊才又得以重新面世。四羊方尊修复后，便一直放在库房，没有拿出来展览过，直到1959年被中国历史博物馆（国家博物馆的前身）调至北京之后，才与世人见面。

意外收获

1963 年 6 月间，湖南省博物馆先后从宁乡黄材附近的炭河里、张家坳收到两件珍贵的青铜器：兽面纹提梁卣和兽面纹分裆鼎。时任博物馆考古部主任的高至喜觉得，有必要去实地调查。那一趟宁乡之行收获巨大，先是发现了炭河里遗址，后又弄清了四羊方尊竟然还有一个残片存在世间。

有一天，高至喜在路上遇到两个村民，听说他是省博物馆来的，就主动跟他说："20 多年前，我们发现了一件有 4 个'水牛头'的东西，现在家里还留下了一块残片。"

高至喜一见到那块残片，就猜测可能是四羊方尊上掉下来的，原来两人正是姜景舒兄弟，他们说的"水牛头"就是方尊的四个大卷角羊头。

残片云雷纹与四羊方尊上的完全相同，像是尊的口缘部分。高至喜深知文物的价值，他当即提出用 15 元钱收下残片，可姜景舒兄弟不愿卖。当初卖尊的时候，姜氏兄弟没有拿出那块碎片，自然也没人知道还有这么一块碎片存在，一直到 1963 年才被高至喜发现，大家才知道世间竟然还有一块碎片存在。但是，姜景舒一直不同意卖掉，无奈之下，高至喜找到宁乡县文管所负责人周佑奇，希望他能想办法征收到那块残片。

1976 年，姜景舒将残片交给了国家。宁乡县文管所负责人周佑其给他出具了一张收条，上面清晰地写着：今收到月山公社龙泉大队茶园生产队姜景舒同志古铜（即四羊方尊之部分）……当时县里还发给姜家一支钢笔和一个口杯，奖励了 10 元钱，以示表彰。

别看我只是一只羊

2007 年 3 月 30 日到 7 月 1 日，包括四羊方尊在内的 55 件（套）国家博物馆珍宝在湖南省博物馆展出，这也是四羊方尊自 1959 年离别故土的第一次回归，新闻的热点再一次引起了对四羊方尊的探究。

夏商周时期我国青铜制造业发达，青铜器造型丰富、种类繁多，有酒器、食器、水器、兵器、车马器、生活用具等各样器物。其中酒器包括饮酒器、盛酒器、调酒器和温酒器，主要有爵、角、瓠、觯、觥、尊、缶等20多个器种。"尊"是一种盛酒器，一般为圆形、鼓腹、大口，但也有少数方形尊，四羊方尊便是其中一例，它们一般属于礼器或祭祀用品。

四羊方尊是我国现存商代青铜方尊中最大的一件，其每边边长为52.4厘米，高58.3厘米，重量34.5公斤，长颈，高圈足，颈部高耸，四边上装饰有蕉叶纹、三角夔纹和兽面纹，尊的中部是器的重心所在，尊四角各塑一羊，肩部四角是4个卷角羊头，羊头与羊颈伸出于器外，羊身与羊腿附着于尊腹部及圈足上。同时，方尊肩饰高浮雕蛇身而有爪的龙纹，尊四面正中即两羊比邻处，各一双角龙首探出器表，从方尊每边右肩蜿蜒于前居的中间。

据考古学者分析，四羊方尊是用两次分铸技术铸造的，即先将羊角与龙头单个铸好，然后将其分别配置在外范内，再进行整体浇铸。整个器物用块范法浇铸，一气呵成，鬼斧神工，显示了高超的铸造水平。

自古以来，羊就被人们认为是善良知礼、外柔内刚的代表，后世演绎为孝敬父母的典范。在古代，人们以孝为大。所以，羊便成了古人喜爱的动物。羊与祥谐音，它象征着吉祥如意，还象征"和"文化，古有"钟律和则玉羊见"的传说，再加上羊形象可爱，故古人喜欢用羊来表示各种民间艺术。最重要的是：羊是权力和尊荣的象征。后人也把羊看作法律与公正的化身，反映出古人对法治国家的向往。

此外，四只山羊恰好铸造在方尊的正四方不仅是给人一种美感，也是寓意国家或家族的方方面面都能顺顺利利、兴旺发达，还是古人对羊等家畜养殖兴旺的期盼。以四羊方尊为代表的着力表现羊的青铜器，一方面保留了

四羊方尊细节

原始的图腾崇拜，又有替代羊作为牺牲献祭给神明的意思，同时还包含了对羊等家畜养殖兴旺的期盼，也可能萌芽了后世关于羊的种种观念。

你来自何方

四羊方尊也带给我们一个谜，为什么湖南宁乡会出土这些如此精美的青铜器？四羊方尊的主人又是谁呢？史料中记载，长沙首次建立城邑是在战国中期。经过了考古发掘后，考古工作者在湖南宁乡黄材镇发现了一座西周时期的"炭河里"古城。依据古城的规模以及出土文物的精美程度，考古工作者推测，这里曾是一个政治经济文化中心，而宁乡地区也曾存在过一个独立于西周的地方方国。按推测，方国的最高统治者应该就是四羊方尊的主人，那么，这个方国的最高统治者究竟是谁呢？

春秋末期，楚国的势力进入长沙后，对南部展开了大规模的军事行动，湖南全境随后纳入楚国版图，使得长沙成为楚国南部的军事重镇，而在此之前，我国长江以南的广大地区生活着一个古老、庞大的民族——越人，那么"炭河里"古城可能是越人建造的吗？这一推测与当地的青铜文化产生了一定程度的偏差。青铜文化是商周文化的典型代表，仅仅在长江以北地区流传。而宁乡本地所出土的青铜器花纹精巧，显示了成熟的青铜冶炼技术。这一技术，越人并没有掌握。同时，由于出土青铜器具有典型的中原文化传统，通过史料，专家提出了另外一种解释。据史料记载，江汉平原东部地区，以其高超的文化发展水平和青铜冶铸技术，成为湖南、湖北一带的政治、经济和文化中心，当地居民为古代"三苗"的后裔。受到强大的周王朝势力压迫，他们南逃进入湘江流域，与本地部落结合。不过对此，依然有专家质疑。

由于缺乏直接的证据，究竟"炭河里"古城是宁乡当地人所建立，还是商代南逃奴隶主所建立，现在考古学界依然存在很大的争论。而宁乡出土的包括四羊方尊在内的这些青铜器究竟是产自哪里，也成为湖南考古学界的一个重大谜团。

3000 年前，这里究竟发生过什么事情？现在我们还不得而知，不过由四羊方尊引发的种种谜团，也让四羊方尊更具传奇色彩。

精美的四羊方尊

第五章　奢侈的"喂马槽"
——虢季子白盘传世之谜

早在抗战前，就曾有美国人辗转找到刘铭传的曾孙刘肃曾，说愿出一笔相当可观的金钱购买虢（guó）季子白盘，并答应事成后帮刘氏全家迁居美国。日本人也扬言愿把浴缸大小的虢季子白盘填满黄金，能装多少就出价多少。刘氏子孙不为所动，坚决传承保护国宝的使命，让这件珍贵的文物留在了中国的土地上……

当啷、当啷

1864 年 5 月的一天夜晚，常州太平军护王府邸一片寂静，刚刚进驻常州的淮军将领刘铭传（1836—1896 年）正在灯下读书。他的内心很复杂，连日征战厮杀，双方有数万个鲜活的生命在他面前逝去。虽然他捧着书，却无心细读，脑海里思绪万千，想着近期发生的战事。

"当啷、当啷！"寂静的夜里，时断时续的金属撞击声从院子里传来。刘铭传几次被这个清亮的声音扰乱心绪，不免有些气恼，便出来查看。两个护卫提着灯笼在前面引路，他们顺着声音，来到了马厩，原来是两匹战马吃草时

刘铭传

笼头铁环与马槽碰撞的声响。

刘铭传很好奇，马槽一般都是木头的或者石制的，这种金属马槽倒是第一次看到。他用腰刀敲了一下马槽，"当啷"一声，他又试图推了一下马槽，竟纹丝不动。好家伙，分量还不轻。他接过灯笼凑近了仔细看，惊奇地发现马槽四周布满了密密麻麻的花样纹饰，好像是文字。这府里的马槽也太奢侈了，竟然制作得如此精美？

刘铭传观看了一会儿，虽然看不懂得上面的铭文内容，但刘铭传还是判定这不是一个普通的马槽，而是一个老物件。天亮后，他喊来府里的奴仆询问，才知道这个马槽的来龙去脉。

原来，清道光年间，常州人徐燮钧任眉县知县兼理宝鸡县事务，一次在宝鸡县的一户农家偶然发现了一个很不寻常的喂猪食槽，遂以 100 两银子购得。后来徐燮钧卸任时，将这件奇怪的"猪槽"带回老家常州鸣坷巷"天佑堂"，并开始对盘上的铭文古篆征求释文。这些排列极具美感的铭文被翻译后，证明了这件宝物来头不小。凭借对铭文的研究，徐燮钧在乡里名震一时。无奈好景不长，1860 年 4 月，太平军进军常州，徐氏的"天佑堂"在战火中被毁，该盘被太平军将领护王陈坤书得到，陈坤书识得宝物的珍贵，就收藏在护王府内。

刘铭传率兵进入护王府后，士卒不识货，因为战马太多，马槽不够用，就四处翻找，看到这个能当马槽使用的大铜盘，就拿它作了马槽，阴差阳错被刘铭传发现了。

不就是个战利品吗

刘铭传虽然行伍出身，可自幼也熟读四书五经和百家诸子之学，后来他弃文从武。弄清了马槽的来历，刘铭传已有几分明白：那恐怕是一件传世的宝物。他命令随从把铜盘换出，洗清后放到府内。刘铭传禁不住要详细察看，一读铭文，虽然仅识六七分，便已知这是西周虢国的国君季子白为纪念打败了洛水一带的玁狁而制作的铜盘。不仅这百余字的铭文具有一定的史料价值，而且也是一件书法精品。再仔细察看四周的纹饰，也很精致美观，器皿的造型长方，四角滚圆。

原来这个装满饲料、布满污垢的巨大器皿，竟然来自遥远的西周时代，已有2800多年。他更没有想到，这个"马槽"和自己的家族，自此结下近一个世纪的不解之缘。

意外得到这个大铜盘，刘铭传心中暗喜，他命三个亲随秘密运送铜盘回自己在合肥的老家肥西刘老圩。他的夫人根据他在信中的嘱咐，将铜盘藏于堆满杂物的仓房。

1868年春，已是直隶提督的刘铭传因病回乡疗养。他对虢季子白盘倾注了深深的感情，为了安放虢季子白盘，他在四房郢东南约3000米的地方择址修建新宅。次年他奏请开缺，"解甲归乡去，入山种翠薇"。他专意营造刘老圩，圩基包括水面，占地约6公顷。为了面对大潜山，他甚至"犯忌"将刘老圩的建筑群坐西朝东。大潜山汇流的金河水环圩而过，内外濠均有吊桥，四面八角有门楼和碉堡，常年驻有兵勇护圩。

1871年，刘铭传愤于清政府昏聩不公，托病辞职闲居家中，就请安徽霍山县一位叫黄从默的老儒生考证该盘。黄老先生辨认出该盘的来历，方始明了盘铭的全文，此盘应该定名为"虢季子白盘"，约为西周时所铸造。

虢季子白盘长137.2厘米，宽82.7厘米，高41.3厘米，重215.5公斤。盘的外观和大小均类似现代的浴缸，盘腹下敛，平底，四足作曲尺形。四面各有含环兽首两个，盘口部饰窃曲纹，腹部饰环带纹。底部的铭文依盘状竖排成长方形，8行，这是一种介于大篆和小篆之间的籀书，是价值连城的传世艺术精品。

虢季子白盘

刘铭传欣喜若狂，专

虢季子白盘拓片

门修了一座六角形的亭子放置此物，命名亭子为"盘亭"。并作《盘亭小录》，记录得盘的经过，说明造盘亭的缘由等。亭中有他亲撰的嵌字联"盘称国宝，亭护家珍"。居乡赋闲期间，他经常围亭赏玩，"寂寂青山，悠悠白眼，一重阙案，百尺孤亭"。他视虢盘为镇圩之宝、传家之宝，还延请行家将盘的铭文拓片精心装裱，分赠名流挚友。

寓居南京的全椒名士薛时雨称颂，"虢季子白之盘，独再出再没，而卒归于大潜山人"，欣慰之情溢于言表。刘铭传说："而盘之文字炳炳朗朗，实冠一郡之金石，盖古莫古于斯矣！"

许多人来到刘府希望一睹珍宝的风采，都为刘铭传谢绝，一度被当作马槽的虢季子白盘被刘铭传发现后，它的价值才逐步为世人所识。虢季子白盘不仅硕大精美，而且内底有111字的铭文，疏密有致的书法也是金文书法的精品。当时宝盘铭文拓片印出，每纸高达五两银子，震动学术界和权贵阶层，其中一个人对这个盘子特别上心，这个人就是光绪的老师翁同龢，他专门托人到刘老圩，愿意出重金购买宝盘。

光绪帝师、朝廷重臣翁同龢一生喜爱金石文物和书画作品，曾得刘铭传拓赠的虢季子白盘铭文，赞曰"字挟风霜"，于是"爱屋及乌"，竟软硬兼施"索要原件"，刘铭传理所当然地拒绝了。据说恼羞成怒的翁同龢在慈禧太后面前告了一状，希望以此施加压力，说刘铭传将国家重器"中饱私囊"。慈禧太后权衡利害后，哈哈一笑："他刘六麻子不过得了一件战利品，由他去吧！"慈禧以刘铭传有战功，下旨御赐此宝，从此无人敢觊觎。

慈禧为刘铭传撑了腰，那是要索取回报的。1884年，中法战争爆发，大清重新起用刘铭传，派其以福建巡抚身份督办台湾军务。刘铭传到台后积极整备岸防，曾一度击退进犯基隆的法军；后坐镇台北府城，由于沪尾之役湘军孙开华等部挫败了法军的行动，加之基隆疫病流行，终使法军放弃攻占台湾的计划。

1885年，台湾建省，刘铭传就任首任台湾巡抚。刘铭传在台7年，虢盘均留在刘老圩，成为他魂牵梦绕之物。

挖个坑栽棵树

1896年，刘铭传病故。从这时起，就不断有人觊觎虢季子白盘，有的托人说情购买，有的逼迫刘家出让，还有的指使盗贼登门想捡个便宜。虢季子白盘不但没有给刘家带来些许好运，反而平添了不少麻烦，甚至是全家寝食难安的惊吓。

自清末到民国建立，这期间想要占有虢盘的大有人在。兵荒马乱中，达官贵人和军阀土匪轮番前来纠缠、讹诈，为护盘刘家三代不得不一次次四处隐藏宝盘。此外，美、日、法等国"古董商"也前来重金求购，刘家子孙都婉言谢绝了。但是，风起云涌的战争年代，家里藏宝本来就会被人

首任台湾巡抚刘铭传雕像

惦记，何况这还是一个价值连城的国宝。

光阴荏苒，一晃就到了 20 世纪 30 年代初，宝盘传至刘铭传的第四代孙刘肃曾手中。此时，日本虎视眈眈，随时都有可能全面侵略中国。刘肃曾担心宝盘落到日本人手中，经商议后在宅外很远的地方挖了一个 3 米深的大坑，将虢盘深埋地下，又在上面移植来一棵有 5 年树龄的槐树，并播撒了一些草籽。很快，一场雨过后，地面长出绿草，将光秃秃的树根处点缀得生机盎然。

1933 年，国民党安徽省主席刘镇华派人前来洽谈，欲以重金购买宝盘。刘肃曾告诉来者，宝盘自他父亲去世后，就不知道下落了。来者见刘肃曾不为所动，就来横的，掏出枪拍在桌子上。刘肃曾依然是这几句话，来者见不能让刘肃曾屈服，便悻悻而去。后来，刘镇华竟亲率喽啰到刘肃曾家，里里外外仔细搜查，并以要抓捕刘肃曾威逼，但刘肃曾一直不屈服。刘镇华最后没能搜到宝盘，撤兵离去。

全面抗战爆发前，有两个美国人委托一个德高望重的中国名士找到刘肃曾，说美国人愿出一笔十分可观的金钱购买虢盘，并承诺只要刘肃曾先答应此事，就立即帮刘氏全家迁居美国，包括刘家在美国居住的房子都给准备好，这样就可以躲开官方和土匪无休止的骚扰了。刘肃曾闻言大怒："我辈皆是堂堂中国人，岂能靠出卖国宝换得自身安全……"刘肃曾再次言明，虢季子白盘早已经不知下落，他父亲临终前没做交代，打发了中间人。

没过多久，三个日本人登门拜访，他们寒暄了几句之后，就提出要购买虢季子白盘的请求。为首的日本人还向刘肃曾承诺，只要刘肃曾同意卖盘，他们愿当面把虢季子白盘填满黄金，能装多少就出价多少。刘肃曾立即端茶送客，请日本人自便。日本人恼羞成怒，流露出惯有的强盗姿态，但这些都没有唬住刘肃曾。

全面抗战爆发后，合肥沦陷。为了控制占领区，日军到处安置驻军点，有一个日军的据点离刘肃曾家只有 3 公里。刘肃曾一家成为日军重点监控的目标，为了保护家人，刘肃曾被迫举家迁往外地，留下一座空院落。垂涎宝盘的日军先后两次搜索刘家院宅，挖地三尺，也没找到，差点

青铜岁月叹苍天

把刘家宅院一把火烧毁。

藏你有何用

抗战胜利后，刘家人返回老家。他们没有想到，赶走了日本人，自己却走上了更艰难的护宝路。国民党第十一集团军司令、新任安徽省政府主席李品仙早就打起了宝盘的主意，他听说刘家回来人了，就立刻派人把刘肃曾请到省政府，说只要交出虢盘，便是国家的功臣，可以在安徽境内任选一县当县长。刘肃曾便说早就不知白盘的下落了。李品仙百般询问，没有发现刘肃曾语言上的漏洞。于是李品仙假意相信，放走了刘肃曾。

刘肃曾前脚刚进家门，李品仙的一个营士兵就开进刘老圩，他们打着驻防的名义在刘老圩驻扎下来，并把刘家作为营部。士兵们再一次把刘家所有房屋的地板全部撬开，一直挖了3米多深才罢休，导致刘家数间房坍塌。屋子里没有，就在院子里挖，同样，刘家大院也被挖了3米深，官兵们一无所获。带兵的觉得交不了差，就指使士兵在村子里寻找一切"可疑的地方"以挖战壕的名义破土，寻找白盘，最后还是徒劳无功。

这个营长不甘心这样撤兵，他想虽然挖不出宝物，怎么也能从刘肃曾的口袋里勒索点钱财吧！于是，他跟几个军官商量了一个计策。数日后的一个清晨，刘肃曾被几个军人拖出被窝，说他偷了长官装有金条等贵重物品的箱子，并用枪威逼刘肃曾写下欠条。刘肃曾就将计就计，以出去筹款为由逃出家门，躲避外乡。

刘肃曾虽然逃出去了，但是他的家人却还在家中受到看管和监视。有家不能回的刘肃曾仰天长叹："虢盘啊虢盘，饥不得以为食，寒不得以为襦，藏你又有何用？"

刘肃曾走后的第三天，那一个营的士兵也接到命令匆忙地撤了。没多久，国民党发动全面内战，忙于应付的国民党权贵便把这件事忘在一边了。就这样，在刘家四代人的保护下，虢季子白盘渡过重重险关。

几代人的荣誉

　　1949 年 1 月合肥解放，广大人民翻身做了主人，到处都是一片欣欣向荣的景象。人民政权的潜山乡乡政府到刘老圩内借住办公，对面貌全新的新社会，刘肃曾一家还在观望中：虢季子白盘要藏到什么时候？此时把宝盘献出来会不会成为权贵的私人之物？共产党领导的社会究竟是一个什么样的社会呢？刘肃曾一时间还拿不定主意。

　　1949 年 12 月的一天，皖北行署文教处处长兼皖北区政协秘书长戴岳向区政协副秘书长郭崇毅出示了一份政务院直接发给"皖北区党委书记曾希圣"的电报，大意是"闻你区刘铭传家后人有虢季子白盘，望速查找并动员献送北京"。戴岳说这已是政务院的第三份来电了，要求郭崇毅根据此电报精神速去肥西刘老圩，晓以乡情，劝刘肃曾将国宝献给国家，政府会妥善安置他们一家的。自幼即生活在刘老圩一带的郭崇毅当晚即往乡下赶去。与此同时，肥西县人民政府根据政务院和皖北行署的意见，也派员到官亭区潜山乡督办虢盘献交事宜。经过郭崇毅和肥西地方政府耐心细致地宣传开导，又免掉他一时难以交齐的 4000 斤公粮，刘肃曾终于打消了顾虑，自愿将虢盘捐献给国家。

　　1950 年 1 月中旬，刘肃曾带领家人把多年前移植的树木砍掉，挖开 3 米的土层，虢盘重见天日。刘肃曾将虢盘清洗干净，放在闲置的屋子里，等待政府派人取。就在虢盘拟送北京的前夜，意外却发生了。一个惯偷溜进刘家，手持钢锯准备锯下 8 只兽首衔环带走。在小偷翻墙的时候，被在附近巡逻的民兵发现，当即将他抓获。乡长连夜组织武装看护，提出必须迅速将虢盘运走，并请刘肃曾同行。翌晨，宝盘在武装人员的看护下，送往县政府。

　　1950 年 1 月 19 日，刘肃曾随虢季子白盘到合肥。虢盘先在明教寺公开展出，引起省

刘肃曾用生命保护下来的虢季子白盘

城轰动。随后，刘肃曾又登上汽车，护盘进京。

1950 年 2 月 28 日，文化部为刘肃曾颁发了"褒奖状"，对他献宝的行为表示肯定和赞扬！直到此时，刘肃曾才体会到作为护宝人的荣誉，国家给了他崇高的敬意，并对刘家所有人这些年的付出表示感谢。刘肃曾几代人为了保护祖传的宝盘历尽各种艰难险阻，直到将宝盘捐赠给国家，才放下那颗担惊受怕的心。皖北行署还以刘家捐献文物有功，奖给粮食5000 斤，同时赠拓片留念。

直到此时，虢季子白盘才真正出现在世人面前。虢季子白盘是我国历史上已知的最大最古老的青铜器之一，它和毛公鼎、散氏盘并称西周三大青铜重器，但清中叶以前竟湮没了两千多年。唐人李商隐诗中就有"汤盘孔鼎有述作，今无其器存其辞"。宋元明历朝，收藏家们一直在苦苦寻觅，未有结果。只有新中国，才能让虢季子白盘这样的国宝真正回到人民的怀抱！

盘子不都是圆的

为什么"虢季子白盘"如此受重视？它究竟有什么不同？

我们先说"虢"，虢是周代"封邦建国"时分封的一个小诸侯国，姬姓，其中西虢在宝鸡一带，虢王姬之穆，改姬为季，另有南虢、东虢、北虢。再来解释"季子"，在兄弟排行顺序伯、仲、叔、昆、季中，"季"居末，季子即少子，如《战国策》中苏秦之嫂即说苏秦"以季子之位尊而多金"；另一种解释"季"为字，"子白"为名。最后我们说说"盘"，盘是商周时盛水的器皿，以匜（yí，形状像瓢）舀水，以盘装水。虢季子白盘，即虢国的少子制作或拥有的宝盘。

打造虢季子白盘的缘由是这样的：周朝宣王年间，虢季子白奉周宣王之命，领兵讨伐来犯的猃狁时，指挥有方，在洛河一带大获全胜。在当时只有金属、石料、丝帛可以用来记事的条件下，虢季子白为使自己这一殊勋能"不朽"，永远传诸后世，便召集能工巧匠精心铸造一件大型青铜器，命名"虢季子白盘"。盘内底部镌刻着记载其战功的铭文：

惟十又二年正月初吉丁亥，虢季子白作宝盘。不显子白：壮武于戎工，经维四方；博伐猃狁，于洛之阳；折首五百，执讯五十，是以先行。桓桓子白，献馘于王。王孔加子白义：王各周庙，宣榭爰飨。王曰：白父，孔显又光。王赐乘马，是用左王；赐用弓，彤矢其央；赐用钺，用政蛮方。子子孙孙，万年无疆！

这111字铭文，短文押韵，读起来朗朗上口，首句"惟十又二年正月初吉丁亥，虢季子白作宝盘"，点题并注明时间为周宣王十二年（公元前816年）正月初三。接下来详细记述了那场战役的经过，斩敌首五百，审讯俘虏五十，以及所受到的嘉奖。虢国和周朝因此声威大振，虢季子白也深感荣幸和恩宠，于是命人铸造此盘庆贺战功并作纪念，结尾祝福"子子孙孙万年无疆"。

虢盘的铭文是一篇研究先秦史实的重要文献，包括那场战斗有勇有谋的经历，我们可以在《诗经》等一些典籍的相关篇章中找到相互印证的语句。这就是虢盘的历史价值和文学价值所在。虢盘本身记载着厚重的历史，其意义重大，远远超过了国宝自身的价值。

许多人以为只要叫"盘"就是圆的，殊不知虢盘恰恰不是圆的，是长方形体，盘内的铭文也呈矩形排列。盘，繁写作盤，古代亦作鎜，从解字的意义上看，它含有器皿和金属意，没有哪一种工具书解释"盘"一定就是圆的。

已知的铜盘最早见于商代，传世的有著名的史墙盘、散氏盘、逨盘、迷盘等。从盘的制作工艺来说，圆形相对容易些，故我们见到的盘多为圆形，而虢盘为罕见的长方形，造型奇伟，是目前所知体积最大的西周青铜器，是十分珍贵的历史文物。

尸体防腐盆

新中国成立后，经过考古发掘获得的青铜盘不少，可是像虢季子白盘这样硕大精美的铜盘仍然是唯一。虽然经过不少青铜器专家的研究，至今仍不能确定这个宝盘的功用。综合当前的各项研究，关于虢季子白盘有如下几种不同的见解：

一是有不少学者认为那就是马槽。从陕西的农民到太平军的马夫，再到刘铭传的马夫，无一不认为它是最合适的马槽，只是奢侈一些而已。这种认为其奢侈的想法也是以我们现在的观点来衡量的，也许在西周时期，只有制作精美的马槽才配得上贵族家的宝马良驹。

二是文献所记载的盘是同另一种器皿匜相配着使用的，匜是一种洗手器，盘是盛水器，一人持匜浇水，一人洗手，流下的脏水则由盘承接着，洗完手就把脏水倒掉；盘当然还可以派其他用处，但总体上犹如现在的洗脸盆。可是，这种见解存在的缺陷是：哪有这样硕大且重的洗脸盆，一家人一天会洗许多次手，倒脏水就成了大问题。

三是从器皿的尺寸大小和形状看，它类似于后世椭圆形木质浴盆，就是古文献所记载的"鉴"的一种。这种见解虽然也存在倒水的问题，但洗澡的次数毕竟少于洗手的次数，器皿外壁的环就是为便于抬着倒水而设计的。这种鉴的另一种用途就是在殡葬时放在尸床底下，而鉴里盛放冰块，以防尸体过早地腐烂，因为礼制规定公卿大夫去世要停尸七日，若在夏天，以冰防腐是必需的。而古人早有在冬天里贮藏自然冰块的习惯。

虢季子白盘细节

以上这三种意见各有所长，也各有所短，而第三种见解目前略占上风。1950 年 3 月 3 日（农历正月十五元宵节），文化部在北海公园团城承先殿举办虢季子白盘特展，董必武、郭沫若等国家领导人等前往参观。郭沫若随后在北京饭店宴请刘肃曾，称赞"国宝归国，诚堪荣幸"，席间展纸挥毫赠诗一首：

> 虢盘献公家，归诸天下有。
>
> 省却常操心，为之几折首。
>
> 卓卓刘君名，传颂妇孺口。
>
> 可贺孰逾此？寿君一杯酒。

当年年底，经文化部文物局局长郑振铎提议，虢盘又参加了在故宫举行的"伟大的祖国"展览，在临时搭好的台座上任人抚摸。

1954年，虢盘图案还上了中国邮票，成为"国家名片"。如今，这尊新中国成立后得以重见光明的国宝保存在中国国家博物馆，成为镇馆之宝，位列国家文物局所颁发的"64件不准出境文物"名单之中。

第六章 最早的"音乐控"
——曾侯乙编钟传世之谜

1977年9月，在湖北随州城郊一个名为"擂鼓墩"的小山包上，发生了一件轰动全国、震惊世界的大事，沉睡于地下2430年的曾侯乙编钟得以重见天日。这是我国文物考古、音乐史和冶铸史上的空前发现……

就差80厘米

1977年9月，武汉空军某修理所驻地一片繁忙景象，许多军人正在随县城关西郊擂鼓墩附近扩建厂房。擂鼓墩位于湖北随州市区西1公里处，相传春秋时期楚令尹斗越椒叛乱逃到这里，楚庄王率师追击，到这里擂鼓进军，因此而得名。

施工现场有座小山包，东南距县城两公里，依山傍水，是一处风水宝地。但是此时这里已经成为一个工地，当军人们开山放炮平整土地时，发现了一大片质地松软的褐色泥土。主管施工的副所长是个文物迷，他警觉到下面可能有文物古迹，立即向所长郑国贤做了报告。所长和地方政府取得了联系。很快，县里派了一位搞文化的同志来看现场，因为这个人缺乏考古意识，看了现场觉得没什么特别之处，而未引起足够的重视，告诉部队可以继续施工。

县里来的同志走后，郑国贤还是不放心，工程虽然继续进行了，他却根据现场情况又两次向随县文化馆报告，均未能引起重视。"我们是爆破施工，怕不能再放炮了吧？"出于军人保护祖国文化遗产的使命感，郑国贤对施工的监管越来越严，"疑为古墓"的心理有增无减。相比之下，县里的文化部门却觉得部队上的人没事找事。这也难怪，当时许多专业人士还没有完全回到工作岗位上，当地的文化部门缺少考古专业的人才，不具备甄别古墓的能力。

至1978年2月，施工人员在褐土层下挖出了2米多长、1米见宽的长方形大石板，所长深感事态严重，立即下令停工，并再次向随县县委汇报。随县文教局王君惠局长决定派文化馆副馆长王世振立即去现场查勘。王世振经过勘查，大吃一惊："真的是古墓！这么大的墓从未见过。"

1978年3月19日，时任省博物馆副馆长兼文物考古队队长的谭维四，带着钻探专家陈锡岭赶到现场。他们经过详细测算和现场查看，初步确认："这是我国已发现的第一个大型木椁墓，比马王堆1号墓大六倍，比江陵凤凰山168号墓大十四倍，构筑在岩石上——叫岩坑竖穴。"这种墓穴，在南方还是第一次见到。

谭维四当场拍着额头说："好险，我真是惊出一身冷汗。开山炸石的

曾侯乙墓发掘现场照片

炮眼，最深的几个距此墓木椁盖板只有 80 厘米了！哪怕再来一次轻微的爆破，这个古墓就彻底完蛋了。"

考古发掘工作很快展开，此后的发掘举世震惊。

7 吨重的棺椁

曾侯乙墓呈"卜"字形，墓坑开凿于红砾岩中，为多边形岩坑竖穴木椁墓。无墓道，南北向，墓坑南北长 16.5 米，东西宽 21 米，深 13 米，面积为 220 平方米。整个椁室由底板、墙板、盖板共 171 根巨型长方木铺垫垒叠而成，使用成材楠木达 500 立方米。木椁顶面及四周填塞防潮木炭 6 万公斤，木炭之上努筑青膏泥、白膏泥，上面盖铺石板，再努筑五花土直达墓口。曾侯乙青铜架楠木彩绘主棺（分内、外棺）重达 7000 公斤，椁内分作东、中、北、西四室。墓主居最大的东室，曾侯乙木棺，双重，尸体由多层丝织物包裹。外棺有青铜框架，内棺外面彩绘门窗及守卫的神兽武士。中室放置随葬的礼乐器。北室放置兵器及车马器等。西室置殉人共 21 个，各配木棺，均为 13 ～ 25 岁的女性。

墓中随葬以九鼎八簋（guǐ，音轨）和编钟、编磬为主的礼乐器，遵守了周代诸侯的身份，反映出先秦社会严格的礼乐制度，以及人们对天地、神明和祖先的敬畏。

墓内出土的器物许多带有铭文。特别是一件刻有"曾侯乙之寝戈"铭文的短戈，出土时置于主棺旁，当为曾侯乙寝宫侍卫使用之物。这些表明墓主人应为曾侯乙。根据对墓主人骨架的鉴定，墓主人为男性，年龄约为 42~43 岁。在中室出土的镈（bó，音博）钟上的铭文，记载了楚惠王熊章在位五十六年时赠送镈钟给曾侯乙作为宗庙祭器一事。楚惠王五十六年即公元前 433 年，也就是曾侯乙墓的大致年代。

曾侯乙是战国时期曾国（今湖北随县、枣阳一带）的一位诸侯，这位诸侯名"乙"。

曾侯乙墓出土青铜礼器是历年来我国出土青铜器数量最多、种类较

曾侯乙墓内部情形

全的一次。墓中出土了大量精美的青铜礼器、乐器、兵器、金器、玉器、车马器、漆木竹器以及竹简等文物15404件，其中有8件定为国宝，有许多造型奇特、工艺精湛的文物，是前所未见的珍品。

青铜礼器主要有镬鼎2件、升鼎9件、饲鼎9件、簋8件、簠4件、大尊缶1对、联座壶1对、冰鉴1对、尊盘1套2件及盥缶4件等。其中尊盘系用先进的失蜡法铸造，表现出战国时期青铜冶铸业所达到的高水平。

看热闹不怕人多

考古发掘队完成现场清理工作后，决定起吊墓葬椁盖板。

"开棺了，擂鼓墩要出大宝贝啦！"

消息不胫而走，人们奔走相告。围观的群众从四面八方潮水般涌来，把现场围得水泄不通。有的群众甚至带上干粮和被褥，睡在部队营房门口，等开棺后亲睹祖宗留下的宝贝。在那个精神文化匮乏的时代，这件事足以撩拨起所有人的心。当年县城只有四五万人，可涌上墓区围观的群众就有两万之众。公安、民兵和解放军组成的人墙屡屡被群众冲垮，直到空军派出直升机航拍墓区全景时，才说服部分群众暂时离开现场以便拍照。

先前的想法在实施的时候显得简单了，起吊墓室椁盖板的难度让考古队始料不及。47块椁盖板均由60厘米见方的梓木做成，最长的达10.6米，重约4吨。部队支援的解放牌5吨吊车尽管使出了吃奶的劲，最后在这些大家伙面前还是败下阵来。情急之下，又从地方征调了一辆黄河10吨大吊车上场前来助阵应战。泥泞的现场，10吨吊车发出阵阵轰鸣，几经周折才得以成功。

椁盖板揭开后，出现在人们眼前的并不是满眼宝藏，而是一幅惨景：

所有的文物都浸泡在 3 米深的浑水里，一些棺木横七竖八浮在水面上。抽水作业很快展开，当工作人员清理出这些浮棺并往外抽水时，随着水面的下降，三段横梁和一根直立的木柱浮现在人们的眼前。浑浊的水面下看不清是何物。这时，一个发掘队员自告奋勇地爬上跳板，趴在水面上方顺着横梁往下摸。

"是编钟！我摸到一排编钟啦！"在这个队员兴奋的喊叫声中，人们惊喜万分。在场的考古专家也按捺不住心中的喜悦，他们知道，在这么高的位置出现成组编钟，再往下走肯定还有"大家伙"。狂喜之余，人们谁也没有想到，在横梁旁轻轻晃动的那根柱子，已经开始难承重负。

最早出现在墓室水面上的那根直立的木柱，待到水落石出时竟酿成了此次考古发掘中的千古遗憾。原来，这根木柱是我国首次发现的古乐器"建鼓"的支架，木柱贯穿鼓身垂直于地面，因此人们看到水面上的木柱时，建鼓已在水中耸立了两千多年，当积水逐渐抽去时，由于巨大的鼓身脱离了水的浮力，受腐蚀的木柱再也无法支撑鼓身的重量折断倒地。这个极具考古价值的场景被当时考古发掘摄制组的"编外组员"随州市群艺馆摄影师余义明无意中拍摄下来，一直珍藏至今。

在曾侯乙墓的发掘过程中，有这样一个让考古专家们因之惋惜的意外，也有一个让考古专家们为之争论的疑团。

这个疑团源自曾侯乙墓椁盖板上的一个盗洞。在勘探之初，考古人员在曾侯乙墓中室上方的椁盖板上发现一个 80 厘米大小的盗洞，造成一根椁木塌陷和泥土涌入。根据现场遗留的一些盗墓工具分析，此墓大概在战国晚期至秦汉时被盗墓贼光顾过。曾侯乙墓中的文物是否完整、墓室积水是否因盗洞造成是考古学者争论的焦点。

据发掘后的实际情况表明，曾侯乙墓所处地层位于地下水水平面之下，埋藏后不久地下水就已经渗入，千百年来保持了古墓室高度三分之二的位置，由于墓室内积水的形成是在盗洞被挖之前，所以盗墓贼当年无法进入墓室盗走文物。

墓室积水，不仅挡住了盗墓者，而且还从另一方面保护了墓中的大部分文物。历经 2400 多年，总重达 2567 公斤的 65 个大小编钟除少数几件因积水、震动掉落地面，其余全部整齐地挂在木质的钟架上，这不能不算个奇迹。

这恰巧验证了中国民间的一句谚语："干千年，湿万年，不干不湿就半年。"

现场音乐会

1978 年 5 月 22 日凌晨 5 时，墓室积水抽干后，雄伟壮观的曾侯乙编钟露出了它的真面目，所有在场的考古工作者都被这前所未见青铜铸器震惊了。

据《湖北省随县擂鼓墩一号墓（即曾侯乙墓）调查勘探与发展工作大事记要》载："5 月 22 日，昨夜及今日上午抽水，墓室水又降 40 厘米，中室靠西壁处，可见与壁平行有两排编钟，挂于钟架上，一架七枚、一架六枚，靠南壁处可见一架挂钟六枚，架上还有空当，一小钟掉于椁底。中室东壁发现一较大铜器，器形不明。5 月 24 日，中室编钟第二层挂的甬钟，经过清理，已有 20 多件开始惊艳出土。南架上有 9 件，西架上有 15 件。南侧的架子，两个做工精美的铜人支撑着钟架，其中南东端一铜人双手上举，腰佩铜剑……"

曾侯乙编钟出土后，文化部文艺研究院的两位音乐家黄翔鹏、王汀寺闻讯赶来现场，对全套钟逐个进行测音。当检测结果显示曾侯乙编钟音域跨越 5 个八度，只比现代钢琴少一个八度，中心音域 12 个半音齐全时，两位专家高兴得手舞足蹈。经与考古专家们分析论证后，大家决定"只见其形、不闻其声"不算认识编钟，要敲响它，才能体现价值。

1978 年 8 月 1 日是中国人民解放军的建军节。这是一个值得纪念的日子。这天下午，是历史上的第一场，也是唯一的一场曾侯乙编钟原件演奏音乐会在驻随炮师某部礼堂举行。这是沉寂了 2400 多年的曾侯乙编钟重新向世人发出它那雄浑而又浪漫的千古绝响。那场独一无二的音乐会，是担了风险的，如果哪个编钟被敲坏了，那可是再也无法弥补的损失了。

重新组装复原后的编钟重达 10 吨，木质横梁也是原件，它在水中泡

曾侯乙编钟

了两千多年能否支撑得住也是个未知数！尤其是部队礼堂的地板，能否担得起这前所未有的重器。为了确保万无一失，人们在礼堂舞台的地板下层层加固。

首次奏响编钟应该敲什么曲子？音乐组委会经反复思考决定曲目要表现古今中外。于是，音乐会以《东方红》为开篇，接着是古曲《楚殇》，外国名曲《一路平安》、民歌《草原上升起不落的太阳》，最后以反映共产主义的《国际歌》乐曲落幕。音乐会持续了两个小时，演出结束时，现场听众竟一时"陷入痴迷"，停顿数秒后，大家才恍惚回过神来，掌声雷动，许多人泪水涟涟。

经历了这一场音乐盛会，有识之士提出编钟是国宝，国宝当然不能随便敲击。于是自1979年5月开始，在国家文物局主持下，由湖北省博物馆、中国科学院自然科学史研究所、武汉机械工艺研究所等7家单位联合成立了曾侯乙编钟复制厂研究组，经过4年反复试验、试制，终于在1984年7月成功地复制出形似声似的全套曾侯乙编钟。专家通过聆听和比较原件和复制品每个钟的音色、音高，并交替欣赏原件的录音和复制品演奏的《胡笳十八拍》《梅花三弄》《浏阳河》《圣诞夜》等中外乐曲。最后专家们一致认为复制品确实达到了原件的音响效果，高音区清脆，明亮，悠扬；低音区浑厚，深沉，气势磅礴。其中演奏出的大多数音乐与原件的差异小于正负五音分之内，一般听众难以辨别。

音乐达人

钟在我国商朝时就已出现，最初只有 3 到 5 枚，到周朝增到 9 至 13 枚，战国时发展成 61 枚。人们按钟的大小、音律、音高把钟编成组，制成编钟，演奏悠扬悦耳的乐曲。曾侯乙编钟共 65 枚，是我国古代最庞大的乐器，其中 1 枚是战国时楚惠王赠送的镈。编钟分八组，共分三层悬挂在铜、木做成的钟架上。包括钮钟 19 件，甬钟 45 件及镈钟 1 件，共 65 件；钟架通长 11.83 米，高 2.73 米。气魄宏大，场面相当壮观。由 6 个佩剑的青铜武士和几根圆柱承托着。钟的形体和重量是上层最小，中层次之，下层最大。最小的一件重 2.4 公斤，高 20.2 厘米；最大的一件重 203.6 公斤，高 153.4 厘米。它们的重量、体积在编钟中是罕见的。钟上大多刻有铭文，上层 19 枚钟的铭文较少，只标示着音名，中下层 45 枚钟上不仅标着音名，还有较长的乐律铭文，详细地记载着该钟的律名、阶名和变化音名等。这些铭文，便于人们敲击演奏。

刻有铭文的曾侯乙编钟局部

曾侯乙编钟是我国古代音乐史上的一个光辉成就，为今天古音律和编钟制造的研究，提供了珍贵的实物资料。2000 年前就有如此精美的乐器，如此恢宏的乐队，在世界文化史上极为罕见。这不仅表明我国古代青铜业的成就，也表明了中国古代音律发达的程度。看来，中国人的祖先才是真正的音乐达人。

玉器长生梦登仙

第七章 弟弟的玩具
——红山碧玉龙传世之谜

一直以来，黄河流域是中华文明的故乡、中华民族摇篮的观念，在人们心中根深蒂固。黄土高原、中原地带向来是中华儿女栖息繁衍的胜地。然而辽宁红山文化重大考古发现，开始促使人们重新审视中国史前的历史，寻找中华文明的源头……

"钩子"好奇怪

1971年8月的一天中午，辽宁省翁牛特旗（现属内蒙古自治区赤峰市）三星他拉村村委会号召村民"农业学大寨"。小推车咕噜咕噜地运进来渣土，倾倒在地上，几个农民认真地把土围成梯田状。此时，村民张凤祥正冒着酷暑高温，在村子后面挖渣土。汗流浃背的张凤祥干活从来不吝啬力气，他一锹锹地挖土，自己的身旁早已经是一个大坑了。忽然，铁锹碰到了一件硬邦邦的东西，他以为是石头，再挖下去，原来是一个由几块石头搭成的一个小石洞。张凤祥伸手摸去，竟摸出一个黑乎乎像钩子一样的东西。它质地坚硬，看不出来是什么材质的，拿在手里沉甸甸的。张凤祥没舍得丢掉，随手把它放在地上的草帽里。再往洞里细看，里面还有些碎石头和泥土，像样的东西就这么一个。没多想，他接着抡起铁锹，一门心思地干活了。

小伙伴们都惊呆了

傍晚收工的时候，张凤祥把它带回了家里。吃晚饭之前，他的弟弟哭着跑了回来，哀求张凤祥给他做一个"铁圈"。如今很多人都不知道"推铁圈"这个当年火爆全国的儿童游戏了。"推铁圈"一般是男孩子的游戏，就像跳皮筋是女孩子的游戏一样。不过女孩子也很喜欢玩推铁圈，一个铁圈、一个推钩就可以玩出无穷乐趣。

二十世纪六七十年代的中国，正是推铁圈最流行的时候，哪个孩子有这么一个铁圈，可是令小伙伴们羡慕极了。为这件事，弟弟已经好多次哭着回来了，张凤祥也想给弟弟做个铁圈，可是家里哪有铁丝啊！为了哄弟弟，他拿出了干活时捡到的那个"钩子"，找了一根细麻绳把它绑紧，让弟弟拖着玩。弟弟很惊讶地看着哥哥给他摆弄"玩具"，这个造型奇特的"钩子"立刻就吸引了他的注意力。

绳子拴好了，弟弟拖着绳子就跑出去了，不一会儿，外面就传来小伙伴们追赶的脚步声，"给我玩玩，给我玩玩"的喊声此起彼伏，直到天完全黑了，弟弟才兴奋地回到家。张凤祥见弟弟这么开心，也很欣慰。晚上睡觉的时候，弟弟也舍不得放开"钩子"，抱着它睡了。

"钩子"变形记

修筑梯田的工期一再缩短，张凤祥每天都要早出晚归。三四天之后的一个中午，张凤祥收工回家吃饭，弟弟坐在他身边有说有笑。张凤祥惊奇地发现，原本黑乎乎难看的"钩子"，竟然被弟弟拖成了墨绿色。他拿起"钩子"对着阳光看，一汪墨绿在眼前晃动，仿佛这个"钩子"里面有一个美丽的湖泊。他顺手舀了一碗水，浇在"钩子"上。

红山碧玉龙

脏水流了下去，越冲洗"钩子"越奇怪。"钩子"开始散发出诱人的碧绿光泽，在太阳底下一晒，弯弯曲曲的"钩子"有点像蛇，又有点像龙。这一发现让张凤祥激动不已，他告诉弟弟这个"钩子"可以换回来很多个铁圈，先放起来，过几天进城卖了它，给弟弟换个真正的铁圈回来。弟弟大喜，"钩子"被张凤祥收藏起来了。

这个"钩子"到底是个什么东西？这引起了全家人的注意。他们商议这可能是个宝物，献给文化馆应该能换几个钱回来。三天后，张凤祥跑了很远的路，找到翁牛特旗文化馆的工作人员。当时文化馆冷冷清清，接待的人只是个值班的门卫，不是专业研究文物的人。值班的门卫看了看"钩子"，认为这个东西"没有什么用"，就让张凤祥把它带了回来。张凤祥回到家说了情况，全家人都很失望，弟弟也因为没看到铁圈直掉眼泪。巧的是，正在弟弟唉声叹气的时候，一个亲戚路过这里顺便来看看他们。他看到了这个"钩子"，摆弄了一会儿，最后说这个东西挺值钱的，让他们别着急，抽个时间再去文化馆找他们管事的人看看，说不定人家就收购了。

张凤祥觉得有道理。过了几天，他又带着这个奇怪的"钩子"，来到翁牛特旗文化馆。这一次他遇到了文化馆里真正的工作人员。工作人员并不知道这件玉器是什么东西，不过这个"钩子"造型挺好的，也像个古物，觉得值得收藏，就按有关规定征集了这件文物，并支付了30元钱作为征集这件文物的报酬。工作人员并没有在意这个"钩子"，办完入库登记手续之后，他把它当成一件普通的文物锁到了箱子里。

张凤祥心满意足地离开了文化馆，他去供销社里给家里买了一些日用品，还给弟弟买了一个货真价实的铁圈，他知道这一次弟弟肯定会惊喜异常的……

九个仙女

这个"玉钩子"被锁在由废弃厕所改建的库房里的箱子里长达一年。这期间市旗两级考古专家们对它进行了多次研究，但是没有研究出什么结果。1972 年春，赤峰市博物馆站长研究了这件东西后，认为是早期的龙，材质是石质；又经辽宁省考古专家考察后，认定是玉龙，质地为青玉。此时，这个"钩子"的本质才露出了水面，但它的价值还不为人所知。关键就是断代问题，虽然专家们认为这是一个玉龙，但是没有断定它的年代，所以也就没法衡量其价值。

1974 年，中国社会科学院考古研究所的刘观民先生知道了这件事后，亲自到三星他拉村进行了实地考察。后又到旗文化馆看了这件东西，他认为很重要，说应该属于红山文化的东西。这更引起了当地文化馆的重视。

红山文化距今 5000 多年，主要分布在热河地区（今河北北部、辽宁西部、内蒙古东南部大凌河与西辽河上游）。内蒙古赤峰市东北郊的英金河畔的红山，原名叫"九女山"。传说远古时，有九个仙女犯了天规，西王母大怒，九仙女惊慌失措，不小心打翻了胭脂盒，胭脂洒在了英金河

红山文化遗址全景图

畔，因而出现了九个红色的山峰。元代人多称它为乌兰哈达，汉语为"红色的山峰"。所以，后来都叫它"红山"。

红山遗存最早发现于1921年。1935年，考古队对赤峰红山后遗址进行了发掘。1956年，梁思永和另一位考古学家尹达指出"红山文化是北方细石器文化和仰韶文化的结合，属于长城南北接触产生的一种新文化现象，并提出定名为'红山文化'"。

红山文化的社会形态初期处于母系氏族社会的全盛时期，主要社会结构是以女性血缘群体为纽带的部落集团，晚期逐渐向父系氏族过渡。经济形态以农业为主，兼以牧、渔、猎并存。它的遗存以独具特征的彩陶与之字形纹陶器共存且兼有细石器的新石器时代文化。红山文化的居民主要从事农业，还饲养猪、牛、羊等家畜，兼事渔猎。

20世纪70年代末，国家组织大型考古队在辽西地区开展了大规模的调查，又发现了近千处遗址，并对辽宁凌源、喀左东山嘴、建平牛河梁遗址群开展了大规模的发掘，使红山文化研究进入一个新的阶段。

5000年以前的龙造型

1984年，红山文化的发现有了重大突破。在辽宁省凌源市和建平县交界处的牛河梁，考古队员挖开了一座5000年以前的、陪葬有玉器的古墓，最引人注目的是，在古墓主人的胸部摆放着两件精美的玉器。考古人员经过仔细辨认和研究后，认为它们是属于红山文化时期的玉猪龙。

牛河梁发现5000年前的玉猪龙的消息传到翁牛特旗，文化馆负责人贾鸿恩突然想起1971年征集的三星他拉村出土的那件玉器。他意识到，那件被他们锁在箱子里的玉器，极有可能是与牛河梁玉猪龙一样珍贵的文物。他立即把三星他拉村的龙玉器装进挎包，坐火车赶到北京，请苏秉琦先生鉴定。苏秉琦是中国著名考古学家、中国考古学会理事长，对红山的考古发现曾经给予特别关注。根据贾鸿恩回忆，当时苏秉琦先生用手轻轻地抚摸着这件玉器，他一面仔细鉴定，一面向他了解这件玉器的出土地点和征集的过程。最后，苏秉琦告诉贾鸿恩：这也是一件珍贵的玉龙，是一件重要的红山文化遗物。

1985 年，《人民画报》用整版的篇幅登载了这件玉龙的照片，考古学泰斗苏秉琦先生在《人民画报》上发表文章，充分肯定了红山文化及红山碧玉龙的重要历史地位。这一消息如同一声惊雷，惊动了考古界，也惊动了历史界，从而引发很多文物专家的一系列研究性文章。张凤祥于 1971 年在三星他拉村发现的玉龙，终于在被忽视了 14 年以后得到正式确认：这是一件可以上溯到 5000 年以前，由当时的红山人精心制作的玉龙，被命名为"红山碧玉龙"。

此后，红山碧玉龙几乎是一日之间乘风而起，名扬中华，成了举世瞩目的无价之宝，并且多次被借调展览。那飘逸的造型，晶莹剔透的质感，得到了国内外一片赞誉声。经过曲折的经历，玉雕龙终于被"正身"，并成为许多杂志的压题照片，成为华夏银行的标志，也成为"红山文化"的象征。

中国人从哪里来

中国是龙的国度，中华民族是龙的传人。龙，是中国古代人们心目中的神。因此，红山碧玉龙的发现立即引起了学术界的关注。

红山碧玉龙呈钩曲形，口闭吻长，鼻端前突，上翘起棱，端面截平，有并排两个鼻孔，颈上有长毛，尾部尖收而上卷，形体酷似甲骨文中的"龙"字。玉龙墨绿色，体卷曲，平面形状如一"C"字，龙体横截面为椭圆形，直径 2.3 ~ 2.9 厘米。龙首较短小，吻前伸，略上嘛，嘴紧闭，鼻端截平，端面近椭圆形，以对称的两个圆洞作为鼻孔。龙眼突起呈棱形，前面圆而起棱，眼尾细长上翘。颈背有一长鬃，弯曲上卷，长 21 厘米，占龙体三分之一以上。鬃扁薄，并磨出不显著的浅凹槽，边缘打磨锐利。龙身大部光素无纹，只在额及鄂底刻以细密的方格网状纹，网格突起作规整的小菱形。玉龙以一整块玉料圆雕而成，细部还运用了浮雕、浅浮雕等手法，通体琢磨，较为光洁，这都表明了当时琢玉工艺的发展水平。龙体背正中有一小穿孔，经试验，若穿绳悬起，龙骨尾恰在同一水平线上。显然，孔的位置是经过精密计算的。

红山碧玉龙造型独特，工艺精湛，圆润流利，生气勃勃。玉龙身上负载的神秘意味，更为它平添一层美感。值得注意的是，玉龙形象带有浓重的幻想色彩，已经显示出成熟龙形的诸多因素。

龙，是中华民族自上古以来一直崇尚的神异动物。作为一种图腾象征，被赋予了浓厚的神秘色彩。但是，它的真相，却是中国文化史上最大的谜团之一。龙是中国神话中能兴云雨、利万物的神异动物，是众鳞虫之长，它春风时登天，秋风时潜渊，能隐能显，属古代四灵（龙、凤、麒麟、龟）之首。红山文化玉雕龙是多种动物特征的组合，从这件玉雕龙的形状，有人推测来源于马、野猪、熊等形象。这是件可以上溯到5000年前的玉雕龙，无足、无爪、无角、无鳞、无鳍，代表了早期中国龙的形象，不但具备了龙的基本特征，而且是现在发现的最早的龙文化的实物，因此也被喻为"中华第一龙"。

关于这件玉器的命名还有一些插曲。很多专家认为，这件玉器应该叫"勾龙形佩"，而不应当用英文"C形玉雕龙"来命名。

那么这件玉器是做什么用的呢？考虑到玉龙形体硕大，且造型特殊，因而它不是一般的饰件，而很可能是同中国原始宗教崇拜密切相关的礼制用具。许多学者认为是氏族首领在祭祀活动中，进行礼仪活动的神器，巫师通神通天地使用的。玉雕龙的发现非常重要，是原始文化原始崇拜的表现，反映了早期人们的生活状态。

红山文化遗址中出土的成批玉器，多数为动物造型，这就构成了这一文化遗存的显著特征。但是，在相当长的时间里，有的人把它们鉴定为商周时期的文物，有的人则把它们说成战国或汉代的装饰品。为什么会出现这种情况呢？因为曾经考古挖掘的许多东西，都可以测定年代，但是玉器不行。

红山碧玉龙的发现，不仅让中国人找到了龙的源头，也充分印证了中国玉文化的源远流长。虽然此后我们又发现了比红山碧玉龙更早的龙形踪迹，但红山玉龙的典型意义仍不容置疑。中华民族以"龙的传人"自居，龙的起源同我们民族历史文化的形成和文明时代的起始紧密相关。红山碧玉龙对于研究中国远古的原始宗教，总结龙形发展的序列都有着非比寻常的意义。从这一点上来看，怎样评估红山玉龙的文化价值均不为过。而且我们能在长城以北发现 5000 年以前的龙文化，也许意味着很多过去需要重新考证呢！

第八章 古老的"保鲜膜"
——金缕玉衣传世之谜

玉衣的起源，可以追溯到东周时的"缀玉面幕""缀玉衣服"，到三国时曹丕下诏禁用玉衣，共流行了 400 年。皇帝及部分近臣的玉衣用金线缕结，称为"金缕玉衣"，其他贵族则使用银、铜线缀编称为"银缕玉衣""铜缕玉衣"。发现的玉衣有 20 余件，中山靖王刘胜及其妻窦绾墓中出土的两件金缕玉衣是其中年代最早、做工最精美的。

转世重生的秘密

秦始皇统一六国后，最大的愿望就是长生不老，他想尽一切办法希望得到神仙的眷顾，可惜最后还是死去。民间传说：秦始皇死后躺在纯金打造的棺材里，在水银的河上飘来飘去，并且秦始皇遗体完好无损，用灵魂统治着他庞大的地宫，主宰着仍旧属于他的另一个世界。

当然，这只是民间传说而已，不过古代皇帝寻找长生不老药、喝甘露、炼丹丸的事情倒是很常见，他们的目的都是修炼成仙。可惜的是，没有人能够摆脱自然法则，衰老、病逝还是出现在他们身上。不过，这些皇族贵胄受各种因素影响，认为人有来世，可以复生，这种求生的欲望就寄托在死后的裹尸衣上，这就出现了汉代特有的玉衣。汉代人认为玉是"山岳精英"，将金玉置于人的九窍，人的精气就不会外泄，就能使尸骨不腐，可带着这一世的记忆求来世再生，所以用于丧葬的玉器在汉玉中占有重要的地位。

这种玉制的特殊殓服，外观和人体形状相同。玉衣通常由头罩、上身、袖子、手套、裤筒和鞋六个部分组成，全部由玉片拼成，并用金丝、银丝或者铜丝加以编缀。玉衣内头部有玉眼盖、鼻塞，下腹部有生殖器罩盒和肛门塞。周缘以红色织物锁边，裤筒处裹以铁条锁边，使其加固成型。脸盖上刻眼、鼻、嘴形，胸背部宽阔，臀腹部鼓突，完全似人之体型。一套玉衣耗用玉片、金丝巨多，做工十分精细。玉片成衣后排列整齐，对缝严密，表面平整，颜色协调，着实令人惊叹，可以反映出玉师杰出的技艺和皇室奢侈的生活。

由于金缕玉衣象征着帝王贵族的身份，因此有着非常严格的工艺要求，汉代的统治者还设立了专门从事玉衣制作的"东园"。这里的工匠对大量的玉片进行选料、钻孔、抛光等十多道工序的加工，并把玉片按照人体不同的部分设计成不同的大小和形状，再用金线相连。制作一件中等型号的玉衣所需的费用几乎相当于当时一百户中等人家的家产总和。

曹丕画像

穷奢极欲的皇室贵族，迷信"玉能寒尸"。为使其尸体不朽，他们用昂贵的玉衣作殓服，且使用九窍器塞其九窍，可谓费尽心机。可是事与愿违，用金缕玉衣作"保鲜膜"（葬服）不仅没有实现王侯贵族们保持尸骨不坏的心愿，反而招来盗墓毁尸的厄运，许多汉代帝陵往往因此而多次被盗。到三国时期，魏文帝曹丕下令禁止使用玉衣入藏后，从此玉衣在中国历史上就消失了。

后人在古书中看到相关的记载，也很疑惑。玉衣什么样？它是如何制成的？是否真的可以寒尸不腐？这一切的谜团现在在考古工作者的潜心研究下都解开了。当考古工作者打开那神秘的洞室时，企求"金身不败"的墓主人已化作一抔泥土，剩下的也就是一具精美绝伦的玉衣了。这些仿佛向人们讲述了一个千百年来早已破灭的神话。

奇怪的爆破

1968 年 5 月初，河北省满城县西南 1.5 公里处的陵山，解放军某部正在这里进行一项施工工程。谁也没有想到就是这次施工，无意间揭开了一个千古之谜。

5 月 23 日中午，一群士兵在距离山顶 30 米、一个朝东的地带打了一个炮眼。当所有的士兵都撤到安全距离后，一位班长按下了引爆键。谁知道一件意想不到的事情发生了。

"轰隆"一声巨响，硝烟弥漫，预料中的乱石穿空的现象却没有出现。爆炸声过后，并没有像往常一样崩下来多少石头，只有很少的石头飞到空中。

看到这个景象，连长大怒，喊过来班长问怎么回事。

"报告，连长，我们是按照规定挖的炮眼，而且我也检查过了，没有异常。"

"炸药量够吗？"

"报告，按标准量放置的，没有问题。"

"你带个人去看看怎么回事？注意安全！"

班长和一个战士一前一后走向爆破点，现场似乎没有什么异样，炮眼处有一些乱糟糟的碎石，浓烟弥漫，看不太清楚炮眼里面的样子。

班长走在前面，他示意战士卧倒，自己慢慢走进爆破点。战士看着班长一步步前行，突然间，班长的双腿一软，半截身子沉入地面，瞬间班长的身体就随着碎石渣消失不见。呛人的泥土味混合着爆炸过后未飘散的浓烟传过来，战士三步并作两步跑过去，只见一个漆黑的洞口出现在他的眼前……

战士大喊班长，下面没有回音。在外围等候消息的官兵看到出现异常情况，一拥而上，飞奔到洞口。施工部队的团长也急忙从附近的工地跑过来，他下达命令："救人要紧，立刻派人下去看看。"

救人的绳索很快固定好，两个士兵顺着绳子先后滑到洞底，他们找到了已经昏迷的班长，将他用绳子拴好，送回地面。团长指示查看现场，两个战士便借着一个手电筒微弱的光线，在下面侦查情况。

1分钟左右，一个士兵在洞底向团长大声报告，"报告团长，发现一座古墓，里面的土坍塌了，我们过不去，这个墓好像非常大。是否需要继续侦查，请指示！"

两天后，一份标有"绝密"字样的报告和洞中出土的部分器物就出现在河北省主要领导的办公桌上，报告里说"满城发现了一座非常大的古墓"。

他是谁

河北省文物研究所的研究员郑绍宗是最先到达满城古墓现场的专家之一。郑绍宗接到命令后，立刻赶赴现场，他当时半信半疑，觉得怎么可能会有这么大的墓。他发掘过那么多墓，也没有见过这么大的。一路上都感觉是部队上的人夸大其词，看报告上说，进入古墓就好像进入一个报告厅似的。等到郑绍宗真正进入古墓后，才知道报告上说的一点都不夸张，这座古墓真够壮观的。因解放军爆破而被发现的只是古墓的北耳室，只这一个墓室的面积和古文物就足以让人震撼了。

后来，考古工作者把这座墓起名为"满城汉墓1号墓"。随着勘查清理工作的逐步深入，1号墓的整体形制也渐渐清晰。墓室由墓道、甬道、南耳室、北耳室、中室和后室六部分组成。如果俯瞰整座墓室，犹如一个"古"字。

秦汉以前，墓葬形制一般采用模仿地上建筑的模式。这样设计是为了把生前的一切都象征性地搬入地下，叫事死如事生。到了汉代，根据墓主人身份的不同，墓室分别采用宫殿或者房屋的建筑样式。

"满城汉墓1号墓"的布局就像一座汉代诸侯王宫殿。汉朝皇帝死后往往用

"满城汉墓1号墓"入口

夯士的形式，把陵墓筑成巨大的坟丘，这种墓葬形式就是土坑墓。而"满城汉墓1号墓"的墓室是依山开凿的巨大洞穴，考古学家把这种墓室称为崖墓。西汉的11位皇帝当中，只有汉文帝的"霸陵"是崖墓。汉文帝的霸陵至今完好。满城汉墓1号墓则使人们第一次看到了崖墓里的墓室结构。

从陆续出土的文物中，人们发现许多铜器都有"中山内府"字样的铭文。中国历史上曾经出现过两个中山国，一个是春秋战国时代的中山国，另一个是西汉时期的中山国。战国时期的中山国的文字是属于金文的，而古墓中出土的铜盆上的文字接近汉隶；另外，墓里出土的铜器，也和战国中山国的出土文物完全不一样，属于西汉风格，所以郑绍宗等人确定这座墓室是西汉时期的中山，而不是战国时期的中山。

在西汉，只有诸侯王的地位仅次于皇帝，在中山国境内，当然就是中山王。中山国作为诸侯国存在了150多年，共有10位王。虽然初步认定这是西汉一位中山王的墓葬，但究竟会是10位王中的哪一位呢？由于考古队员太少，古墓又巨大，因此发掘工作进展缓慢，急需加派人手。

1968年6月15日，周恩来总理把满城发现汉墓的消息告诉了时任中国科学院院长的郭沫若，并让他负责满城汉墓的发掘工作。

1968年6月27日，由中国科学院考古研究所、河北省文物考古所和

墓室内景

解放军工程兵组成的联合考古发掘队正式开始了对汉墓的发掘清理。大队发掘人马进驻现场后，发现在岩石中开凿如此巨大的墓室，即使用现代的机械化施工方法，100个人也得需要一年才能完成。以当时中山国的国力来推算，开凿这样的墓室人数需万人用数十年的时间才能完成。许多工程兵听到这个结论都目瞪口呆，这要耗费多少劳动人民的血汗啊！

墓道、甬道的发掘工作结束了，此时，考古人员开始详细清理中室的出土文物。在中室的中间位置，他们清理出十几盏造型各异的铜灯，其中一盏铜灯吸引了专家的目光。灯的底座是个匈奴人的形象，根据铜灯上的铭文，知道这盏铜灯叫"当户灯"。"当户"是当时匈奴的一种官职名称。据考古专家推测，这件当户灯，制作于汉廷和匈奴之间矛盾异常尖锐的时期。

墓中的这位中山王，很可能就生活在与匈奴频繁开战的那个时期，甚至是汉王朝众多北方诸侯王中抵御匈奴入侵的首领之一，那么他究竟是谁呢?

这酒量海了去了

随着考古发掘的深入，考古工作者终于发现了能证明这位中山王身份的器物，一件颈部刻有"中山内府铜钫一，卅四年"字样的青铜酒器出现在专家们的面前。

汉武帝以前，中国的帝王没有年号，在位的时间只以数计算。"卅四"也就是在位的年数。在中山国10位王中，只有第一代王刘胜的在位时间最长，有42年之久，其余的均不到30年，因此确定这座墓室的主人就是中山国第一代王刘胜。

刘胜，汉景帝刘启的庶子，汉武帝刘彻的异母兄长。公元前154年，汉景帝刘启封刘胜为第一代中山王。据史书记载，刘胜"乐酒好内"。北耳室出土的十几个大酒缸成了刘胜"乐酒"的最好佐证。经估算，这些酒缸总共可储存几千公斤酒。看来，刘胜不仅乐酒，而且很可能还是海量。不仅如此，整个墓室中出土最多的就是酒器。南耳室发现了盛放粮食鱼

考古发掘时拍摄的墓穴照片

肉等的残物，还有一盘加工粮食的石磨，也许这是祈盼去世后也能丰衣足食吧！

现场除了发掘出大量的青铜酒具，还不时发现一些残破的玉器和玉饰品，这引起了人们极大兴趣。

古人贵玉，使用范围贯穿在上层人物的衣食住行之中：衣帽冠发有各种佩件、饰物；食盏、玉杯等；住有玉嵌壁饰、桌案饰等；车马轿也有玉饰。至于玉瓶、花薰等桌几上的陈列品及玉如意、坠子等掌中玩物，更是名目繁多，不胜枚举。

玉和金一样，是富贵的象征。"金玉满堂"极言财富之多。金枝玉叶，是皇族后裔的专称。玉楼、玉堂，均指华丽的宫殿和住宅，有时又指道观。道教中的玉皇大帝、玉虚仙境、玉宇，也都离不开一个"玉"字。玉与仙又挂上了钩。皎洁的月亮中有一团黑影，古人不知其奥秘，臆想出"月中何有，玉兔捣药"的故事。此后，旧时文人便常用"玉兔"一词指代月亮，既文雅又有神秘之感。

玉，还是权力的象征。除了玉玺外，"金科玉律"用来指不可变更的法律。玉石又是和平的象征，如"化干戈为玉帛"。助人成功也用"玉成"一词。至于玉色纯净，质地坚密，也常用它来比喻贞操、节义，如"守身如玉""宁为玉碎，不为瓦全"。玉，并被广泛用来描写大自然的景色。风花雪月中，除只闻声不见其形的风外，后三者都常用玉来吟咏赞颂。槐树花素洁，便有"玉树"之称。一些纯白素雅的花，常在其名之前冠以玉字，如玉兰花、玉茗等。以"玉龙"比喻漫天大雪，也颇为壮观。

玉在中国已有超过5000年的历史。在汉代，人们不仅把玉作为财富和权力的象征，还坚信以玉护身能使尸体保持不腐烂。汉代的君王以及贵族死后不光口含宝珠，下枕玉璧，有的还穿着金缕玉衣（史书中也叫"金缕玉柙"）。

满城汉墓 1 号墓的主人是诸侯王，这也是当时汉代考古发现中身份最高的一位墓主人。那么这座汉墓中会不会出现金缕玉衣呢？所有的考古人员都迫切期待这份大礼的出现。满城汉墓 1 号墓会不会让大家失望呢？

60 多个金豆

刘胜墓的前室是车马坑，中室是大厅，里面出土了很多灯和餐具、乐器，还有一个大帷帐。在发掘完中室和侧室后，人们始终没有发现墓主人的棺椁。所有人的目光都集中在了后室。后室是在山壁中开凿的，十分隐秘，如果不是专业考古人士，根本不会发现后室。后室墓门还设有锁门的铜制机关，这个难不住现代开锁水平，锁门机关很快就破解了。

后室代表墓主人的卧室，分大小两厅，小厅整体涂成朱红颜色，这里应该是主人的浴室，里面还有沐浴用的大铜壶；大厅是卧室，设有矮炕，炕上设矮几一张，上置铜灯一盏，几一头放着主人佩剑。大厅的另一端设汉白玉棺床，墓主人的棺材就放在这里。

不过，后室地面都被厚厚的草木灰所覆盖。当清理完草木灰以后，人们发现这里的随葬品更加丰富。在后室的北侧，先是发现了几块散落的玉片。几名考古队员加快了清理工作，他们认为可能会清理出更多的散落玉片。因为棺材的木料全部腐朽，里面的物件已经是面目皆非了。原先镶嵌在棺木上的玉璧散落得到处都是，杂物里有匕首一把，经检验已达到钢的级别。百炼钢在那个年代可不是一件容易的事，所以这柄匕首也很珍贵。

谁也没有想到，当把堆积在上面的朽木灰和金属饰件全部清理完后，一件用金丝连缀着玉片的铠甲状的东西出现在人们眼前。这难道就是"金缕玉衣"吗？这样子也太"丑"了吧！这个所谓的"金缕玉衣"，已被挤压成扁扁的形状，就像是一个由竹子块拼成的凉席一样。考古发掘队的队员们挤成一堆，开始细细地查看清理这件"文物"。

墓室出土的相关文物

　　首先清理出来的是头部。因为头部下边有玉枕，所以比较高。头部已经压成扁平状。当头部露出以后，腿部也同时清理了，四肢都清理出来。当时一露出玉片，一看比较完整，大家都不约而同长吁一口气，直说"太难得了"，"终于发现玉柙葬服了"。

　　不过在清理玉衣周围的随葬品时，发现玉衣的东侧有 60 多个金豆，令在场的考古工作者颇为疑惑。为什么会特别放置 60 多个金豆呢？郭沫若给出了一个解答，他说一个金豆代表一岁，玉衣的周围放了 60 多个金豆，那刘胜大概活了 60 多岁。

　　史书记载，刘胜做了 42 年中山王，于公元前 113 年病死。按照郭沫若的推断，刘胜大概出生于公元前 170 年以前。然而，就在这时，有人告诉郭沫若，后室只有已腐烂的棺椁，而没有发现墓主人的尸骨。而且玉衣下面也没有任何东西，并且已挖到原始岩层，也没有发现尸骨。刘胜不会只葬一件玉衣吧？怎么会没有尸骨呢？难道刘胜真的转世重生去了？

　　郭沫若思考良久，指着刘胜墓以北的方向说："那边也许有我们要找的答案。"

都是女士用品

　　1968 年 8 月 13 日，考古队的原班人马开始在 1 号墓的北边继续发掘。果然，第二座陵墓出现了，这就是"满城汉墓 2 号墓"。

2 号墓的墓室结构与 1 号墓大体相同，可以明显地看出是在吸取 1 号墓的经验上开凿而成的。也许，刘胜的尸骨就在这座墓中吧！因为 2 号墓陪葬品非常丰富，丝毫不逊色 1 号墓。

在 2 号墓中，也出土了一个铜灯。经过组装的这件铜灯和刘胜墓中的当户灯不同，2 号墓中的这座宫灯是一个"宫女"的形象。

宫灯灯体为一通体鎏金、双手执灯跽坐的宫女，神态恬静优雅。灯体通高 48 厘米，重 15.85 公斤。灯体中空，整体由头部、身躯、右臂、灯座、灯盘和灯罩六部分组成，各部均可拆卸。宫女着广袖内衣和长袍，左手持灯座，右臂高举与灯顶部相通，形成烟道。灯罩由两片弧形板合拢而成，可活动，以调节光照度和方向。灯盘有一方鋬柄，内尚存朽木。座似豆形。器身共刻有铭文九处 65 字，分别记载了该灯的容量、重量及所属者。

宫灯长信宫灯设计十分巧妙，能根据需要调节光亮的大小和照射的方向，烛火的烟灰可以通过"宫女"的右臂进入身体当中，使烟灰停在灯身中，以保持室内的清洁。后来，基辛格看了这个灯，特别幽默地说："中国人真了不起，你们 2000 年以前就有了环保意识。"

这座宫灯的外侧刻有"阳信家"三字。那么"阳信"指的是谁呢？据史书记载，阳信是指诸侯王刘揭。尤其重要的是灯座底部刻有"长信尚浴，今内者卧"的铭文，"长信"指的是长信宫。汉文帝时期，长信宫的主人是汉文帝的皇后窦氏，而她正是中山靖王刘胜的祖母。后来考古工作者给这件铜灯命名为"长信宫灯"。

据考证，此灯原为西汉阳信侯刘揭所有。刘揭文帝时受封，景帝时被削爵，家产及此灯被朝廷没收，归皇太后居所长信宫使用。后来皇太后窦氏又将此物赐予本族裔亲窦绾。此灯作为宫廷和王府的专用品、礼品，可见它在当时也是很珍贵的。

长信宫灯

这个长信宫灯一改以往青铜器皿的神秘厚重，整个造型及装饰风格都显得舒展自如、轻巧华丽，是一件既实用、又美观的灯具珍品。堪称"中华第一灯"。它采取分别铸造，然后合成一整体的方法。考古学和冶金史的研究专家公认，此灯设计之精巧，制作工艺水平之高，在汉代宫灯中首屈一指。

然而，此墓后来出土的许多物品都是汉代女性的生活用品，什么胭脂粉盒、铜镜牛角梳，耳环头饰等都有，陪葬武器却非常少，种种迹象都表明这里埋葬的应该是一位女性。

1968年9月16日，在2号墓的后室一个锡制的盒子里发现了一枚铜印。这个印是方形的，中间有孔，叫"串带"印，正面是"窦绾"两个字，背面是"君须"两个字。郭沫若分析后，认为窦绾是这个墓的主人。据此，专家们进一步推测，窦绾应该就是刘胜的妻子，即中山国的王后。而那个长信宫灯就是窦太后送给窦绾的陪嫁品。

就在考古工作者为墓主人身份的确定而欢欣鼓舞时，另一件更令人惊喜的事情在工作队中迅速传开，2号墓中又发现了一件金缕玉衣。这件玉衣比刘胜墓出土的玉衣略微显小，玉衣胸部的玉片不是用金丝编缀，而是用丝织物编结而成，由于年代久远，织物早已腐烂，又受玉璧及棺椁朽木灰所叠压，部分玉片已经散乱。窦绾的玉衣共用玉片2160片，金丝重700克，其制作所费的人力和物力是十分惊人的。

窦绾墓入口

考古工作者在清理窦绾的玉衣时，发现在玉衣里面有墓葬主人的颈脊椎骨和四条肋骨，以及三颗牙齿，看来2号墓的主人是穿着玉衣入葬的，只不过尸骨早已腐烂得差不多了。

这更加重了人们的疑问：为什么1号汉墓里没有刘胜的尸骨呢？

保鲜失效了

考古人员再次检查刘胜墓出土的金缕玉衣，从外观上看"玉衣"的形状和人体几乎一模一样。头部由脸盖和脸罩组成，脸盖上刻制出眼、鼻和嘴的形象。组成脸盖的玉片绝大部分是长方形的小玉片，双眼和嘴是在较大的玉片上刻出，鼻子是用五块长条瓦状玉片合拢而成，惟妙惟肖。上衣由前片、后片和左、右袖筒构成，各部分都是彼此分离的；前片制成胸部宽广、腹部鼓起的体型，后片的下端作出人体臀部的形状。裤由左、右裤筒组成，也是各自分开的。手部做成握拳状，左右各握一璜形玉器，足部作鞋状。一些玉璧，以及饭含、佩带之物等。前胸和后背共置玉璧18块，并有一定的排列方式。另外，颈下有玛瑙珠48颗，腰部出玉带钩。整套"玉衣"形体肥大，披金挂玉，全长1.88米，共用玉片2498片，金丝约1100克。玉片的角上穿孔，用黄金制成的缕把它们编缀，称其"金缕玉衣"一点不为过。

专家们试着打开刘胜的玉衣，发现里面有一些枣泥灰样的东西，竟然还有一些牙齿。原来如此！专家们推断刘胜的尸骨就在玉衣里面，只不过已经腐烂成灰，连骨头都腐烂没了。看来，汉代人认为的用金缕玉衣保存肉体不灭的方法失败了。原来，刘胜采用厚葬的形式，随葬品非常丰富，而动物的残骸和大量的陪葬用酒，增加了墓室中的有机物，导致尸体容易腐烂。另外，墓室中潮湿的环境也加速了这一过程。

在研究玉衣的过程中，考古工作者发现，玉衣的结构很像古代战争中士兵所穿的铠甲。玉衣的制作过程中，难度最大的要数玉衣的手套部分，它也是玉衣中最为精巧的部分。玉衣所用的金丝一般长4~5厘米，最细的金丝直径只有0.08毫米，只相当于一根头发丝的细度，分布在手套各处。

金缕玉衣还有另外几件陪葬品：玉蝉、玉猪和9个门塞。其中最讲究的是用玉蝉作口含，因为古人认为蝉只饮露水而不吃东西，是一种清高狷介的昆虫。人死后，其灵魂离开尸体，正如蝉从壳中蜕变出来时一样，所以古人以蝉为含的寓意可能在此。还有的学者认为，汉代人用玉蝉作口含，是受这种昆虫循环生活的启发，从蝉蜕转生而领悟再生，因此就给死者含蝉寓暂死之意，希望死者能够复活和再生。玉猪握在手里。猪是农耕文化的代表，也代表了农耕文化的金钱，而玉又价格不菲，所以古人经常用它陪葬。在汉代，人们深信玉塞九窍，可以使人气长存。所谓九窍就是指两眼、两鼻孔、两耳孔、嘴、生殖器和肛门。出土的玉衣经常就搭配有用玉做成的眼盖、鼻塞、耳塞、口含、罩生殖器的小盒和肛门塞等九个门塞。

这套完整的金缕玉衣葬服整理出来之后，关于它的图片发表在相关媒体上，立刻轰动了全世界，被誉为无价之宝。

1968 年 9 月 19 日，两座汉墓的发掘工作全部结束。满城汉墓出土的上万件文物中，金缕玉衣无疑最为引人注目。据汉代文献记载，汉代皇帝死后使用金缕玉衣，诸侯王、公主等使用银缕玉衣，大贵人、长公主使用铜缕玉衣。但中山王刘胜是汉景帝刘启的儿子，汉武帝刘彻的庶兄，按规定他只能以诸侯王的身份着银缕玉衣，为什么却越级穿金缕玉衣呢？

有专家认为，玉衣等级的严格规定，是在东汉时期才形成的，因为在东汉时期的诸侯墓中就再没出土过金缕玉衣。还有专家认为，死后能穿金缕玉衣的诸侯王都深受皇帝的器重，他们能着金缕玉衣下葬，也是皇帝对他们的一种恩赐。

身为诸侯王的刘胜都能穿如此华贵的金缕玉衣，那贵为天子的皇帝玉衣是什么样子的呢？史书记载，汉武帝的玉衣玉片上雕刻着蛟龙、鸾凤、龟麟等纹饰，被称为"蛟龙玉匣"，在玉衣片上雕刻花纹，想必除了加强装饰效果，有华贵之感外，还要体现皇帝的高贵身份。因为没有考古发现的实物作为证据，汉代皇帝的玉衣对我们来说还是一个未解之谜。

金缕玉衣

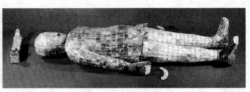

金缕玉衣侧面

第九章 三个女人一台戏
——翠玉白菜传世之谜

说起台北故宫博物院的馆藏，估计很多人首先会想起"翠玉白菜"。在民间传说中，它与清末的宫闱纷争、八国联军侵华以及光绪宠妃之死等事件纠结在一起，被传得神乎其神。那么，这翠玉白菜是何"神器"？它跻身"国宝"之列是否名副其实？

翠玉白菜

主人身份之谜

翡翠被誉为"玉中之王"。清朝时期，乾隆皇帝尤其对翡翠情有独钟，一些江南的琢玉名匠也能精细地将中华文化完美地诠释在翡翠上。就这样，在乾隆皇帝的带头示范之下，从此以后，清朝历代的帝王、后妃，都对翡翠偏爱有加，而王公贵戚也皆以拥藏翡翠的多少来衡量自己的财势。

"翡翠"一词，原来是两只鸟的名字。雄鸟的羽毛为红色，被称为"翡"，雌鸟的羽毛为绿色，被称为"翠"。后来，人们便将拥有同样颜色的美玉称为"翡翠"了。翠色讲究的是浓、阳、正、俏、均，以白色与绿色较为常见，其中又以绿色为佳，尤其是以鲜亮浓艳的翠绿色最为珍贵，高档翡翠有祖母绿、苹果绿等。

如今珍藏在台北故宫博物院，被称为招牌的翠玉白菜，就是一块难得的翡翠极品。它被陈列于台北故宫博物院三楼展厅的入口处，每天都会有许多游客争相驻足观看。

这个翠玉白菜长为 18.7 厘米，宽为 9.1 厘米，厚为 5.07 厘米。它是由一块半白半绿的翠玉雕琢而成的翡翠珍品，并且有一个让人感到十分亲切的造型——白菜。它洁白的菜身与翠绿的叶子，都让人感觉十分熟悉，故而想与之亲近。

1925 年 10 月，建立在紫禁城的基础上，故宫博物院正式成立，而发现翠玉白菜的地方是永和宫。据相关文献记载，永和宫是清朝光绪皇帝一位皇妃的住处，后来被溥仪皇帝封为端康皇贵太妃，也是后来帮助溥仪的瑾妃。据说，瑾妃便是这件稀世国宝曾经的主人。

然而，又有人说，瑾妃不是翠玉白菜真正的主人。在这里，我们不得不提到光绪皇帝的另一位妃子，也就是这位瑾妃的亲妹妹——珍妃，据传翠玉白菜的真正主人是珍妃。

珍妃

珍妃深受光绪皇帝的宠爱，她自幼天资聪慧，温柔善良，并支持光绪维新变法。1898 年，慈禧太后发动政变，幽禁了光绪帝，珍妃也被一起囚禁。在囚禁期间，珍妃每日都要跪地接受训斥，每天只允许上一次厕所，可怜高傲的珍妃就这样每天受罪。

1900 年，八国联军攻陷北京城，慈禧太后仓皇出逃前，下令将刚刚 24 岁的珍妃投入井中淹死。这口井现在还在故宫内，井口已被缩小并封盖。珍妃容貌出众，性格中有那么些傲气，即使是在自己被推下井的那一刻亦如此。这一切，不过是封建王朝那悲情故梦罢了，她死后被追封为贵妃，殊荣再大，终究还是将魂送给了已经冰冷的紫禁城。

珍妃死了，翠玉白菜又是从瑾妃的住处发现的，那么，翠玉白菜曾经的主人到底是瑾妃还是珍妃呢?

短暂的欢乐

相传，这件国宝翠玉白菜本是瑾、珍二妃的母亲、户部右侍郎长叙的夫人留给珍妃的陪嫁添妆之物。这件用一半洁白、一半翠绿的翡翠雕刻而成的珍品，象征着家世清白，而这清清白白的寓意也正好与珍妃的善良相称。原来，瑾、珍二妃都是长叙的女儿，姓他他拉氏，镶红旗人。姐妹两人同时被选入后宫，并且同被封为嫔。

可是，瑾妃在入宫的前一晚，与父母、妹妹吵闹个不停。原来，她发现母亲并没有将翠玉白菜作为嫁妆陪送给她便大哭大闹起来。传说，虽然瑾、珍二妃是亲姐妹，可是两人的性情、相貌却截然不同。姐姐瑾妃年长妹妹三岁，长得又矮又丑，平日里总是时不时地去找妹妹的碴儿。而妹妹珍妃，不仅长得端庄秀丽，尤其喜爱诗词歌赋，而且性格也十分温柔善良，对于姐姐的苛责总是百般忍让。

这一次，霸道的姐姐在得到了满箱的金银珠宝后，仍不满足，想要母亲将翠玉白菜交给自己。其实，侍郎夫妇为了姐妹两人的嫁妆，很是下了一番苦功。因为姐姐偏爱珠宝，所以就给了她许多的金银首饰。而妹妹却只要些书，为了不显得太过寒酸，就陪嫁了这棵翠玉白菜摆件。同时，也有用它衬托珍妃美好善良的寓意。可没有想到，为了此物姐姐瑾妃却闹个不停。瑾妃平时蛮横惯了，以为这一闹，妹妹就会把翠玉白菜让给她。不料珍妃这一次寸步不让，表示自己就从娘家带走这么一个值钱的东西，如果非要换，姐姐就应该把她的嫁妆全部拿出来换。姐姐舍不得那些金银珠宝，这件事就此作罢。

进宫后，瑾妃依旧对妹妹珍妃嫉妒有加。光绪帝喜欢温柔漂亮的珍妃，对瑾妃很少恩宠，导致瑾妃非常忌妒妹妹，两人之间也没什么亲情。光绪不宠爱瑾妃很正常，即便隆裕皇后，他也很少眷恋。光绪的皇后叶赫那拉氏，是慈禧亲弟都统桂祥的女儿。隆裕皇后长得不漂亮，既瘦弱，又驼背。这门亲事是慈禧太后懿旨给定的，光绪虽不满意，却也无奈。隆裕皇后与光绪皇帝的婚姻，完全是政治婚姻。

光绪帝平日里被慈禧束缚得像个七十岁的老人，珍妃进宫前，他每天最大的娱乐就是和太监们下下棋解闷而已。珍妃进宫后，光绪帝发现自己竟然有了很多快乐，这让他极为开心。珍妃生性活泼，爱玩耍，这一点很合光绪帝的喜好。珍妃对光绪的同情和体贴，激起了光绪对未来的憧憬和热情，同时，也引发了他要在政治上摆脱束缚有所作为的欲望。

戊戌变法期间，珍妃给予了光绪帝很大的鼓励，让处在悬崖边上的光绪感到非常温暖。光绪一心想要重振大清王朝的辉煌，做个真正的强国之君，然而，这一切都是徒劳。变法失败后，光绪被慈禧囚禁。珍妃也因为平日里过于高调，染指朝堂事务，还私下里做出卖官赚钱之事，招致大臣非议，被慈禧杖责，还是脱光了衣服打。珍妃不但不认错还顶撞慈禧，最后珍妃被打得又惊又怕，浑身瑟瑟发抖，怀的孩子也流产了，又患上妇科病，还被囚禁起来。

珍妃之死

1900 年，八国联军进犯北京。慈禧带着光绪帝逃难。离京前，她召见了珍妃，珍妃就是在这个时候死于非命的。有关珍妃之死，史学界大多赞同是慈禧指示亲信太监崔玉贵推珍妃入井的，关于这一点，有三部书曾经有过比较详细的描述。

第一部书是来自金易的《宫女谈往录》，作者自称是崔玉贵的描述：

"到了颐和轩，老太后已经端坐在那里了。我进前请跪安复旨，说珍小主奉旨到。我用眼一瞧，颐和轩里一个侍女也没有，空落落的，只有老太后一个人坐在那里，我很奇怪。珍小主进前叩头，道吉祥，完了，就一直跪在地下，低头听训。这时屋子静得掉地下一根针都能听得清楚。老太后直截了当地说：'洋人要打进城里来了。外头乱糟糟，谁也保不定怎么样，万一受到了污辱，那就丢尽了皇家的脸，也对不起列祖列宗，你应当明白。'话说得很坚决。老太后下巴扬着，眼连瞧也不瞧珍妃，静等回话。珍妃愣了一下说：'我明白，不会给祖宗丢人。'太后说：'你年轻，容易惹事！我们要避一避，带你走不方便。'珍妃说：'您可以避一避，可以留皇上坐镇京师，维持大局。'就这几句话戳了老太后的心窝子了，这不是讽刺慈禧把持朝政、架空皇帝吗？老太后马上把脸一翻，大声呵斥说：'你死到临头，还敢胡说。'就这样，我和王德环一起连揪带推，把珍妃推到贞顺门内的井里。珍妃自始至终嚷着要见皇上！最后大声喊：'皇上，来世再报恩啦！'"

第二本书是一位旧宫监唐冠卿在《故宫博物院周刊》的《珍妃专号》里写的：

"闻珍妃至，请安毕，并祝老祖宗吉祥。后曰：'现在还成话吗？义和拳捣乱，洋人进京，怎么办呢？'继语音渐微，咻唻莫辨，忽闻大声曰：'我们娘儿们跳井吧！'妃哭求恩典，且云未犯重大罪名。后曰：'不管有无罪名，难道留我们遭洋人毒手吗？你先下去，我也下去！'妃叩首哀恳，旋闻后呼玉桂（即崔玉贵），桂谓妃曰：'请主儿遵旨吧！'妃曰：'汝何亦逼迫我耶？'桂曰：'主儿下去，我才下去呢！'妃怒曰：'汝不配！'忽闻后疾呼曰：'把她扔下去吧！'遂有挣扭之声，继而怦然一响，想珍妃已坠井矣！"

第三本书是一本《晚清宫廷生活见闻》的书，有一个太监的描述：

"听说珍妃被害的事已经有很多人写过。我们过去同人中一个叫王祥的是亲眼看见珍妃被丢到井里去的。王祥在几年前和我讲：'庚子年七月二十日，宫里乱七八糟的，西太后和光绪皇上都改变了装束，就要逃出宫了。就在这当儿，慈禧亲自率领瑾妃和御前首领太监崔玉贵、王德环到了宁寿宫，把珍妃从三所（囚禁珍妃的住所）里提了出来。珍妃在这里不知道已经受了多少折磨。她被提到西太后跟前，我们从门缝里看到她，战战兢兢，憔悴的样儿。西太后究竟同她说了些什么，王祥没有听见。后来在场的太监们传说，西太后对她说，现在太后同皇上就要离京了，本来想带她走，但是兵荒马乱的年月，万一出了什么事，丢了皇家的体面，就对不住祖宗了，让她赶快自尽。还听太监们传说，珍妃对西太后说，皇上应该留在北京主持大局。当时王祥从门缝里只看到珍妃跪在西太后面前，哀求留她一条活命。在场的人，有的眼里流着泪，像木鸡似的呆站着。大概谁也不忍下手。西太后怕时间耽搁久了，就接连着喊叫，快点动手。崔玉贵走上前去，把珍妃扯过去，连挟带提地把她丢到井里去。珍妃临危前，王祥还听到她呼唤'李安达，李安达'，安达是对太监的尊称。这是珍妃呼唤李莲英，求他救救她。西太后就是这样残酷地把珍妃害了。"

　　这三段资料虽然在细节方面大有不同，可在慈禧处死珍妃的理由上却十分一致，那就是以时局纷乱为借口将她推入井的，这应该是珍妃之死的一个真相。

慈禧太后

瑾妃

　　珍妃被慈禧太后害死之后，瑾妃伤心了很长时间，毕竟是亲姐妹。也许瑾妃觉得愧对妹妹，也许她觉得翠玉白菜是个神物，有天佑吉祥的作用，她迷信地认为妹妹得宠就是靠着翠玉白菜的功劳。瑾妃指使宫女将珍妃的翠玉白菜偷了过来，得到宝贝的瑾妃，自然是爱不释手。瑾妃认定有了翠玉白菜的保护，自己必然能够大富大贵。慈禧死后，拥有翠玉白菜的瑾妃，还真的一度掌权后宫，但越来越目中无人的她，逼得末代皇帝溥仪的母亲都自杀了。此后，瑾妃怕溥仪报复她，才收敛了锋芒，于1913年病死。

　　可惜的是，瑾妃不明白翠玉白菜所蕴含的寓意。她得到这件宝贝之后，为了随时观赏，命令宫女把它种到了珐琅花盆里，还被配上了灵芝。本是高雅之物，竟被弄成如此世俗之感，实在是与之不配。清王朝灭亡后，翠玉白菜就留在瑾妃宫内，直到故宫博物院成立。

　　1925年1月，故宫博物院与清室善后委员会一起清点文物。工作人员在瑾妃宫内第一次见到翠玉白菜时，它仍然种在那个珐琅花盆里的，在它的旁边种的那棵灵芝还是那样娇小。有专家鉴赏了翠玉白菜认为，这是一件顶好的物件，可是被种在了珐琅花盆里，旁边还配上了灵芝，实在是太不匹配了。专家们决定将花盆与灵芝都留在库里，单独将翠玉白菜拿出来存放。想不到，此举竟然使翠玉白菜一举成名。这棵白菜与真白菜一样大小，滋润新鲜，感觉用手指一掐就能掐出水来。从此，国宝翠玉白菜闻名于世，一直享誉中外。

像雾像雨又像风

这件孤芳自赏的翠玉白菜，也被人们称为是"量材就质"的典范，雕刻家顺应玉料自然形成的外形与色泽，设计玉器的形制，在原玉的条件限制下发挥了超常的创造力，是一种协调天与人之间的难得功力，正应验了"玉不琢不成器"的古语。

据说，这件翠玉白菜出自清朝时期的一位民间天才工匠之手，而且这是他毕生呕心沥血的代表之作。翠玉白菜由一块一半灰白、一半翠绿的玉雕刻而成，工匠把绿色的部位雕成菜叶，灰白的部位雕成菜帮，上面还趴着两只昆虫，分别是螽斯和蝗虫。据说在清代，白菜象征家世清白，表明新娘的纯洁，螽斯则有子孙绵延的意思。由此可见，翠玉白菜是一件很有意义的嫁妆。此外，从清宫的织锦、服装等其他文物中也可以看出，当时清皇室中有一种田园风情在流行，因此，这件"白菜"恰好成为这种审美风潮的一个体现。

据专家介绍，翠玉白菜从材料上言，算不上"顶好"，不算很大块，绿、白分布也并不均匀，算不上一级文物。但其价值，主要体现在"巧思"和历史文化内涵上。如果按照一般设计，琢成瓶罐镯佩，将会因为其裂纹、斑块，而被视为多瑕的劣材。但玉工却巧妙地借助了白菜的造型：绿色部分琢成菜叶，白色部分雕为菜梗，裂纹藏在叶脉中，斑块被安排为经霜的痕迹。材料本身的缺陷通过创作者的用心与创意，转化为有魅力的艺术品。或许有时人们会觉得，这件作品纯为一件写实之作，并无"升华"。但如果细心观察匠人的布置，则会体会其苦心孤诣的设计意图。这或许也是翠玉白菜的另一魅力所在吧。

其实台北故宫博物院总共有三棵翠玉白菜，除了镇馆的翠玉白菜外，第二棵是绿黄相间的翠玉白菜，颜色偏黄，菜叶上也有菜虫，被昵称为"翠玉小白菜"。还有一棵经常被冷落的翠玉白菜，最有趣的是这棵白菜的中心在雕刻制作时就被刻了一个洞，因此，有人说这棵翠玉白菜原始的用途应是花插。后两棵翠玉白菜只公开展示过一次，有人说"三白菜"进行联展的话，或许又可以激起车水马龙的人潮。当然，最希望的莫过海峡两岸的五棵翠玉白菜共同展览！

是的！还有两棵翠玉白菜，一棵在天津博物馆，一棵在北京故宫博物院。相较而言，北京博物馆的翠玉白菜就显得默默无闻！不但不是展览的重点，也很少有资料提到北京博物馆的翠玉白菜；倒是天津博物馆的翠玉白菜在富贵中还带着亲民的味道。论起质地，天津博物馆的这棵翠玉白菜没有台北故宫博物院的好，但是天津的翠玉白菜拥有白绿黄三个颜色，工匠大胆地取原本应该是缺陷的黄色进行巧雕，反而更将白菜天然的感觉给写实地表现出来。有关人士还将这棵翠玉白菜别称为"冻白菜"。

台北故宫博物院的这棵翠玉白菜与众不同，一直是中国人民心中最爱的国宝。其常常见于人们的玉雕精品图谱中，历代鉴赏家也对其情有独钟。然而，令人觉得遗憾的是，如此一件国宝级的翠玉白菜，关于它的记录却很少。即便是现在，仍有学者质疑翠玉白菜的主人身份，对制作翠玉白菜的是宫廷工匠还是民间玉匠仍有争论，神秘加上不可考的故事，也是翠玉白菜无价的原因之一。

翠玉白菜美得像一位世外仙女，常常出现在观赏者的梦里；她又神秘得像一阵雾、一阵雨、一阵风，让人无法揭开她的面纱。

第十章　康熙的"大拇指"
——清帝扳指传世之谜

康熙年间，东征西讨，内平叛乱，外御强敌，建立起一个强大的封建王朝。康熙文武双全，直至晚年，依然弓马娴熟，多次猎杀野兽。他创建了赫赫有名的木兰围场，并设计各种对抗游戏，让他的子孙和勇士们永远保持勇武，让精神和身体凹凸起力量的线条，这大概是出于马背民族的本能。当康熙大帝拉开弓弦，射出力量刚猛的御箭时，他竖起的大拇指上的那个"憨得憨"（扳指）可谓傲视天下……

康熙帝的挚爱

秋高气爽，草劲林森，野鸟惊飞，战马嘶鸣。草原上几声号角不时响起，一队队全副武装的士兵呼啦啦地走过。三三两两的战马在极远处疾奔，这是军队派出去的瞭望哨兵在巡视。他们纵横驰骋，蓝天白云下似乎都是骁骑矫健的身影。

又是一年九月初九，按惯例，康熙帝又要去木兰围场秋猎。木兰围场位于燕山与内蒙古高原之间。这里有古北口、喜峰口、冷口等关卡，真是雄关处处，险隘重重，形势十分险要。这时正当深狄，野草丛生的围场西风阵阵，烈马嘶鸣，显出一派燕北雄壮慷慨之气。

康熙大帝一生勇武，为巩固国防，曾多次对外作战，并数次御驾亲征。为了保持非凡的斗志和战力，他每年都到木兰围猎，这是一种准军事

康熙画像

演习的面貌，能够激发肌体的力量，更逼迫参与者张扬起无畏与血性。

狩猎，本来就是人类最早掌握的谋生技能之一，随着人类文明的发展，狩猎逐渐地具有了娱乐、军事、体育等多重性质，成为习武练兵、强身健体、振奋精神、谋取收获的一项集体性的综合运动。

在战国之前，狩猎是军事大典，为练兵的综合演习。《史记·魏公子列传》记载，赵国在边境上集结了大批的军队，魏王以为是赵军要进攻魏国，便要调兵遣将以为防备。魏公子无忌的情报灵通，得知是赵王狩猎，这才免去了一场惊慌。一个诸侯王的狩猎就和打仗一样，说明了其规模之大。随着军事战术的变化，狩猎不再作为阅军的大典，而变成帝王的娱乐。

清皇室起源于我国东北地区，世以狩猎作为练武和谋生的手段，特别是康熙、乾隆两朝，更为重视狩猎，每年都要进行一至二次大的狩猎活动。据《东华录》记载，康熙二十二年开辟了热河木兰围场，把木兰秋猎定做一项大典，集蒙古各部在木兰围猎。康熙曾告诉他的臣下说："有人谓朕塞外行围，劳苦军士，不知承平日久，岂可遂忘武备？军旅数兴，师武臣力，克底有功，此皆勤于训练之故也。"康熙把几次平定叛乱的功绩，归功于围猎训练之勤，这说明他本人确是从练武为出发点进行狩猎的。到乾隆时还能保持"皆因田猎以讲武事"，不过乾隆之后的几个帝王便把木兰围场作为避暑娱乐之地了。咸丰竟借木兰秋猎之名，逃离京城，放弃对英法联军的抵抗，这与木兰秋猎的本意更是背道而驰了。

康熙立马塞上，环顾四周，他对这围场的一草一木都有很深的感情。

多年来，康熙一直将它当作行围习武的主要场所，自有一番心意，只是不知自己百年之后皇子群臣们是否还会保持勇武？虽然皇子们都依次簇拥在身后，一个个衣冠整肃，稳坐雕鞍，倒也有几分模样。不过，圣上凭着几十年察人体物的经验，总觉得儿子们似乎潇洒之气有余，勇武之威不足。

康熙一松缰绳，坐骑忽地一下蹿了出去。众人连忙催马相随，一时间马蹄雷鸣，尘土云卷，围场上气氛骤然紧张起来。突然，康熙帝猛地勒住马，挺身北望，随从们也一齐勒住马，仰望圣上。四下万籁俱寂，只有几声马的嘶鸣，飘向前方。

康熙转问太子："胤礽，这里往北是何地方？"

太子回答："是皇阿玛打虎之处！"

康熙没有作声，太子心里有些慌，不由得看了看周围的兄弟几个，众皇子皆不解。

人群中有人高喊："北处乃是红山，是圣上大胜噶尔丹之地也！"此人正是少詹事高士奇，是圣上心腹之人。康熙微微点点头说："不错，噶尔丹勾结罗刹，率数万悍兵来犯，朕亲率大军平叛。噶尔丹只剩下三千败军逃回科布多。此乃浴血大战之处，保国之大役，汝等皆不知！何以铭记先祖创业之艰辛，何以坚守当今万里之疆域？"

众人鸦雀无声，围猎尚未开始，就出现这尴尬情形，令人好不心惊。

顷刻间，风声呼啸而来，野草起伏，仿佛当年战场上万众呐喊，

康熙围猎图

鼓角轰鸣。康熙眯起眼睛，侧耳细听，然后拍马驰去，皇子们及众臣连忙紧跟。不一会儿，就远远听见虎啸声和骁骑营士兵的呐喊声，这一定是驱虎而来的逐兽士兵。

东北方向密林中猛然蹿出一只体型庞大的东北虎，它被围猎的骁骑士兵追赶得无处可逃，竟然直扑过来。康熙回身摘下弯弓，拔出雕翎利箭，迎着老虎冲去。那猛虎长嚎一声，腾空而起。康熙拉满弓弦，"嗖"的一声射出利箭，同时催动马向左侧飞奔避让猛虎。那雕翎利箭瞬间射进猛虎的咽喉部位。猛虎失足一般撞在地面，连翻带滚，几次要挣扎着爬起来，最后无力地躺在草原上。

草原上顿时传来高呼："皇上神威！"

康熙帝右臂向前伸出，竖起大拇指，露出指上的"憨得憨"（扳指），训斥道："朕手上的'憨得憨'（满语），伴随朕射杀猛兽无数，你们的'憨得憨'恐怕和羊骨头差不多了吧？我大清王朝子民要谨记，这马背上的功夫可不要随便就丢了！"

皇子、众臣、官兵纷纷跪倒在草原上，大呼万岁。

阳光下，康熙帝大拇指上的"憨得憨"熠熠生辉……

时尚时尚真时尚

年年围猎习武，不仅使雄才大略的康熙耳聪目明、体魄强健、文治武功兼备，开创了绵延近百年的"康乾盛世"。他戴在大拇指上的扳指也成为他的文治武功的象征，被皇子皇孙、文武百官以及民间百姓敬仰和模仿。

至清军入关前，通用鹿骨"憨得憨"，鹿骨一般呈黄色，年久变为浅褐色，以有眼者为贵。入关后，清代康熙、乾隆皇帝等多次到木兰围场狩猎习武，不忘祖制，而"憨得憨"则是拉弓射箭扣弦所用之器。清代宫廷绘画为后人留下了清帝手戴"憨得憨"的形象资料，如《玄烨戎装像》《威弧获鹿图》《大阅铠甲骑马像》等，描绘了康熙、乾隆皇帝全身披挂，右手大拇指上戴着"憨得憨"的形象。《情殷鉴古图》中坐者为道光皇帝，左手握《古史辑要》一册，画上有道光皇帝自题"情殷鉴古"四字。他虽然穿着便服，但右手大拇指上仍戴着一个半红半白颜色的"憨得憨"。可惜，自乾隆之后的皇帝早已经忘记了康熙的教诲，"憨得憨"也沦为一种玩物。

皇族贵胄练习射箭的画像

由于康熙皇帝十分喜爱"憨得憨"，为逢迎帝意，王公大臣乃至地方官员们纷纷将"憨得憨"进贡宫廷。据史料记载：九江关监督全德恭进掐丝珐琅"憨得憨"20个，达尔汉"憨得憨"20个，洋彩竹黄"憨得憨"20个，花斑石"憨得憨"20个。广东总督李侍尧恭进子儿皮钉花"憨得憨"50个、象牙"憨得憨"50个等。

碧玉扳指

为博皇帝欢心，还挖空心思地在"憨得憨"面上饰以浮雕纹饰，雕有"万寿无疆""古稀天子"及御制诗等。

"憨得憨"虽小，却也受到森严等级的制约。翡翠、玛瑙、珊瑚等名贵材料制作的"憨得憨"，一般人是不能随意佩戴的。王公贵族以翡翠材料制作的为首选，其色泽澄浑不一，而且花饰斑纹各异，清澈如水者价值连城，非皇室贵胄不敢轻易佩戴。普通人佩戴的以象牙、瓷质为多。普通旗人佩戴的，以白玉磨制者为最多。这种种分别，在当年是判定等级身份的标志，在如今则是衡量市场价格和收藏价值的尺度。"憨得憨"的大小厚薄，依使用者文武身份定夺，武"憨得憨"多素面，文"憨得憨"多于外壁精雕诗句或花纹。

值得指出的是，自从清乾、嘉以后，由于太平盛世，国泰民安，"憨得憨"实用性逐渐丧失，而以装饰为主。这种趋势在清代贵族阶层中尤为明显，上自皇帝与王公大臣，下至各旗子弟及富商巨贾，虽尊卑不同但皆喜佩戴。于是，作为练习弓马不可或缺的"憨得憨"摇身一变，成为首饰，沦为玩物。

的确，自清代道光、咸丰以后，男子喜以扳指为饰，相习成风，用各种美玉材料制作。翡翠扳指有红翡雕龙，绿地刻水；有白地雕马，绿色草地；还有皮子为白玉，巧刻各种花纹图案，山水、人物的，镂刻细腻，各尽其态。至于各色玛瑙，均依色做花，鲜艳无比，仗地烘托，美不胜收。

此时扳指的制作工艺愈发精益求精，质料十分讲究，初有玉石之品，继之翡翠、玛瑙、珊瑚、茶晶、墨晶、水晶、象牙、珐琅、花斑石、金、银、铜、铁、瓷之属均有，价格也扶摇直上。除了质地之外，扳指的纹饰也非常有讲究，如瑞兽纹、花草纹、山水、人物、诗词等纹饰和图案。

在晚清李保嘉所著的《官场现形记》第13回中，文七爷的一个翡翠扳指价格竟高达900两银子，真是令人瞠目结舌。如用在拉弓上，玉、石、金属品尚可，余则易于损伤，徒有虚名而已。况价昂质脆，为人所惜，不能用在挽弓，完全成为追赶时尚的纯装饰品了。

扳指的前世今生

清帝扳指，手指摩挲间，流露出了地位、权力、富贵和气质。虽然后世早已失去了最初的功能，演变成了单纯的装饰品，但有了乾隆的宠爱，有了王公子弟的青睐，也成了老北京人手里的玩物。

乾隆皇帝与扳指可以说有不解之缘。对于用来陈设和鉴赏的以珍贵材质尤其是玉制作的扳指，乾隆皇帝更是表现出了极大的兴趣，投入了很高的热情，使扳指这种原本是实用为主的日用物品走上了具有很高艺术趣味的大雅之堂。

随着民间收藏的急剧升温，清帝扳指也开始频频亮相各地拍场。2007 年一件清代羊脂白玉扳指在北京中拍国际拍卖会上露面，估价为80 万元，成交价达 165 万元，高出估价一倍；而在中贸圣佳拍卖会上，一件清乾隆玉雕御制诗文马鞍形扳指获价 134.4 万元。

乾隆御用扳指

此外，有一套盒装 7 枚清乾隆御用玉扳指，在 2007 年苏富比春季拍卖会上格外引人注目。这套玉扳指中有白玉扳指二件、碧玉扳指二件、汉玉扳指一件、青玉扳指一件、赤皮青玉扳指一件。所有扳指中膛大小、样式基本一样。其中，碧玉、汉玉、青玉四件扳指上都刻有乾隆帝的御制诗，做法都是常用的回纹边或万字纹边。这套玉扳指外套为一剔红海鱼图圆漆盒，由盖和底两部分合成，盒盖外及底外墙朱漆雕落花流水纹，盖上三条鱼戏于滚滚波涛之中，刻画生动。盒内御制《咏玉鞢》诗，底外正中刀刻填金楷书"乾隆年制"款。由此可以看出那时雕工成熟，包装非常考究，显示了乾隆时期宫廷御用器物的基本风格和特点。这7枚玉扳指罕见，估价高达4000万港元。最后它被一位亚洲收藏家以4736万港元收入囊中，创下了当时玉扳指市场最高价。

众所周知，艺术品不分大小，只要有年头、有故事、有讲究、有内涵，往往会受到各路藏家的喜爱和追逐，成交的价格也时常会出人意料。扳指就是如此。从目前的拍卖市场上来看，御制诗纹的扳指无疑是最受市场欢迎的，在拍卖市场上能拍出天价的基本上都属于这个类型。

从"憨得憨"到玉扳指所发生的一切，是扳指的悲哀，更是历史的悲哀。玉扳指作为一种装饰品，当然无可厚非，更不能将大清王朝灭亡的责任归罪于它。但是，由尚武进取，到玩物丧志、贪图享乐、追求虚荣，从扳指功能的演变上就可以看得清清楚楚。其中的教训，我们不应忘记。

陶瓷难解众生相

第十一章 又见"瓦盆爷"
——秦兵马俑传世之谜

陕西临潼西杨村畔有个农民在打井时，挖掘了好几天就是不出水，最后却挖出了一个"瓦人"，像真人一样大小。他憎恨这个怪物，以为是"瓦人"在捉弄他，于是把"瓦人"吊在树上抽打，最后还把它砸得粉碎，以消晦气。这种"瓦人"在当地经常可以挖出来，农民们都不当回事，直到有一天，有个农民一镐头挖出了个天大的深坑……

神秘的秦始皇陵

秦人国君当为少昊氏之后，传说因秦的祖先善养马，周孝王将他们分封在秦，作为周朝的附庸，拱卫周朝的安全。

秦始皇画像

公元前770年，秦襄公因为护送周平王东迁有功，被封为诸侯。秦最初的领地在当时属于边缘，经济落后，饱受侵扰。秦受封后，发兵占领了被戎人和狄人占领的原周朝在陕西的领地，实力开始增强。正是因为长年累月的厮杀，秦人变得十分善战。也因为它地处偏僻，因此它一直没有受到其他诸侯国的重视和讨伐。在春秋时代早期它还是一个不显山不露水的诸侯国，直到秦穆公时方参与中原争霸，成为仅次于晋国、楚国、齐国的二等强国。不过相对于这些强国来说，秦国的技术、文化、经济等还是比较落后。这个形势一直到公元前361年商鞅变法才开始改变。变法之后秦国开始不断强大。公元前325年，秦惠文王称王，并在公元前316年灭了蜀，从此秦正式成为一个可以逐鹿中原的大国。

公元前246年，秦王嬴政登基，他用了8年时间逐渐掌握了实权，开始了他对六国的征服。从公元前230年秦灭韩起，到公元前221年秦灭齐国，短短几年时间，秦始皇就统一了中国。秦始皇建立的秦朝存在的时间虽短暂，却给后世留下了深远的影响。中国从此正式进入郡县制社会，秦朝成为中国历史上第一个统一的多民族的封建专制主义中央集权国家。

然而，因为种种原因，秦王朝很快亡于秦末农民战争。随后，汉朝建立，大秦王朝就此湮灭在历史长河中。此后，关于秦始皇的传说在民间广为流传，传的时间长了，每一代人都添油加醋，渐渐地，这些传说倒像神话故事了，于是后代的人也就不以为然了。但是，有些做学术的人却不这样看，他们研读史书，实地考察，希望找到和秦始皇有关的所有线索，以破解诸多历史之谜，可惜都没能如愿。秦始皇的突然离世，带走了很多秘密，有些秘密恐怕只能到他的陵墓里去寻找答案了。

秦始皇陵位于陕西西安临潼区城东5公里处的骊山北麓。是中国历史上第一个规模庞大、设计完善的帝王陵园。秦始皇陵南依层峦叠嶂、山林葱郁的骊山，北临逶迤曲转、似银蛇横卧在渭水之滨。高大的封冢在巍巍峰峦环抱之中与骊山浑然一体，景色优美，环境独秀。陵墓规模宏大，气势雄伟。陵园总面积为56.25平方公里相当于78个故宫的大小。陵上封土原高约115米，现仍高达76米，陵园有内外两重城垣，内城周长3840米，外城周长6210米。

据《史记》记载：秦始皇13岁（公元前246年）即秦王位，即位后不久，就在骊山开始营建陵墓。统一天下后，又从全国征发来七十多万人参加修筑。直至秦始皇死葬时（公元前210年）还未竣工，秦二世时又接

秦始皇陵景区地宫人工布景图

着进行了两年，前后费时近四十年，真可谓工程浩大。

秦始皇陵在司马迁笔下的《史记》中也留下了极为简略的记载："穿三泉，下铜而致椁，宫观百官奇器珍怪徙臧满之。令匠作机弩矢，有所穿近者辄射之。以水银为百川江河大海，机相灌输，上具天文，下具地理。以人鱼膏为烛，度不灭者久之。"

翻译过来大意就是：地宫极其深邃而坚固，它不但砌筑上"纹石"，堵绝了地下的泉流，而且还涂有"丹漆"，起到了防潮的作用。墓中建有宫殿及百官位次，放满珠玉珍宝，燃烧着用人鱼膏（据说是一种四脚鱼，似人形，生活在东海中）做的蜡烛，永久不灭。设有防备盗墓而自动发射的弩机暗箭。灌注水银，如同江河大海围绕，机械转动，川流不息。上面象形日月天体，下面象形山川地理等。实际上是一个搬入地下的人间世界缩影。

另据史书记载，秦二世在封闭秦始皇陵的时候，下令始皇宫内的宫女，凡没有子女者，都要殉葬；为了防止泄密，凡参加修造墓室的工匠，不待他们出来，就封闭墓门，活埋在陵墓里。就这样，秦始皇把他生前的荣华富贵全部带入地下。

秦始皇陵规模宏伟，陪葬丰富奢华，当时许多人都对陵寝中的财宝"非常关心"。据《汉书》和《水经注》记载，公元前206年，项羽攻入咸阳城，他大肆劫掠财物，30万人运了30天还没有运完。他还纵容手下兵将，将秦始皇陵墓凿毁。此后不久，又有牧羊人寻找遗失的羊，持火把进入墓穴，不慎将陵墓彻底烧毁，大火延续烧了90天都没灭。据说，方圆数十里的陵区地面，也随着一些陪葬坑和陪葬墓的坍塌而下陷了好几米。兵火之患，使得秦始皇陵的地面建筑荡然无存，地下埋藏也受到一定程度的破坏。此后，东汉末年赤眉起义军、魏晋后赵时期统治者石勒和石季龙、唐朝末年黄巢起义军等都盗掘过始皇陵。

虽然记载秦始皇陵被盗掘的史料很多，但也有人认为始皇陵的地宫始终没有被盗过。司马迁写《史记》时距秦始皇入葬仅百余年，《史记》中有专门篇章论述秦始皇，但对陵墓被毁一事，却只字未提。众所周知，司马迁秉笔历史，极其缜密，如果发生项羽盗墓，他怎会不附上几笔？而六百年后的郦道元却做了详细记述，这不符合常理。加之为了防范盗窃，秦始皇墓室还设计了许多防盗墓措施。据说地宫的周边填了一层很厚的沙子，形成沙海。这是秦陵地宫的第一道防线，如果盗墓者挖洞进入墓室，

秦始皇陵外景

就会被流沙埋没毙命。皇陵中还设有暗弩，盗贼进入秦陵触动机关时，强弩射出利箭，无人可躲。与暗弩配合的还有陷阱等机关，盗墓者即使不被射死，也会掉入陷阱中摔死。此外，秦陵地宫中有大量的水银，水银蒸发的气体中含毒，也会把盗墓者毒死。由此可见，秦始皇陵的防盗体系是相当严密的。现代考古证明，秦始皇陵地宫仍然完整地保存在封土堆下，几千年来未被盗掘。

添乱的"瓦盆爷"

新中国成立后，陕西地区农民解放了生产力，成立了生产队。他们在耕地时，经常发现一些瓦片、陶片，有时候还会发现"瓦人头"。农民们都嫌晦气，就随意地扔在地边，无人过问。农民还给这些"瓦人头"取了一个很好听的名字"瓦爷"或者"瓦盆爷"，因为这里的土地里经常挖到这样的"瓦人"，很影响农作物生长，尤其是耕地的时候很碍事。有时候破碎的瓦片还会划伤脚，因此，农民很厌恶这些"瓦人"。

当地人眼中的"瓦盆爷"

1974年初春，严重的旱情威胁着八百里秦川，坐落在骊山脚下的西杨村也不例外。去年夏秋季节的雨水就很少，整个冬季又没下雪，因此这里的旱情格外严重。奔走了一上午的西杨村生产队队长杨培彦和副队长杨文学，站在柿树园一角，眼望着这片只长柿子树、不长庄稼的荒滩心痛不已。如今，大旱让柿子树也面临死亡的危险。没有别的办法，只能靠自己了。杨培彦下定决心，他拿着镢头在脚下石滩上画了一个不规则的圆圈："集合队员，咱们就在这里打井！"

此时的他们，谁也没有想到，这个不规则的圆圈意味着什么。

第二天清晨，西杨村杨全义、杨新满、杨志发等6个青壮年，挥动大镢在杨培彦画的圆圈里挖掘起来。只要打出井，有了井水，就不怕干旱了。

当挖到两米多深时，出乎意料地发现了一层不常见的红土。这层红土异常坚硬，一镢头下去，只听到"咚"的碰撞声，火星溅出，却无法穿透。大家伙儿敢与天斗，敢与地斗，还能让这层黏合状红土吓退吗？村民们鼓足干劲，愣是用手中简陋的工具，挖透了这层黏合状红土。这是一层大约30厘米厚的黏合状红土，很像烧窑的盖顶。随着镢头的劈凿、铁锹的挥舞，两天的时间，他们就挖了3米深。此时"瓦人"的残断躯体被他们挖出来一些，但是，村民们关心的水却没出来，只好继续挖。很快，这口直径为4米的大井就已深入地下近4米。

1974年3月29日。当杨志发的镢头再抡下去又扬起来的瞬间，井下有人发出惊呼："瓦盆爷！"摆在面前的是一个陶制人头，形象极为恐怖。只见这个人头顶上长角，二目圆睁，紧闭的嘴唇上方铺排着两条翘卷的八字须。一看到"瓦人"出现，农民们以为挖不出水，又是这个"瓦盆爷"作怪，便把它吊起来。不过，在离地面约5米的深处，他们又发现了青砖铺成的平面台基，同时，还有3个残缺的弩机和无数绿色的青铜箭头以及8个残破的陶俑。这是地下军阵向2000年后的人类发出的一丝信号。可是村民在乎的却是这些砖，拿回家盖房子省钱了，闻讯赶来的村民很快将秦砖哄抢一空。幸好，杨培彦和杨文学觉得不对劲，两人一商量，这下面是不是有古墓啊？就停下了工程，向当地主管部门汇报了。

第一位进入现场的文物考古专家叫赵康民，他一方面收集散失的文物，一方面作初步的清理。一个个陶制俑头、一截截残腿断臂、一堆堆俑片，被装进吊筐拉上地面，摆在荒滩野地上。赵康民对这些"瓦人"不太懂，就把它们运到县文化馆暂存，还把碎片进行粘补，花了两个多月竟然还修复了三个陶俑。

神态各异的兵马俑

恰在此时，有位新华社记者蔺安稳回到家乡临潼探亲，他得知这一情况后，立即赶到县文化馆，他看这些"泥娃娃"同真人一般大小，身披铠甲，雄赳赳、气昂昂，完全是 2000 多年前秦代士兵的形象，当即断言："这很可能是稀世珍宝！"

6 月 24 日，蔺安稳匆匆乘火车回到北京。当天晚上他来到东单《人民日报》宿舍，找到大学时最要好的同学王永安，原原本本地向王讲述了这次返乡的奇遇。

王永安在《人民日报》社评论部工作。由于工作关系，他听到秦始皇陵附近发现高大的武士俑，王永安立即意识到，这是研究秦始皇法家路线的重要实物资料，万万不能错过。此时形势很微妙，如何写稿，王永安考虑了一阵说道："这么重大的考古发现，没有经过省、中央文物考古部门的认定，一下子见报恐有困难，不如先在《人民日报》发内参，如能引起重视，到时再说下一步。"

稿件递交上去之后中间还有一些曲折事情发生，不过内参稿印发后，还是受到重视。6 月 30 日，中央领导同志作出批示，建议文物局与陕西

神秘的地下兵团

省委议商，迅速采取措施，妥善保护好这一重点文物，并将内参紧急批转给分管文物工作的文物局局长王冶秋。

王冶秋看到文章时，一股难以名状的喜悦与兴奋闪过脑际，有珍贵文物出土，的确令人激动不已。在他的指示下，国家文物局有关人员立即飞赴西安，再奔赴临潼，经过现场勘察，决定组建秦俑考古队，进行挖掘清理工作。

这次考古发掘让我们有幸能在2000多年后看到千古一帝秦始皇陵近8000兵马俑发现、发掘的详细经过，并以兵马俑军阵所展现的线索，全景式地探寻2000多年前大秦王朝的虎贲雄师。

吕不韦"现身说法"

1974年7月15日下午，考古队人员来到西杨村，这支由经验丰富的考古专家组成的工作队揭开了国际考古史上壮丽的一页。

考古队员围绕赵康民原来发掘的俑坑向外扩展，他们一次次被发现震撼、征服。经过大约半年时间，考古人员大体弄清了俑坑的范围和内容，这是一个东西长230米、宽度62米、距地表4.5米至6.5米，共有近6000个武士形象的陶俑组成的军阵。如此规模庞大的军阵，令考古人员目瞪口呆。这个俑坑被定名为"秦俑一号坑"。

"秦俑一号坑"里出土了与真人、真马相仿的陶俑，有的还配备了战车和青铜器。将士们个个英姿焕发，战马匹匹剽健昂扬，宛如捍卫皇陵的宿卫军，千年不变地坚守着岗位。谁也没有想到，在一望无际的黄土高原下，竟藏着一支秦代劲旅。蓦然间，它穿越了时空隧道，带着历史的尘埃，风尘仆仆、浩浩荡荡地冲入现代。

这是一支复活的军团。这使惊愕的人们仿佛置身于2000多年前中原腹地，那战马嘶鸣、片片黄尘遮天蔽日，将士们鲜血横飞、马革裹尸的战争场面，又仿佛一下子把人们带到那个遥远的辉煌无比的时代。

从带有花纹的青砖和陶俑的形状可以断定，这个俑坑属于秦代遗迹无疑，但俑坑与秦始皇陵的关系尚难断定，因为这个俑坑距离秦始皇陵内城1.5公里以上，在这样远的地方放置陶俑陪葬不合情理，当时的考古资料还没有发现先例。尤其令人不能迅速作出结论的是，在秦陵周围分布了许多秦代的大墓葬，按理说，秦始皇不会把自己的陪葬放在其他墓中间，这就让考古人员不得不对陶俑与陵墓的从属关系倍加慎重。

就在此时，一个重要的物件出现了。在一个被打碎的陶俑身前，静静地躺着一把未见锈痕、光亮如新的铜戟，戟头由一矛一戈联装而成，顶端戴有类似皮革的护套。戟柄通长2.88米，朽木上残留着淡淡的漆皮与彩绘，末端安有铜墩。从外形可以断定，这是一把典型的秦代铜戟。尤令人惊喜的是，在戟头的内部鲜亮地刻着"三年相邦吕不韦造寺工口"等珍贵铭文。这一发现，在提供了确定兵马俑坑为秦始皇陪葬坑重要证据的同时，也再现了大秦王朝那段风起云涌的历史以及中国历史上两个闪光的名字：秦始皇和吕不韦。

"秦俑一号坑"中戟与铭文的出现，证实了秦始皇为王初期吕不韦曾达到了炙手可热的权力高峰，也证实了眼前的兵马俑坑确与1.5公里外那座高大的秦始皇陵有着千丝万缕的联系。随后，考古人员又在其他出土的兵器上相继发现了秦始皇的纪年，如秦始皇四年、五年、七年、十六年、十七年等。吕不韦的名字出现的时间跨度将近10年，这10年正是他以丞相之职，谋国摄政，登上权力顶峰的时期。而监督制造对国家兴亡极为重要的兵器，正是丞相的职责。就在秦王21岁亲政的那一年，吕不韦的名字从兵器上消失了，直到秦始皇死去再也没有出现。兵器铭文的出土，以确凿的实物证实了司马迁《史记》所描述的那段历史的真实。

2000多年前的复制人

确定了秦陵与秦始皇的关系之后，人们的目光集中在了威武高大的兵马俑身上，这些表情各异的俑一个个栩栩如生，其中一些还完好无损，直直地站着，摆好了姿势，似乎正在等待攻击的命令。为什么秦始皇墓葬里会出现如此众多的人俑呢？争论到现在还没有休止，我们不妨先了解一下"俑"的起源。

跪射俑

"佣"是以陶、木、青铜等材料制作的小型人像，目的在于代替活人随葬。俑大约是春秋战国时代才开始出现，它的前身是殉葬的活人。人殉极其残酷，在商和西周非常盛行，大量的奴隶和士兵被用作殉葬，比如安阳殷墟武官村大墓中排列着152具人骨，就是墓主生前的武士和奴隶。随着春秋战国时代奴隶制的崩溃和封建制的兴起，用奴隶作为人殉的习俗也被迫改变，从而出现以茅草等扎束成人形来代替真人殉葬。这可能就是最早的俑，当时称"刍灵"。

以后，这种以人形模拟物随葬的方法日益普遍，并开始用泥、陶、木来制作模拟人形，这就是俑。因此，俑的出现本身应是社会进步的表现。然而，俑在制作上尽量如实地模仿真人的面貌，引起一些人士的强烈不满。孔子看到制作的俑酷似真人时，仍认为采用制成人形的俑来殉葬是极不人道的行为，以为俑"不殆于用人乎哉"，愤怒抨击道："始作俑者，其无后乎！"以后，人们常常用"始作俑者"来比喻第一个作某种坏事或兴某种歪风邪气的人。

由此可见，以俑随葬至迟在春秋末期已经普遍流行。由于俑是代替活人随葬的，最终目的是让它们在地下侍奉墓主，因而俑的身份包括了墓主生前的侍卫、仆从、厨夫、歌女、舞伎等各色人物，甚至还有衣饰华贵、地位较高的属吏、宠姬、近侍等。俑的形象不追求表现人物的个性特征，而比较侧重于代表各种人物不同身份的服饰特征。所代表的人物应当是善于察言观色、伶俐能干的，所以五官必须端正，四肢必须健全。在制作上，往往穿衣戴帽，衣冠楚楚。有些俑的四肢加榫卯，可以装卸，甚至上下活动。为了便于识别，有的还用毛笔在身体上写明其身份。这些主要在于"有似于生人"，而不是追求艺术表现。

秦陵的兵马俑都是一个个雕出来的，不是用模子做出来的，从考古发掘可以看到参与雕塑的人很多。据初步统计，发掘和修复过程中，发现制作者的名字有87个，这些人都是老师傅，师傅下面还有一些徒弟。推算一下，估计有上千人参加了这个工作，在中外雕塑艺术史上这都是奇迹。由于制作的人很多，一个人一种风格，有宫廷的工匠，也有来自全国各地的工匠。宫廷工匠制作的作品从形象来说都是大力士，非常英武；来自民间的工匠制作的风格比较清新活泼，高矮胖瘦都有，和他们的生活环境有关系。从整体看，宫廷工匠的技艺水平高一些，比较熟练一些。民间工匠水平有高有低，这主要体现在身体的比例上，比如胳膊的长短不一，手的大小不一样。另外从面部表情上也可以看出水平的高低。

秦始皇兵马俑陪葬坑，是世界最大的地下军事博物馆。俑坑布局合理，结构奇特，在深5米左右的坑底，每隔3米架起一道东西向的承重墙，兵马俑排列在墙间的过道中。

在一号坑中已发掘出武士俑500余个，战车6乘，驾车马24匹，还有青铜剑、吴钩、矛、箭、弩机、铜戟等实战用的青铜兵器和铁器。俑坑东端有210个与人等高的陶武士俑，面部神态、服式、发型各不相同，个个栩栩如生、形态逼真，排成三列横队，每列70人，除3个领队身着铠甲外，其余均穿短褐，腿扎裹腿，线履系带，免盔束发，挽弓挎箭，手执弩机，似待命出发的前锋部队。其后，是6000个铠甲俑组成的主体部队，个个手执3米左右长矛、戈、戟等长兵器，同35乘驷马战车间隔在11条东西向的过洞里，排成38路纵队。南北两侧和两端，各有一列武士俑，似为卫队，以防侧尾受袭。这支队伍阵容齐整，装备完备，威风凛凛，气壮山河，是秦始皇当年浩荡大军的艺术再现，具有强烈的艺术感染力。

这批兵马俑是雕塑艺术的宝库，为中华民族灿烂的古老文化增添了光彩，也给世界艺术史补充了光辉的一页。1987年，秦始皇陵及兵马俑坑被联合国教科文组织批准列入世界遗产名录。秦始皇陵工程之浩大世所罕见，成为轰动全球的"第八大奇迹"。

生命永恒的兵俑

如今，当我们重新审视秦始皇兵马俑时，不仅是震撼，还有好奇。

秦始皇陵一号俑坑，呈长方形，东西长 230 米，南北宽 62 米，深约 5 米，总面积 14260 平方米，四面有斜坡门道。俑坑中最多的是武士俑，平均身高 1.80 米，最高的 1.90 米以上，陶马高 1.72 米，长 2.03 米，战车与实用车的大小一样。但兵马俑并非按原比例还原，据记载秦国人的身高在 1.65 米左右。秦俑大部分手执青铜兵器，有弓、弩、箭镞、铍、矛、戈、殳、剑、弯刀和钺。青铜兵器因经过防锈处理，埋在地下两千多年，至今仍然光亮锋利如新，它们是当时的实战武器。身穿甲片细密的铠甲，胸前有彩线挽成的结穗，军吏头戴长冠，数量比武将多。秦俑的脸型、身材、表情、眉毛、眼睛和年龄都有不同之处。

统一六国之后秦国实行全国征兵制，兵源来自全国各地，这恐怕是它们在脸型、表情、年龄上有差别的主要原因。工匠们用写实的艺术手法把它们表现得十分逼真，在这个庞大的秦俑群体中包容着许多显然不同的个

兵马俑坑出土的青铜战车

体，使整个群体更显得活跃、真实、富有生气。纵观这千百个将士俑，其雕塑艺术成就完全达到了一种完美的高度。无论是千百个形神兼备的官兵形象，还是那一匹匹栩栩如生的战马塑造都不是机械的模仿，而是着力显现它们"内在的生气、动力、情感灵魂、风骨和精神"。绝大部分陶俑形象都充满了个性特征，显得逼真，自然而富有生气。

立射俑

将军俑

秦俑的设计者为了再现 2000 年前的秦军奋击百万、气吞山河的磅礴气势，他们不仅追求单个陶俑的形体高大，而且精心设计了由 8000 余个形体高大的俑构成的一组规模庞大的军阵体系。右侧为一个巨大的方阵，左前方为一个大型疏阵，左后方则是指挥部。那数千名手执兵器的武士，数百匹曳车的战马，一列列、一行行，构成规模宏伟、气势磅礴的阵容。有的头挽发髻，身穿战袍，足蹬短靴，手持弓弩，似为冲锋陷阵的锐士；有的免盔束发，外披铠甲，手持弓弩，背负铜镞，似为机智善射的弓箭手；有的头戴软帽，穿袍着甲，足登方口浅履，手持长铍，似为短兵相接的甲士。还有的身穿胡服，外着铠甲，头戴软帽，跨马提弓的骑士；有头戴长冠，两臂前伸，双手执辔，技术熟练的驭手；有头戴长冠，穿战袍，着长甲，手执吴钩的下级指挥官；有头戴鹖冠，身着彩色鱼鳞甲，双手扶剑，气度非凡的将军。

栩栩如生的千百个官兵形象，尤其在神态、个性的刻画方面，显得逼真、自然，而富有生气。如将军俑的形象：身材魁梧，身着双重短褐，外披彩色鱼鳞甲，头戴双卷尾长冠，昂首挺胸，巍然伫立，有非凡的神态和威严的魅力。一般战士的神态：有的嘴唇努起胡子反卷，内心似聚结着怒气；有的立眉圆眼，眉间拧成疙瘩，似有超人的大勇；有的浓眉大眼，阔口厚唇，性格憨厚纯朴；有的舒眉秀眼，头微低垂，性格文雅；有的侧目凝神，机警敏锐；有的垂着首，似乎若有所思。虽然都刻画一个"思"字，由于表现手法不同，前者给人的印象是气宇轩昂略带傲气，后者沉静文雅。秦俑表现的是古代军事题材，既没有选择两方交战、将士厮杀的战争场面，也没有选择将士休整屯兵防守的场面。而是捕捉了将士披甲，士兵列阵，严阵以待的临阵场面。尽管这是一个井然有序的静态军阵，艺术家们在单个陶俑的雕塑上，还是力求静中有动，使活灵活现的兵俑得以传世。

当然，出土文物在证实一些史实的同时，也同样给专家学者带来更多的问题，兵马俑由于其特殊时代背景和出土量之大，制造出的未解之谜也远远多于任何出土文物。这些谜团涉及政治、社会、科技、文化等方方面面。

另外，兵马俑的制作也是个问题，这么大的俑是怎么制作出来的？现在做都是分段做的，烧出来之后堆在一起。那时候是整个烧出来的，有几个问题至今是谜，泥巴从湿到干的收缩比怎么掌握？烧制过程中软化到硬结的收缩比例怎么掌握？还有兵马俑有的地方厚，有的地方薄，薄厚同时放到窑里烧，怎么掌握火候？还有泥巴掺石英砂的比例怎么掌握？诸如此类的技术问题，在当时都是怎么解决的？至今依然没有搞清楚。

虽然我们发现了兵马俑，但还没有真正认识兵马俑。它们身上有很多悬疑等待着后人破解。这并不妨碍兵马俑这传世国宝的影响力和魅力。秦兵马俑与其他国宝多次走出国门展览，向全世界展现中华文明 5000 年悠久的历史。

恐惊地下人

当年无论是打井的农民还是参与勘探试掘的考古人员谁也想不到兵马俑坑会有那么大的规模，会有这么深远的影响力。由此，人们更加迫切想了解秦始皇陵的情形是怎么样的。

威武的兵马俑军阵

秦始皇陵是一座充满了神奇色彩的"地下王国"。那幽深的地宫更是谜团重重，地宫形制及内部结构至今尚不完全清楚，千百年来引发了多少文人墨客的猜测与遐想。地宫是什么样的结构？地宫内藏匿了多少奇器珍宝？地宫内有没有防盗机关？地宫挖了多深？始皇帝是铜棺、石棺还是木棺木椁？始皇帝的尸骨是否完好无损？

这一系列的悬念无不困扰着专家学者。千百年来围绕着秦陵地宫引发了许多神奇的传说故事。《三辅故事》记载，楚霸王项羽入关，曾以30万人盗掘秦陵。在挖掘过程中，突然一只金雁从墓中飞出，这只神奇的金雁一直朝南飞去。斗转星移过了几百年，三国时期，宝鼎元年，有人送只金雁给名叫张善的官吏，他立即从金雁上的文字判断此物出自始皇陵……这类神奇的传说更是给秦始皇陵蒙上了一层神秘的色彩。

如今，兵马俑军阵的现身，让我们感觉到已经接近了秦始皇的地下王国，神秘莫测的秦陵地宫似乎也微露真容。不过由于道德法律及技术问题，我们不能出于好奇就进行发掘。原因很简单，兵马俑发掘出来之后一个小时身上的七彩颜色就退了，又如马王堆辛追湿尸变干了，北京十三陵

陶瓷难解众生相

中挖出来的一盘藕片更是化成灰了。挖掘就意味着毁坏，这些宝藏在地下能得到更好的保护。我们不要去惊扰祖先和它们的千年沉睡。

由于遭受空气污染，已经出土的秦始皇陵兵马俑正在缓慢风化。这些在地下埋藏了2200多年的老古董开始地面生活后，一直面对氧化、水浸的威胁，出现了"水土不服"症状。如果不采取更好的措施加以保护，那么在100年内兵马俑将会遭到更严重腐蚀，鼻子和发型都有可能消失殆尽，双臂也有可能从身体上脱落。

如今，走进兵马俑展厅，你一定会为2000年前这支地下大军惊叹不已，他们披坚执锐，军容严整，气势磅礴，一种神秘的魔力恍惚间会把人引入战马嘶鸣、鏖战在即的历史画面。这是古典写实主义的巨大魅力，向世界展示出湮没2000多年的中国统一史上的重要一页，在某种程度上可谓"前不见古人，后不见来者"。

第十二章 好大的一个"瓮"
——青釉荷叶盖罐传世之谜

1991 年，在四川遂宁城南金鱼村发掘的青釉荷叶形盖罐让所有喜爱瓷器的人都惊呆了。这个青釉荷叶形盖罐呈龙泉窑梅子青色，罐身圆润，盖子独特，盖沿弯曲呈荷叶状。关于它的身世之谜直到现在依然争论不休……

大块头有大风度

1991 年 9 月的一天，四川遂宁南强镇金鱼村村民王世伦带着几个邻居走进自家的田地。王世伦丈量了一下方向和位置，指着一块地说："就在这里挖吧！"因为家里有亲人去世，王世伦就想在地里挖个墓穴，悄悄埋葬了死者。在农村，将逝去的亲人安葬在自家的地里曾经是常见的，如今应该遵守国家法令。

青釉荷叶盖罐

不一会儿，一个一米多深的大坑就出现了，突然挖土的铁锹被一个硬东西挡住了，差点闪了王世伦的腰。他俯身查看，用铁锹翻开泥土，竟然发现挡住他锄头的是一些他从来没有见过的瓶瓶罐罐。虽然他们不知道什么是国宝，但这些东西一看都是瓷器，而且很精美，绝对是文物。王世伦当即决定不挖了，并让村委会马上向县里汇报。

"金鱼村的地里挖出东西了！"

这个消息不胫而走，数以千计的遂宁人从四面八方赶来观看，王世伦和另外几个农民寸步不离，他们搭了个简易的帐篷，吃住都在田地里，担当起这些瓶瓶罐罐的护卫职责，直到文物部门的工作人员赶到现场。

经文物部门的抢救发掘，总共出土了985件宋代瓷器、18件宋代铜器。其中一级文物29件、二级文物200余件、三级文物500余件。其中最令考古队员兴奋的就是出土了一个前所未见的青釉荷叶形盖罐，它高31.3厘米、宽23.8厘米、最大腹围接近1米，是南宋龙泉青瓷中最大的一件瓷器，也是宋瓷当中仅有的一件荷叶形盖罐，全球仅此一件，后来它被称为"中国瓷器三大国宝之一"。

青釉荷叶形盖罐的罐身很圆润，釉色也纯正明亮，尤其是盖子的设计更是独具匠心。荷叶形盖罐将盖沿弯曲做成了荷叶状，和罐身形成一动一静的完美结合。在盖顶还有一个小钮，仿佛是要表明这片荷叶是刚刚从河中被摘下来似的。荷叶盖罐在元代流行，因此陶瓷界一度认为只能元代才有，而金鱼村荷叶盖罐的出土不但改写了我国的瓷器史，还轰动了海内外。

荷叶盖罐是中国瓷器中的一种，有青花、青釉等不同质感，上面有牡丹纹、条纹、云龙纹、荔枝纹等，一般较小的荷叶盖罐可能是用来装茶叶的，较大的荷叶盖罐是用来装酒或其他东西的。

这件梅子青色的荷叶盖罐造型相当别致，罐身圆润，给人流动的韵律感；整个荷叶盖罐器形大，色泽明亮，是难得一见的稀世珍宝。

自顾自美丽

据史书记载，四川当时并无名窑，因此在四川当地，即使在南宋时期，瓷器也比黄金贵。遂宁金鱼村出土的宋瓷中包括了浙江龙泉窑、江西景德镇窑、河北定窑、陕西耀州窑、四川彭州窑等几乎南宋时期各大名窑的产品。

那么，在交通并不发达的情况下，这些极其易碎的瓷器是如何跨越千山万水运到这里？为什么还未面世就被直接掩埋在土中？又是什么原因使它们在地下沉睡了近千年？更重要的是，它们的主人又是谁呢？

尽管所有的瓷器都放置得十分有序，但还是能够推测出主人是在很匆忙的情况下掩埋的。若是时间充足，主人就会用砖或者石头砌一个窖穴来保存这些名贵的瓷器，而不是直接挖坑将它们掩埋。

根据这一点，有学者推测这些稀世珍宝的主人可能是一位富有的瓷器商人。因为在南宋时期，四川本身并没有名窑，而当地的有钱人以及外地来的权贵商贾对精美的瓷器又有着不小的需求，因此就有商人将各地名贵的瓷器运到遂宁出售。而且从瓷器的数量和完好程度分析，这些精美的瓷器还不曾使用，其中相同品种的器物很多，应该不会是私人的藏品玩物。在这些瓷器还未出售之前，正好赶上了战乱，商人如果随身携带这些瓷器逃离的话既不方便又不安全，因此，他只能找一个地方将它们埋藏起来，等到时局好转的时候再取出来。可惜的是，他很可能在逃亡的过程中不幸身亡，或者没有来得及将埋藏瓷器的事情告诉他人，于是这批瓷器便在地下默默地埋藏了千年。

宋徽宗画像

还有一个观点认为，这些瓷器并不是一个普通商人所有，而是宋徽宗命人所造。因为宋徽宗曾在遂宁当过遂宁郡王，在他登上皇位后十分感念遂宁观音的保佑，于是下令窑官在浙江龙泉和江西景德镇烧制了一批瓷器精品献于遂宁广德寺观音宝座前。但是后来，为了避免战乱破坏，广德寺的僧人便将这批国宝埋藏在了遂宁南强镇金鱼村，使得这批国宝在战火中安然无恙。但是战火过后，却无人再想起让这批瓷器重见天日，或许当时那些埋藏瓷器的僧人也在战火中不幸身亡了。

就在人们争论瓷器主人身份的时候，另一个问题也引起了大家的注意，出土的瓷器虽然是直接挖坑掩埋的，但是埋藏方式却很奇怪。瓷器埋得似乎很有讲究，所有的器物按照不同的方式分了四层埋藏，后来经过证明，最下面的一层是最名贵最值钱的。据此推断，在埋藏的时候，主人可能是根据自己的喜好或者瓷器本身的价值来放的，最下层放的是他最喜欢也是最值钱的。在最下面一层的正中间，就是这个青釉荷叶形盖罐，罐子里面还装了99只菊叶小碟，然后在罐的一圈排满了大一些的盘子和碗，这样的排列方式不仅安全而且节省空间。但是有一点却让人迷惑不解，荷叶盖罐里还有很大空间，为什么主人只装了99只小碟，而不放入其他的器皿？有专家认为，九在中国传统文化中有长久之意，所谓九九归一，也就是希望社会能够长治久安。还有的专家认为主人用这种方式祈祷人、瓷还能重新相聚。

青釉荷叶盖罐价值多少，专家至今都不敢估价。因为全球仅有这么一件，参考全世界拍卖纪录，没有任何东西可以作为参照物。现在市面上有很多青釉荷叶盖罐的仿制品，大小和做工都很接近正版，可以满足一下收藏者的喜好。但是，这世界上唯一的遂宁青釉荷叶盖罐的那种自顾自美丽的神韵又岂是现代作品能模仿出来的。

人们很想知道它背后的故事，是谁创造了它，又是谁把它埋在那里，或许不久的将来，关于荷叶盖罐的谜团就会——解开。

第十三章 10亿不卖
——萧何月下追韩信图梅瓶传世之谜

尽管中国以瓷器著称，但是有一种瓷器却极为罕有，那就是元代青花瓷器，在国内可查的元代青花瓷大概只有 100 多件，即便散落在世界各地的元青花也就只有 200 多件，足见其珍贵。在这些青花瓷中，绘有人物故事图案的少之又少，因此世界上许多大型博物馆都将元青花作为艺术珍品收藏，堪称"稀世珍瓷"……

你为什么离开我

"胯下之辱"的故事大家都很熟悉，我们无须多说，单从韩信投奔刘邦之后说起。刘邦对韩信很平淡，不觉得他是个什么人物，就赏了韩信一个小官。萧何多次和韩信谈话，坚信韩信能够辅佐刘邦夺天下，但是刘邦却听不进萧何的良言。

有一天，萧何听说韩信挂印离去了，来不及把此事报告汉王刘邦，就径自去追赶。有个不明底细的人报告汉王说："萧何逃跑了。"刘邦极为生气，气恼萧何竟然会抛弃他，顿时就像失掉了左右手似

刘邦画像

的，心慌意乱。

过了两天，萧何回来了，前来拜见刘邦。刘邦又怒又喜，责问萧何："你为什么要离开我？"

萧何答："我怎么敢离开，我是去追要离开的人。"

刘邦："你去追谁？"

萧何："韩信！"

刘邦大惊："走了那么多人你都不去追，却去追韩信，为什么？"

萧何："走的那些人都比较容易得到，但是韩信却找不到第二个，大王如果只是想长期汉中称王可以让韩信离去，如果想争夺天下，那除了韩信就没有能为大王决胜千里之外的人了，这全都看大王你的打算来决定吧。"

刘邦："我当然想东进，怎么能一直待在这个地方呢！"

萧何："大王如果想东进，能重用韩信，他就会留下来，不能重用他早晚会离开大王的。"在萧何的催促下，刘邦只好任命韩信做大将军。韩信果然不负众望，屡次替刘邦立功，最后助刘邦得了天下，被封为"淮阴侯"。这才有了汉朝几百年的江山。

自那时起，萧何月下追韩信的故事就广为流传了。

梅瓶上面的故事

如今在南京市博物馆，有这样一个景德镇的青花瓷梅瓶，肩腹部就有萧何月下追韩信的故事。此瓶高 44.1 厘米，腹径 28.4 厘米、底部直径为 13 厘米，而口径仅为 5.5 厘米。小口、丰肩、斜腹、敛胫、平底，造型优美，线条圆润、流畅，雍容华贵，给人以凝重的美感。瓷瓶上所绘的青花纹饰层次多样，非常之独特。

梅瓶最早出现在唐代，流行于宋、元、明之际，是我国古代一种盛酒用具，因其口部小巧只能插入梅枝而得名。梅瓶以小口、短颈、丰肩、长

萧何月下追韩信图梅瓶

颈，上部丰满、下部颀长的造型在瓷器中独具一格。

此件萧何月下追韩信图梅瓶通体绘有各种青花纹饰，虽然纹饰层次多样，但上下饰的西番莲、杂宝、变形莲瓣纹、垂珠纹等都很好地为萧何月下追韩信这个主体纹饰服务了，从而使得整个器物浑然一体而主题鲜明突出。这件瓷器的画面被放在了梅瓶的腹部，占据着主要的位置。整件器物造型端庄、稳重，胎质洁白致密，青花发色苍翠浓艳，而瓶中所绘人物的生动神情尤其精彩：萧何策马狂奔时的焦虑、韩信河边观望的踌躇不定、老艄公持桨而立的期待，都被表现得淋漓尽致。而空白处则衬以苍松、梅竹、山石，显得错落有致。梅瓶不仅纹饰宜人漂亮，而且白釉洁净润泽，青花用料浓淡相宜，发色明丽，富有层次感，加之遒劲的拓抹绘瓷笔法，使画面有丹青之妙，周身散发着美器的光泽，堪称元末明初青花瓷中的绝品佳作。

这件梅瓶的绝妙之处，在于成功地将水墨画技法运用到瓷器绘画当中。工匠用苏泥勃青釉料为墨，以白瓷胎为底，凭借娴熟的勾、皴、点、染的笔法，在干涩的瓷胎上尽情挥洒，巧妙地运用了青花所特有的清冷意境来表现月光如水的夜晚，浓淡晕染相宜，纹饰主次分明。

作者的构思布局打破了时空的限制，把故事中三个不同空间的人物，用连环画的结构展现出来。画面中，萧何求贤若渴的急切心情，韩信急于负气出走的灰心落寞，艄公不急不慢、悠闲自得，这些心态细节，均在艺人的笔下表现得淋漓尽致、细腻传神。整个梅瓶形象生动地展开了一幅历史画卷，是元末明初青花瓷器中的精粹之作。

男儿有泪不轻弹

这件萧何月下追韩信图的青花梅瓶在制胎、绘画、烧造等方面都达到了炉火纯青的地步，在现今存世的元青花中未见相同者，加上以历史故事为装饰题材的元青花瓷器在绘制和烧造上难度很大，因此价值连城。那么，这件稀世奇珍到底是怎样流传于世的呢？我们还得从明朝开国功臣、军事将领沐英说起。

沐英是朱元璋的养子、黔宁王、明朝开国功臣之一。1368年，朱元璋在应天（今南京）定都、称帝。时局稍稍稳定，朱元璋便开始平定边患。洪武十年，沐英担任"征西副将军"，随邓愈征讨。沐英先后征战于川、藏、陕、甘、滇等地。因为在征讨大西南的战役中，沐英的战功最大，朱元璋便安排他留在云南，"镇滇中"。从此，大明王朝近300年的西南边防，均由沐家镇守，沐家成了名副其实的"云南王"。沐英死后，朱元璋追封他为"黔宁王"。

朱元璋画像

后来，为了奖励沐英的功绩，朱元璋御赐了萧何月下追韩信图梅瓶给沐英。沐英十分喜爱这只梅瓶，稍有空闲就会坐在它旁边读书喝茶。洪武十五年（1382年）阴历八月，沐英听说养母马皇后病逝，悲伤过度，整日流泪，自此染病。此外，沐英与太子朱标感情也很深厚。洪武二十五年（1392年）六月，远在云南的沐英听说朱标死了，"哭极哀"。平日里看上去威武的大将军竟然两次因为亲人的去世而大哭，不经意间伤到了内腑，脑海里经常浑浑噩噩，气血不畅。时已48岁的沐英，受此意外打击，很快一病不起。沐英自知命不久矣，就叮嘱后人一定要将此梅瓶随葬。

沐英画像

沐英的死，在云南震动很大，史称"军民巷哭，远夷皆为流涕"。远在南京的朱元璋接报后立即下令将沐英的尸体运回南京，给他隆重地办了丧事，归葬于江宁观音山。观音山距中华门约 20 公里，因沐英这员大将入葬于此，后易名为"将军山"。此后，沐英家族死了人，均安葬于将军山，这里成了赫赫有名的沐氏家族墓地。

谁都知道沐氏家族在大明朝的地位，所以沐家的墓地也成了远近盗墓贼觊觎的对象。因为沐家后人一直得势，且一直有守墓人看护，许多盗墓者均未得逞。一直到解放前，才有一个盗墓团伙趁着战乱得手了。

南京盗墓团伙

这个盗墓团伙为首的叫康永海，是南京江宁区东善桥人，他是典型的南京"地产"盗墓贼。据说，他出生于盗墓世家。那时，江宁的盗墓贼有一个特点，在年关将近或是手头拮据时，便会想到去挖墓，淘点"宝"出来变现，江宁附近的好多古墓都是这般被盗的。康永海就是由此走上盗墓之路的，因为其盗墓技术高，盗墓规模大，渐渐有了名气。他就组织了一个盗窃团伙。他手下的人确实很多，有 90 余名同伙，都是江宁当地农民农闲时"兼职"干这一行的。这些人闲下来时，就靠盗墓换钱。

解放前，南京的盗墓贼主要是两种组织形式：一是单干，另一是"搭班子"。

"单干"很好理解，而"搭班子"则是所谓的拉帮结伙。具体分的话，"搭班子"还有"硬伙""碰伙""组伙""拉伙""觅伙""建大伙"等不同形式。

所谓"硬伙"，就是流动作业，有"活"时，一呼百应，相聚成伙；遇到紧急情况时，则分散撤离。所谓"碰伙"，是根据"活"的大小、费时长短等情况，几个相熟的盗墓贼碰到一起，搭成临时团伙，赃物均分。所谓"组伙"，是由某一两个盗墓老贼出来搭团伙，"踩点""看土"找到有价值的古墓后，找一些"苦力"组成盗墓团伙。所盗出的赃物不是均分，而是由团伙老大销赃，依出力大小分配。

所谓"拉伙"，其头目不是专业盗墓人士，往往由地方上头面强势人物、有钱人物出面组织，盗墓所需资金，都由他们出。所谓"觅伙"，是由大的古董商、文物贩子出钱，寻觅专业盗墓者搭临时团伙，选出"班头"。

还有一种"建大伙"。如果要盗掘帝王陵寝、王公大墓，就不是几个人十几个人能干得了的，要增加更多的人手，这便出现了"建大伙"的专业盗墓组织。这种组织也是临时的，少则几十人，多则数百人。

一个盗墓团伙里，众人也是各司其职，有不同的"工种"。具体可以

盗墓团伙的作案工具

分为"观风""望气""听声""看土""苦力""杂役"等。团伙老大的称呼很有讲究，平辈人喊他"老大"，晚辈称他为"师父"，再晚辈则称他为"师爷"。

盗墓贼不是一般的"贼"，光有"手上活计"可不行，还得有擒龙伏虎的"法宝"——工具。南京的盗墓贼装备非常齐全，最基本的工具为"火种（灯具）、绳、斧、铲"等。斧、铲的作用就不必说了，灯的作用很大，是初下盗洞时必带物件，一是为了照明，二是为了检验洞内氧气是否够用，三还有"驱鬼"的作用。绳子的作用也很多，可以让盗墓贼平稳地下到洞里，或者将到手的宝物吊上来。除了这些必需工具外，盗墓者用过

遭遇盖楼施工破坏的沐英墓

的工具还有凿、锹、镐、锥、镰、锄、竹签、竹筐等。

除了善用工具，盗墓贼还得有一些绝活，比如"观泥痕"，也就是通过泥土的颜色和类别，来判断下面有没有古墓，或者古墓是什么年代的。

康永海是江宁盗墓团伙的头子，手下有一大班人。康永海当年是如何搭团伙的，因为资料有限就无处得知了。但是在他的带领下，他们愣是把沐英的墓给盗了。由于盗洞掩饰得好，他们的行为没有被发现。

严厉打击盗墓贼

康永海盗沐英墓，应该不止一次，1949年南京解放前，他就带人盗了沐英墓。康永海盗沐英墓的细节现在无从查证。据说，盗沐英墓后，康永海给每名同伙分了一两银子，然后大家各自散去。而此案事发，则与沐英墓中随葬的一只梅瓶有关。

在过去，盗墓贼在盗得随葬宝物后，一般是不会藏在家中，慢慢等待

"升值"的，而是急于出手。沐英墓里被盗出的大部分随葬品很快被处理了，其中不少按"废品价"卖了，至今还有不少散落民间，无法追回。

南京解放后，人民政府革弊布新，严厉打击犯罪行为。盗墓者担心宝物压在手里，就急着出手。有一天，在南京新街口附近，有个农民抱着一个大瓷瓶子兜售。来来往往的人很多，看到这个漂亮的梅瓶都想收购，但是一问价都吓得走开了。有一些感兴趣又没钱的人不肯散去，围着这个梅瓶指指点点。刚巧，这一幕让当时开古玩店的收藏家、解放后在南京文物公司工作的陈新民看到了。陈新民知道梅瓶是明代高等级墓葬随葬品，有镇墓辟邪的作用。除了是地位的象征外，也有风水上的考虑，非王侯要臣，不得"享用"这种随葬品。陈新民一见，便觉得这只梅瓶是个好东西，知道梅瓶不简单。

陈新民当时判断这是元代的瓷器，就问卖家要多少钱。那人看到陈新民识货，便开始讲价。宝物求之不得，稍纵即逝。陈新民最后花 5 根金条（一说 10 根金条）买了下来。他又问那人从哪里得来的这个梅瓶。卖宝的人避而不答，拿着金条就溜了。

陈新民请来几个资深的同行看宝，经文物专家鉴定，这只梅瓶是一级文物，价值连城。他们为这个梅瓶定名为"青花萧何月下追韩信大梅瓶"。专家们分析了梅瓶的来历，最后认为极有可能又有墓被盗了。

当时主政南京的领导同志，听说南京周边盗墓成风，下令对此事彻底调查，由一名分管副市长负责。顺着梅瓶的线索，结合当地人的举报，康永海及其同伙很快被捕。公安机关将康永海一伙押到其家乡东善桥进行公审，并当场对康永海执行枪决。康永海被枪毙了，江宁一带流行多年的盗墓风一下子消失了，再没有人敢盗墓。后来，南京周边的盗墓行为死灰复燃，公安机关加大了打击力度，才刹住这股歪风。

沐英墓被盗后，政府先是将盗洞堵上，把墓门封闭。后来，考虑到墓已无法保存，为了彻底了解明代功臣墓葬制度，由南京博物院对被誉为"除明十三陵以外明代墓葬考古地位中最高的"沐英家族墓进行了一系列考古发掘。无论是在他墓地里已经出土的国宝萧何月下追韩信图梅瓶，还是其后代墓穴中发现的数以百计的金器和玉器，都堪称国之珍宝。

2005 年，一件元青花"鬼谷下山"大罐在伦敦佳士得拍卖会上拍出 2.3 亿元人民币的高价，创下了当时中国艺术品成交价的世界纪录。而"萧何月下追韩信"青花梅瓶一直被视作无价之宝，业内流传有"10 亿不卖"的说法，其珍稀程度由此可见一斑。

金石顽物秀凡间

第十四章 云南曾有王
——滇王蛇纽金印传世之谜

据现已掌握的考古发掘的情况看，文献记载的汉代金印有 1784 年在日本博多志贺岛上出土的"汉倭奴国王"金印、1955 年在云南晋宁石寨山汉墓出土的"滇王蛇纽"金印和 1981 年在江苏省扬州附近的邗江县营泉镇北二号汉墓出土的也是纯金铸成"广陵王玺"。这几枚金印的出土，充分印证了汉代中央王朝对这些地区的统治，也印证了司马迁在两千多年前《史记》中记载的历史真实可信。正是由于这几枚金印的出土，引起了考古学家的极大兴趣……

狂奔的大象

公元前 298 年，在原始蛮荒的云南密林地区，一队蜿蜒不见首尾的人马，如同一条缓缓蠕动的巨蟒，身心疲惫地艰难行进在云贵高原崎岖的山道上。

湿热的空气，随时下个不停的雨，都让这队士兵苦不堪言。山路两旁的树林高矮粗细，藤蔓缠绕垂吊，地下有怪树矮草，半腰有灌木，空中有大大小小的树蕨和顺藤攀附竞开的各色野花，几层树冠的密叶和枝藤把整个林子编织得没有一点空闲。身心疲惫的士兵们都是第一次见到这样层次繁多的密林，他们的表情除了惊讶，还有恐慌。

在这里，大板状根的树木随处可见，天生喜好阳光的乔木为了得到充足的阳光和雨露，生长得特别高大，为了能支撑这高大的身躯，树干的基部就发育出特别庞大的翼状根，景象奇异壮观。在密林深处，还有许多缠绕在树下的藤蔓，横七竖八，无奇不有，有的直径粗达50厘米，像棵小树；有的纤细如绳；有圆的、扁的；还有方的、四棱的。它们上下盘缠、穿梭悬挂、蜿蜒伸展，构成了一个热带雨林奇藤怪蔓的大千世界，还有几条藤蔓干脆从枝干间垂下成一个圆环，好似天然秋千。

藤蔓中，数不清的毒蛇蚊虫肆虐，稍有不慎，就有士兵被不知名的有毒动物咬伤，被有刺的植物划伤。更令人焦虑的是，在风风雨雨的长途跋涉里，随时都要提防密林中部落的劫杀和炎瘴的侵袭，将士们早已耗尽了精力，变得疲惫不堪。一路行来，这支队伍不断地掩埋尸体，使这样一支气吞万里如虎的大军，在进入到这里后元气大伤，人数已不足出发时的一半。出发时那种睥睨天下的劲头，早已烟消云散。

为首的军官虽然生得器宇轩昂，但此时也是灰头土脸。他身后的一面旗上有一个大大的"楚"字，原来这是楚国的远征军，领军的大将正是庄蹻。几个月以来，庄蹻率领的南征大军，一直都是在翻山越岭，乘坐革囊横渡江河中度过的。过度辛劳使得庄蹻的脸颊显得更加黝黑、瘦削。他紧蹙着眉头，满腹忧郁地骑在马上，信马由缰地走着……

此次强渡泸水，到当时是"洪荒之地"的云南来开疆拓土，是楚王的命令。楚王要他建立政权，定居屯垦，并与楚国形成掎角之势，共抗秦国大军。但是，庄蹻并没有什么把握来完成这个任务。

在中原，秦王嬴政的数十万铁骑正以秋风扫落叶之势横扫六国，楚国灭亡已成定局，退路是断绝了。

古滇王庄蹻雕像

◀◀ 147

再说，在这飞鸟难逾的云南要与楚湘互通声气，目前来看，有点像是梦中呓语。想到这里，"哎！难上加难啊！"庄蹻长叹一声。

看看自己的大军，昔日威武的士兵，如今已经不堪一击了。昨天，他的大军又遭到了偷袭。当大队人马刚经过鬼哭山山谷中的一座树林边沿时。突然，牛角号低沉地呜呜吹响，正愣神间，一阵乱箭从密林中如飞蝗般扑来，这些涂有当地特有的箭毒木植物汁液的弩箭，见血封喉，中箭者无不立毙。士兵们顿时横七竖八地倒下了一大片。

执盾的士兵慌乱地结成阵形，将其他人护在盾牌之下，弓箭手也连忙拉弓回击。可是，一群赤脚散发、全身文有怪异花纹的部落武士骑着大象、青牛从林间突然冲出。他们挥舞着长矛，横冲直撞，硬生生从大军结成的军阵中闯了出去，呼啸一声，便如飞般地散去，迅速得好像一阵飓风卷过。庄蹻高声发号施令，士兵们才冷静下来，他们立即调整阵形，几百个弓箭手拉弓搭箭，等候发射的命令。这些人一看不好，迅速钻入丛林，消失了。

这猝不及防的急促打击，令大军伤亡300余人。本来，对付这些人只是小菜一碟，但瘴气和疲惫已经使得这支强悍的军队几乎丧失了反应能力，以至于无力及时应付袭击。

道路如此漫漫，庄蹻面对横亘眼前的层峦叠嶂，深深地感到悲哀了。现在返回楚国，楚王一定会降罪，他和士兵们都可能被杀头。最后，他权衡利害，仍然决定鼓起余勇前进。也许上苍垂怜，或许还留给他们一线生的希望吧。

当这群几乎绝望的士兵们从密林藤蔓当中钻出，又爬上一座红壤的高坡时，奇迹出现了……

好大的"水泡子"

众将士站立在山坡上，远处山下突兀出现一个大湖。极目远眺，只见碧空如洗、湖水澄澈；烟波浩渺、渔歌互答。将士们询问当地人，知是滇池。只见滇池沿岸土地肥沃、村寨骈集、民风淳朴。漫山遍野的杜鹃、山茶和木香花盛开、蒸霞焕彩。溪流潺潺，捣珠溅玉。

"滇池！我们终于到了……"

将士们纷纷举起长戈或短剑，发出阵阵欢呼声。欢呼声震荡着山谷，引起巨大的回响，欢呼声恰似春雷阵阵滚过滇池上空，将林中的飞禽惊起，扑啦啦地惶惶逸去。许多士兵飞奔到滇池边跳进水里，大口大口地喝水，还有士兵脱光了衣服在水中清洗身上的泥垢。

此刻，庄蹻噙着泪花，跪在滇池边，感谢上苍赐福。附近的一些居民围拢过来，他们好奇地看着这支奇怪的大军。尽管庄蹻的大军已经疲惫不堪，但是余威仍在，有几百个强壮的当地人手里拿着原始的武器远远地观望不敢过来。

庄蹻早就听说这里民风淳朴，人们的心智未开，今日一见果然如此。从这些微笑的当地人眼里，他看到了友善。一个突如其来的想法油然而生。庄蹻暗下决心，他要以这明丽的滇池为中心，建立起一个庞大的政权，传之万世。于是，庄蹻就和他的数千将士驻扎在滇池，构筑房舍，开垦种田，同当地人一起，在滇池畔建立了"滇国"。他自己也理所当然地成为滇国开国君主，号称"滇王"。

当地人，都是善良、勤劳、勇敢的人民。因地处边陲、偏僻闭塞，故生产力十分落后，耕作粗放。

庄蹻站稳脚跟后，将中原地区先进的文化和农耕等技术教给他们，开发出"肥沃数千里"的滇池坝子，受到拥戴。司马迁在《史记》中记述了这件大事，他这样写道：庄蹻开滇，"变服从其俗，以长之"。庄蹻死后，其子孙沿袭其位，继续统治。

有一年，西汉的使者来到滇国寻找通往身毒的道路，滇王问使者："汉朝与滇国相比，哪个疆域更辽阔？"这些使者就告知滇王详情。后来，寻找通往身毒道路的使命失败了，汉使无奈返回长安。途经夜郎国时，夜郎国君也提出了同样的问题。汉使听了再次哑然失笑。当得知汉朝疆域的辽阔后，夜郎王沉思良久，他对崇山峻岭之外的那个强大的王朝充满了畏惧。成语"夜郎自大"就是这么来的。

后来，滇国和夜郎国都心甘情愿地归顺了西汉。据记载，公元前108年，西汉时期汉武帝调集巴蜀方面的军队，消灭了反叛部落。滇王惧怕，愿归降中央政府。于是中央政府就以滇池为中心设置了益州郡，并赐给庄蹻后裔滇王印鉴，册封滇王，仍命继续统治其辖地。

当时，西南唯有夜郎与滇国得赐授金印，表明了中央政府的倚重之意。《史记》上引人注目地写道："滇小邑，最宠焉。"这是中央政府为了制衡西南势力所采取的羁縻政策。滇王得到了中央政府的正式承认后，心满意足地做起朝廷的诸侯王来。

在并入西汉版图之后，当地文化发生了急剧变化，到公元1世纪，荣耀一时的云南青铜文化就完全融入了中原铁器文化。东汉初年，随着汉朝郡县制的推广、巩固，"滇王之印"不知所踪。

这些《史记》记载的历史是否属实？假如真实的话，"滇王之印"又在哪儿呢？历史的长河布满了重重迷雾……

消失的香格里拉

长期以来，古滇国在中外历史学家的眼中，始终是一个难以解开的谜。在我国浩如烟海的历史典籍中，除了太史公司马迁在《史记》中寥寥几百字的记载外，再也找不到可供研究的任何历史文字记载了。而且所有的考古资料也没有发现古滇国的线索，滇王金印是否存在？是真有其事还是史书记载有误？因此，揭开古滇国之谜，成了史学界，特别是云南史学界关注的热点问题之一。

1953年的秋天，一个汪姓商人拿着五六件青铜兵器出现在云南省博物馆。当时省博物馆的孙太初先生认真地看了这几件兵器后，发现它们的形制和纹饰都不同于中原地区已经出土的古代青铜兵器。追问之下，汪姓商人说这是自己早年贩茶叶时候收购的，绝不是偷盗之物。对青铜器颇有研究的孙太初马上敏感地意识到，这几件青铜兵器的背后，可能孕育着云南考古史上的一次重大发现。在请示领导同意后，他毫不犹豫地将汪姓商人手中的青铜兵器全部买了下来。孙太初先生很想知道这些青铜器的大致来源地点，但不知是汪姓商人不愿说，还是确实不知道这些青铜兵器的出土地，孙太初始终没有问出青铜兵器的出处。汪姓商人走后，孙太初心里异常着急，他担心如果不能早日发现这些青铜器的来源，可能会失去一个重新认识云南文化历史的最佳机会。

从那时起，孙太初广泛参阅古籍文献，不放过任何一次深入基层的机会，深入了解云南地区的风土人情。一个偶然的机会，孙太初与省文史馆的方树梅先生谈及此事时，获知了一个与青铜兵器相关的重要线索。方树梅称在他的家乡晋宁的小梁王山，抗日战争初期曾经出土过大量的青铜器，但他也是很多年前在馆子里吃饭的时候听南来北往的商人说的，从未亲眼见过实物。虽然是这么道听途说的几句话，却更让孙太初牵挂了。

1954 年 10 月，在孙太初先生的建议下，省博物馆抽派熊瑛、蔡佑芬两人到晋宁作一次实地调查，调查的结果证明了方树梅先生所说确有其事，但出土的地点不是在小梁王山，而是在小梁王山南面不远的石寨山。熊瑛等同志还从石寨村农民手中征集到几件青铜兵器，以及一件磨制得非常精致的古代石犁，将其与馆藏的青铜兵器一比较，果然在造型和纹饰上都有很多共同点。另据村中的老人说，这座小山也是村里的风水宝地，村里人去世后大都埋葬在此，多年以来石寨山的村民们在山上挖墓坑时，经常都会挖到各种青铜器，然而他们不懂，大都当成废铜卖到昆明去了，听说曾经被驻昆的法国人买去了不少呢。

鉴于这些重要的调查线索，省博物馆决定马上报请上级批准进行一次清理发掘，以便弄清石寨山地下文物的状况，彻底揭开青铜兵器之谜。

位于浩瀚的滇池东南角的这座自平地突起的小山丘，呈枣核形，南北两头尖、中间宽，西面岩石陡峭，东面较为平坦，最高处至地平面仅30 多米，长约 500 米，最宽处约 200 米。山前有一小村，名为石寨山村，属晋宁的牛恋乡。谁也不曾料到，就是这么一座乱石遍地、杂草丛生、其貌不扬的小山丘，竟然埋藏着一个2000多年前的秘密。

1955年3月，由文物专家组成的考古队在石寨山作了第一次清理性发掘。果然不出所料，这次发掘一下就出土了各类青铜器数百件，其中也不乏绝世之作，最为珍贵的是两件贮贝器，一件盖子上铸有2.5~6厘米的18个立体人物，反映了古代的纺织场面；另一件是反映杀人祭祀场面的。这一重大发现顿时震惊了国内考古界。

适逢当时的中国科学院院长郭沫若及文化部副部长兼国家文物局局长郑振铎同志出国访问路过昆明，他们参观了此次发掘出土的文物后，认为这是一次十分重要的发现，具有极高的学术价值。这些形制特别的古代青铜器，有的雕着牛，有的刻着鹿，还有的装饰着蛇的图案。看着这些独特而精美的青铜器，郭沫若半天不作声。突然，他问道："这些东西，是不是古滇国的？"原来，对中国历史深有研究的郭沫若，看到这批珍贵的发掘文物，马上联想到了《史记》里提到2000多年前生活在云南滇池附近的古滇国。要知当时这个古滇国就像从来没有过一样，当地没有留下文字记载，也没有相关的器物出土，真是一件奇怪的事情。

郑振铎仔细询问了云南省博物馆的下一步打算后，当场拍板拨给专款和一台进口的经纬仪。于是，1956年第二次更大规模的发掘开始了。在历时两个月的第二次发掘中，考古队员共清理了20座墓葬，又出土了青铜器、金器、铁器、玉器、玛瑙、绿松石、石器、陶器等文物3000件，其中青铜器约占全部出土文物的80%。

这些青铜器数量之多，制作之精良，绝不是普通人家所能拥有的。那么，这些青铜器应该属于谁呢？

不抛弃，不放弃

发掘每一天都在进行，由于云南地区多雨，给发掘工作带来很大的影响。所有的考古人员都克服困难，放弃所有的休班，坚守在考古现场。在第二次发掘工作即将结束的前一天，在最后清理6号墓的漆棺底部时，一个不大的被泥土包裹着的方形物体引起了孙太初的注意。当他小心地用软毛刷刷干净外面的泥土后，一枚金光闪闪的金印呈现在大家的眼前，这枚金印上有四个汉字，经过辨认为"滇王之印"。

孙太初拿着金印，激动得双手都有些颤抖。旁边的工作人员看到这一幕，纷纷围过来，当他们看到这个金印上的四个字时，立刻大喊起来。霎时间整个工地沸腾了，这一重大发现令已经在野外辛苦工作了两个多月的考古工作者们欣喜若狂、欢呼雀跃。有谁能够想到，这样一个毫无名气的小山头竟会是云南历史上著名的一代滇王的墓葬群。

消息传出以后，石寨山附近的城乡居民奔走相告，一连几天，整个工地周围的山上全是闻讯赶来的人群。最多的时候有四五千人，就连附近几个县的农民都放下了手中的农活不断地涌到考古工地，他们都想看一看"滇王"墓出土的宝物。

后来经细查，这枚出土于 6 号墓漆棺底部的金印"通体完好如新"。印作蟠蛇纽，蛇背有鳞纹，蛇首昂首向右上方。印面每边长 2.4 厘米，印身厚 0.7 厘米，通纽高 2 厘米，重 90 克。纽和印身是分别铸成后焊接起来的。文乃凿成，笔画两边的凿痕犹可辨识，篆书，白文四字，曰"滇王之印"。滇王之印的存在，把一个曾虚无缥缈的滇王国真实地呈现在人们眼前。

滇王蛇纽金印

西汉王朝赐给滇王的金印

在考古学上，像这样出土文物与文献记载相一致的案例并不多见。因此，滇王金印的出土更显出它的与众不同和极高的考古价值。西汉时期，中央王朝为了统治边疆地区，往往采用怀柔的策略，只要地方实力派人物称臣纳贡，不对抗中央王朝，一般都以赐印、委派官爵等方式统治，来行使中央王朝对边疆地区的统治和管理。滇王金印恰好印证了西汉对云南地区的有效管理和统治。

60 余年过去了，随着考古工作的不断深入，石寨山先后又进行了 5 次科学的考古发掘，一共发掘了 89 座墓葬，出土的各类文物数以万计。伴随着田野考古调查和发掘工作及科学研究的步步深入，古滇国神秘的面纱被揭开，如今的石寨山已成为全国重点文物保护单位，云南晋宁石寨山考古发掘还被评为"中国 20 世纪 100 项重要考古成就之一"。

现在，"滇王金印"原件存放于中国国家博物馆，在云南省及昆明市博物馆展出的均为复制品。如果有机会，建议您亲自去看一看，感受一下 2000 多年前古滇王的风采。

金石顽物秀凡间

第十五章 熔毁危机
——金编钟传世之谜

故宫博物院珍宝馆中，陈列着一组乾隆年间由纯金铸成的金编钟。它雍容华贵，尽显帝王气象。每逢重大典仪，便被置于太和殿旁，与琴、瑟、鼓、钹共奏雅乐。两百多年来，它见证了一代又一代帝王更替，人世沧桑，始终保持着处变不惊的气度。让人意想不到的是，这样一组规模庞大，气势恢宏的乐器，竟在清朝倾覆后被偷偷典卖出宫，在外漂泊了29 年。流落宫外已是清宫金编钟的不幸，有人要刻意熔毁它更是令人心酸。好在两位有胆识、有担当的银行家舍生忘死，保护住金编钟，这是金编钟之大幸，中国国宝之大幸……

不请自来的献宝人

1949 年 1 月 15 日，经过 29 个小时的激战，号称"可以坚守三四个月的"天津解放了。就在巷战激烈进行的时候，7000 多名进城干部就冒着生命危险跟随着解放军进攻部队进入天津城。

"快，快，战斗要结束了！"一个带队的干部大声喊着。

这些人大多是文化人，但是毫无畏惧，他们很快接管了天津市相关的部门和机构。这关系到所有天津市民衣食住行方方面面的事情，大意不得，拖延不得。作为临时的管理机构，天津军管会决定全市私营企业歇业三天，以便整顿。

解放天津的当天晚上，进城的解放军士兵，没有一个闯进老百姓家里的，他们就在马路边、胡同里的便道上露宿。士兵们把头上的皮帽子往下一拽，棉衣服、毯子紧紧裹在身上。他们一个挨着一个，就在冰冷的地上睡了一夜。1月的天津，数九隆冬，躲在屋子里的天津市民全都惊呆了。他们自言自语地说，从清朝到现在，什么部队咱没见到，从来没见过这么好的军队。解放军宁可睡在大街上，也绝不惊扰百姓！这真是仁义之师，威武之师！

第二天，许多市民走上街头，欢庆这个城市的新生！就在这些普通的市民中，有一个斯文的中年人，他早已经热泪盈眶，望着街上朴实的士兵和接管城市的进城干部，他知道一个崭新的时代来到了！这个人名叫胡仲文，是联合银行（原四行储蓄会）天津分行的经理。胡仲文撬起客厅里的一块地板，从里面取出来一个铁盒子。他从盒子里拿出一本银行清册，翻看起来。最后他合上清册，脸上露出微笑。

1月18日，就在天津开市的第一天，胡仲文拿着这个清册，走进了军管会驻地原法租界公议局的大楼。接待胡仲文的是军管会金融处工作人员郭恒久。当郭恒久翻开胡仲文带来的清册时，不禁大吃一惊。清册中登记着包括瓷器、玉器、古籍在内的2000余件文物，其中最引人注目的是一组纯金铸造的金编钟。

虽然郭恒久没看到金编钟的实物，单看清册中的记载也足够让他吃惊了。这组由16只金钟组成的金编钟，总重11439两（一些文章说是13647.2两，有误）。按照原清单，16只金编钟共装8箱，每箱2个，现将每箱的钟名、重量开列于下：

第一箱：应钟，重888两；信无射，610两。

第二箱：黄钟，重615两；仲吕，741两。

第三箱：南吕，重847两；信南吕，536两。

第四箱：大吕，重587两；夷则，873两。

第五箱：无射，重924两；夹钟，714两。

第六箱：太簇，重681两；信应钟，534两。

第七箱：姑洗，重787两；宾，764两。

第八箱：林钟，重755两；信夷则，560两。

不要说这些金编钟有多宝贵，就这些金编钟的重量也足以让人目瞪口呆了。

军管会金融处联系了附近的驻军，军队派出了一个连帮助接收这批文物，并负责保卫工作。胡仲文带着他们来到地下密室，指着一堆煤炭说："就在这下面。"

煤炭一筐筐地运出去，露出了庐山真面目。在煤炭下埋藏着的2000多件文物和清册上的记录一样不差，其中16只金编钟格外引人注意。

金编钟外表都一样，每只金钟高28厘米，最大口径16.5厘米。编钟顶端以瑞兽为钮，两条蟠龙跃然其间，波涛云海环绕其上，尽显帝王之相。每只金钟背后都铸有"乾隆五十五年造"的款式。

在场的文物专家激动不已，他们都以为这套金编钟早就不在人世了。如今，金编钟就好端端地出现在他们面前。这组金编钟不但用金量世所罕见，铸造工艺也极为复杂。金编钟由工部、户部和内务府造办处共同承造。据说，造办处首先要把画工画出的金钟图样呈给乾隆皇帝审阅，而后再制模，模子做好后再呈皇帝审阅；审阅后铸造成样子，再呈皇帝审阅；皇帝首肯后才能开炉铸造；铸造好后工匠还要精心雕刻，直到皇帝满意为止。即使忽略铸造金编钟所用黄金的价值，单就这份工艺而言，也堪称世所罕见的艺术品了。

乾隆时期的清王朝正是鼎盛时期，可谓国泰民安，歌舞升平。乾隆皇帝自诩为"十全老人""古稀天子"，人生没有比此时更风光、得意的了。为了彰显皇朝的尊贵、富足，也为了表示对祖父康熙皇帝的尊重，乾隆皇帝决定效法康熙六十寿辰铸造纯金编钟那样，也用纯金打造一套金编钟。只是这组金编钟要比康熙皇帝那组规模更大，也更为精致。

八十大寿之时，乾隆皇帝伴着金编钟古朴悠扬的乐声，接受百官朝见，万国来贺，真是风光无限。此后，金编钟被藏于太庙，每逢重大庆典才被启用，与琴、瑟、鼓、钹共奏雅乐。

在《光绪大婚图》中，还能找到被置于太和殿东檐下的这组金编钟的身影。而它最后一次在故宫盛典中奏响，则是在末代皇帝溥仪的大婚典礼上。此后，国宝金编钟就消失了，没有人知道它去了哪儿！那么，这样的国之重器怎么会出现在一个民间银行家的手里呢？这还得从溥仪那场强弩之末的奢华婚礼说起。

花钱如流水

1922 年 12 月 1 日，末代皇帝溥仪大婚之喜。虽然此时清朝已经灭亡 11 年了，但是宫内小朝廷的威风却不倒。溥仪这场婚礼，在宫内宫外足足折腾了三天，风光无限。

婚礼的第三天，前来祝贺的宗室亲贵、王公大臣、遗老遗少和各国驻京公使团，就来了 1000 多人。溥仪和婉容一起在东暖阁接受各国驻华使节的贺礼，这是婉容以皇后身份第一次公开露面。

金编钟老照片

当时，婉容梳着"两把头"，高高的发髻上缀满了绒花；黄缎织锦旗袍更把她的曼妙身材衬托得美艳无比，青春的朝气扑面而来，使见多识广的外国使节夫人们，也无不惊叹她的娇美容颜和高雅仪态。

　　当时的大小报纸，亦竭尽所能，不吝篇章，争先恐后地做了绘声绘色的实况报道，可谓盛况空前。据说，当天神武门前汽车、马车、骡车堵得水泄不通。对于这些中外来宾，也照例是在养心殿赐宴，在漱芳斋听戏，而且请的都是杨小楼、梅兰芳这样的名角儿。

　　溥仪可谓风风光光地办了一场大婚，可其中的花费也海了去了。据档案记载，溥仪大婚典礼共花销291756银圆。对于一个有出无进的小朝廷，这可算倾囊而出了。

　　为了维护皇家的尊严，溥仪赏给皇后婉容家的礼物也不计其数。在溥仪相关档案中就有关于大婚的详细记载。

　　溥仪岳父荣源的谢恩折子上写道：蒙恩赐臣暨妻黄金百两，银四千两，金茶筒一具，银茶筒一具，银盆一具，缎四十匹，布百匹，马二匹，鞍辔具、朝服共二袭，冬衣二称，带一束；并恩赐臣子润良、润麒缎各八匹，布各十六匹，文具各一份；从人银四百元……

　　这仅仅是溥仪一次送给婉容娘家的礼物，大婚前后对于婉容娘家类似

婉容皇后（前排端坐者）大婚时的照片

的赏赐还有好几次。

这些可都是真金白银的赏赐，这种打肿脸充胖子的恩赐让溥仪着实威风了许久。

虽说，辛亥革命后，与小朝廷签署的《清室优待条件》中曾许诺："大清皇帝逊位后，岁用四百万两。俟改铸新币后，改为四百万元，此款由中华民国拨用。"可自打袁世凯一死，这笔钱也就拿得没那么痛快了。

当时，小朝廷不但供着一个皇帝、几个皇太妃，还有几百名太监、宫女。清室还养着众多宗室王公和遗老遗少。人吃马喂，一年400万银圆可是捉襟见肘了。

即便如此，溥仪在宫中照样过着奢华的生活。为了玩狗，他不但命内务府从国外购买洋狗，连狗食也要进口的，狗生了病花费比人看病还贵。他不但维持着旧有的御膳房，而且还增添了专做西餐的"蕃菜膳房"。两处膳房每月买菜的钱就高达1300多银圆。

为了维持这份皇家尊严，就必须想办法解决庞大的开销问题。没钱怎么办？"借钱"成为小朝廷最直接的方式。根据档案的不完全记载，1919年清室欠恒利号28.5万多两银子，欠亨记6800多两，欠交通银行39000多两……次年，又向中国银行借50万元，到期未还；向烟酒商业银行借钞票25000元……不一而足。

有借就得有还，为了偿还这些债务，小朝廷只有变卖"家产"一条出路。

1922年，内务府通过一些中间人传出消息，要为宫中一些古物寻求买主，并言明都是些普通物件，并规定来者须在景山西门内务府筹备处缴纳保证金1万元，才能看物估价。内行人一听就心领神会，这是挂羊头卖狗肉的伎俩。

一时间，前来购买者趋之若鹜，许多外国公使也混杂其间。

小朝廷进行的陆陆续续的典卖中，规模最大的一次，便是1924年5月与北京盐业银行进行的这次抵押借债。为了偿还到期债务，并换取日后生活费，小朝廷一次向盐业银行抵押借款80万银圆。抵押品中不但有各种玉器、瓷器、古籍，还有册封皇太后、皇后的金册、金宝箱、金宝塔和本文的主角金编钟。其中，16个金编钟仅作价40万元，其余物品作价40万元。

溥仪在《我的前半生》中提到这次大抵押时说："只这后一笔的四十万元抵押来说，就等于是把金宝金册等十成金的东西当荒金折价卖，其余的则完全白送。"

在盐业银行与清皇室内务府签订的借款合同上可以看到，借款80万元，利息每百元按月给息1元，借期一年，如到期不能偿还，则以抵押品变售作价抵还本利。合同下方的签章人是代表清室的郑孝胥、绍英、耆龄和溥仪的老丈人荣源；另一方则是北京盐业银行的经理岳乾斋。

做个假账很难吗

当时，北京的官办和外资银行很多，为什么清室会选盐业银行这样一家私营银行来做这笔大买卖呢？

盐业银行本是曾任清朝天津长芦盐运使的张镇芳所创。由于盐业是官办垄断性行业。历来的盐官没有不发大财的。据说，一个地方的盐运使，一年可收入10万两银子，超过一个朝廷命官，何况是总揽半个北方盐政的长芦盐运使呢！

发了财的张镇芳投身金融事业，他创办了盐业银行。20世纪20年代，盐业银行与金城银行、中南银行、大陆银行并称"北四行"，并以其雄厚的实力，成为"北四行"之首。后来，张镇芳由于支持张勋复辟被捕入狱，只得把盐业银行总经理的位子交出来，做了个挂名的董事长。正是由于这层关系，逊位

盐业银行旧照

的小朝廷与盐业银行走得很亲近。

另一方面，溥仪的老丈人荣源与当时北京盐业银行的经理岳乾斋关系也非同一般。岳乾斋本是天津庆善金店的二掌柜，从事的就是金银首饰买进卖出的生意。由此，他结识了许多靠变卖家产过活的八旗子弟。据说，他对落魄的曾经的清朝王爷极为同情，有人拿东西来抵押，他总是开价

张勋复辟时率领的"辫子军"

比别人高，所以极有人缘。后来，荣源还与岳乾斋合股开了一家房地产公司，名为荣业房地产公司，名字就取了荣源的"荣"字和盐业银行的"业"字。可见，二人关系非同一般。金编钟的变卖两人一拍即合，由于事出机密，金编钟是怎么偷运出宫的，没有文字记载。直到新中国成立后，细节才得以披露。

1924年5月的一个夜晚，在溥仪的授意下，由时任"公路局长"刘庆山押着几辆装载着金编钟和众多国宝的汽车，开出了紫禁城神武门，直奔位于东交民巷的盐业银行外库而来。银行外库专派保管员邢沛农清点并接收了这批国宝。

世上没有不透风的墙。在清室与盐业银行交易洽谈的时候，外界就听到了一些风声，但并无实据。一些有识之士开始质问北洋政府内务部为何坐视清室盗卖国宝而不管不问，并提出应把故宫中的古物悉数提出保存。

由于《清室优待条件》中明文规定，故宫中的古物，清室只有使用

权，不得变卖、抵押。当时混乱的政坛，导致真正关心这些国宝的人的建议没人听取。清室偷卖国宝民间早就议论纷纷，当局却视而不见。清室卖宝，盐业银行买宝，其实都属违法之举。

由于民间舆论太激烈，报纸也连篇报道。清室内务府和盐业银行顶不住压力，纷纷出来"辟谣"。清室内务府登报称，他们正筹备设立"皇室博览馆"，将古物、古籍自行陈列，以供全球之研究。他们一方面言之凿凿要设立所谓"皇室博览馆"，一方面却马不停蹄地与盐业银行进行着抵押国宝的交易。

盐业银行为了避免政府追查，就没有把金编钟写在账上。那么，盐业银行怎样才能把账面上那80万元的亏空补上呢？这个问题很好解决，二十世纪二三十年代正是大清遗老、没落豪门靠典卖文物过活的时期，也是中外收藏家、古董商和新富阶层大量"收货"的时期。盐业银行随手卖出了一些八旗子弟抵押的文物，就获得丰厚的回报，不但还清了清室的押款本利，还剩下2000件文物，其中就包括那16只金编钟。这样，账面上的欠款还清，剩余之物自然成了盐业银行的账外之财了。

盐业银行账上虽然做得天衣无缝，但他们私购国宝的消息还是不胫而走。此后，连年军阀混战，北洋政府的主政者走马灯似的换了一拨又一拨。当时占据北京的军阀张作霖四处打探金编钟的下落。后来阎锡山率晋绥军占领北京，也派人查找金编钟。而金编钟和众国宝则静静地安放于盐业银行东交民巷的地下金库中，几位知情者也严守着秘密，对外绝口不提。

偷偷摸摸的运宝车

1931年，九一八事变，日本侵占东三省，华北岌岌可危，北平城笼罩在战火的阴霾之下。刚刚成立不久的故宫博物院，酝酿着国宝南迁的计划。尽管社会上反对之声炽烈，但将近两

大吕金编钟

万箱的故宫古物还是踏上了南迁之路。文津街的国家图书馆，也开始了馆藏善本的封存装箱，几百箱古籍善本、敦煌遗书以及金石拓片，被秘密运往天津租界的银行金库。正如时任故宫博物院院长的易培基所言："土地失了，尚有收复之可能，国宝一亡，永无复还之望了。"

看到故宫博物院都雷厉风行地转移国宝，身处北京东交民巷的盐业银行经理们也心急如焚，他们开始为地下金库中的这 2000 件文物寻找藏身之所。这些银行家们也把目光投向了天津。

20 世纪 30 年代，天津繁华程度远超北京，与上海不分伯仲。即便今天走在天津大街上，也随处可见当年的洋楼林立。由于天津乃北方金融中心，所以天津盐业银行的规模也比北京盐业银行大很多，而且地处法租界，即使日寇打来，也会对法国人有所忌惮。盐业银行总经理吴鼎昌与北京盐业银行经理岳乾斋商议后，决定把金编钟和 2000 余件瓷器、玉器，秘密运往天津。为了稳妥起见，他们指定天津盐业银行的经理陈亦侯亲自负责经办此事。

当陈亦侯知道了有一批国宝要保存在天津盐业银行时，顿感责任重大。思来想去，他决定亲自办这事，不让任何人插手。每天深夜，陈亦侯都开着一辆汽车，把装好了箱的文物运往天津。谁也不知道，他在这条从北京到天津的路上走了多少趟，担着多少风险。所有的箱子一到天津，便直接进了盐业银行的地下金库。即便搬箱子的工人也不知道里面装的是什么。

天津盐业银行的地库简直棒极了。地板是实木的，东西掉地上绝对摔不坏，也不会有声。地库的钢板门一尺厚，关上连气儿都不透。据说，给盐业银行做防盗系统的那家公司，还给美国白宫做过防护。金编钟放在这样坚固的地下仓库中，盐业银行的几个经理总算能松口气儿了。

如今坐落在天津赤峰道 12 号的大楼，就是当年的天津盐业银行。这座 20 世纪 20 年代兴建的大楼，即便在众多现代建筑的映衬下，仍显得非常气派。营业大厅大理石铺地，富丽堂皇，楼梯间的玻璃彩窗描绘着长芦盐场的兴旺景象。

我家从来不收礼

1937 年 7 月 7 日，卢沟桥事变，日本发动全面侵华战争，中国全民族抗战开始。7 月 30 日，日寇已经占领了除英、法、意三国租界外的全部天津市区。日本情报机关在北京没有找到金编钟的下落，便顺藤摸瓜，跟踪调查，最后把目光投向天津。日本人希望陈亦侯能主动交出金编钟。当时在天津的一个日本副领事，带着他的女儿来到陈亦侯家拜干爹。他带来日本的漆宝烧瓶和盆景送给陈亦侯。陈亦侯跟他说："你要跟我做生意就把这些东西送到银行去，我家从来不收礼。"碰了一鼻子灰的日本人并不死心，又想出一招美人计。

有一天，日本人把陈亦侯请到日本领事馆吃饭，席间坐着两个日本女人。日本人问起金编钟的事，陈亦侯只好顾左右而言他。眼看谈话没有进展，日本副领事找了个托词先走了。此时，两个日本女人把陈亦侯围住，眉目含笑。陈亦侯二话不说，拿着帽子就走。副领事在门口追上陈亦侯，信誓旦旦地说："陈先生不要见怪，风花雪月习惯了就好，以后天津这个花花世界有我们在，就能让陈先生永保富贵！我们进屋继续喝酒。"

陈亦侯一拱手："银行里还有要务，就不便多留了，告辞了！"

副领事看着陈亦侯不紧不慢地离去，咬牙切齿的表情浮现在脸上。

眼看日本人步步紧逼，金编钟的安危就在旦夕之间，陈亦侯只得向盐业银行的总经理吴鼎昌求援。吴鼎昌，北洋军阀安福系的大红人，炙手可热。此人非常能干，不但金融上玩得转，还十分热衷政治。他在就任盐业银行总经理宝座的同时，还积极投身政界。1935 年，他被任命为南京政府的实业部部长。抗战爆发以后，他被任命为贵州省主席。虽然踏入政坛，但盐业银行的事情还是由他说了算。因此，陈亦侯决定向他求助。

如果在天津与身在重庆的吴鼎昌联络，无异于把金编钟的秘密告诉日本人。于是，陈亦侯派了一名贴心的银行下属乘车到西安，从西安给吴鼎昌发电报，请示如何处理金编钟。电报从西安用银行密码发到上海，再由上海经香港发往重庆。当这名银行职员拿着在西安接到的电报回到天

金编钟无射

津时，已经是一个月以后的事情了。

当陈亦侯迫不及待地打开这封辗转而来的电报时，看到上面只有一个字："毁。"

陈亦侯看到这封电报以后，私下里气愤地骂："这是我见到的最混账的一封电报。世界上的铜还不是每块都敲得响，何况是金子！金编钟是乐器啊！这个金子是能敲得响的，能敲出曲子来的。你把它化成金水，做成金条，那还有什么意义？"他拿定主意，金编钟绝对不能毁。他决定继续保护金编钟，哪怕承担危险，承担责任。这张电报，陈亦侯也一直保存着，他认为这是世界上最混账的一个电报。

盐业银行曾经有规定：处理账外物资，所得百分之六十归责任经理所有。这一万多两的金编钟，如果化成金条将是怎样一个天文数字。在危险和利诱下面，陈亦侯丝毫不为所动，他决定尽自己的能力保护好国宝。不过，并不是每个人都像陈亦侯这般有担当。就在此时，身在北京的岳乾斋正把放在他那里的皇太后、皇后的册封金册，偷偷地运到大栅栏廊坊头条的珠宝店里化成了金水，做成金条藏在了家中。

煤堆下的秘密

从吴鼎昌方面得到帮助的希望破灭了，陈亦侯决定自己想办法。他感到盐业银行大楼目标太大，金编钟留在此处，早晚要被日本人发现，必须把它转移出去。但转移到哪里好呢？谁又敢接收这样一个"定时炸弹"呢？他想到了一个人——四行储蓄会天津分会的经理胡仲文。

四行储蓄会跟盐业银行有着密不可分的关系。1923年，为增强自身的实力，北方四家商业银行——盐业、金城、中南和大陆，联合设立四行储蓄会。由四家银行各投资25万元银圆，共计100万元作为储蓄会专门办理储蓄业务的"基本储金"。四行储蓄会成立后，充分利用四家银行

原有各自营业网点的优势，既提高了
银行自身的工作效率，又增加了一份
收益，使得北四行业务蒸蒸日上。胡
仲文不但是四行储蓄会天津分会的经
理，还是北京盐业银行副经理朱虞生
的女婿。于公于私，与盐业银行都有
着千丝万缕的联系。

四行储蓄会旧照

1940 年，胡仲文从上海回到天津
工作，全家住在成都道附近的永定里，
与陈亦侯家也算是邻居。陈亦侯怎么能肯定胡仲文会同意接收金编钟呢？
毕竟，这是关系到身家性命的大事。从事金融事业多年，陈亦侯还是练
出了识人的本事，他观察胡仲文表面文绉绉的，但是特别本分，做事严
谨认真，特别正直。陈亦侯信任胡仲文的为人，心中也已盘算好金编钟
的藏身之地，那就是四行储蓄会地下的密室。在这座楼上的经理室中有
一个旁门，里面通着的是一间小休息室。休息室还有一扇密门，打开后是
一处封闭的转楼梯，楼梯直通地下一处暗室。这里无疑是密藏金编钟最理
想的地方。

一天晚上，陈亦侯找到胡仲文，开门见山把金编钟的秘密和盘托出，
并提出想把金编钟从盐业银行大楼的地库转移到四行储蓄会大楼里。因为
盐业银行大楼高大气派，目标太大，而一条马路之隔的四行储蓄会大楼却
不怎么起眼儿。当陈亦侯提出要把金编钟和众多文物转移到四行储蓄会
时，胡仲文二话没说就同意了。这一来，他们是把彼此的身家性命，都交
托到了对方的手上。

一天晚上，等银行职员下班以后，陈亦侯和他的贴身司机杨兰波，打
开盐业银行地下金库的大门，把装有金编钟的几个木箱装到车上，悄悄地
驶进夜色中。盐业银行大楼坐落在今天赤峰道和解放北路路口，四行储蓄
会大楼在解放北路与大同道路口附近，两座大楼相隔仅 300 米远。为了掩
人耳目，陈亦侯没有直接到四行储蓄会大楼，而是向南开去。

运宝车开出了盐业银行大楼，沿赤峰道向西南开，走营口道，向东南拐入西康路，到马场道路口，向东北拐入马场道，一直走到佟楼附近，再拐回解放北路，一路向西北，最终到达解放北路与大同道交叉处的四行储蓄会大楼。原本只有 300 米的路，这么一来却绕了 20 多公里。

当陈亦侯的车停在四行储蓄会门口时，胡仲文与一名亲信工友徐祥早已等候多时。四个人轻手轻脚地把装着国宝的大木箱搬到四行储蓄会后身的经理室里，然后再由胡仲文往密室里搬运。陈亦侯则带车返回盐业银行继续装运。随后的几个夜晚，陈亦侯沿着这个路线跑了很多次，才把八大箱金编钟和 2000 多件瓷器、玉器，全都转移到四行储蓄会里了。

办完这些事儿，陈亦侯拉着胡仲文的手说了一句："天知地知，你知我知。"司机杨兰波和工友徐祥也被要求严守机密，绝不可告诉任何人。两位朴实的工友当即发誓，宁可舍弃性命也绝不背叛今天的誓言。

安顿好金编钟后，胡仲文借口时局不好，要存一些煤炭，便从开滦矿务局运来一批煤，一部分堆放在银行的地下室里，另一部分倒在密室里，将转楼梯全都埋没，再将密室的门彻底堵死。后来不管时局多么艰难，这批煤炭一直没有使用，谁也不知道，这批煤下面竟埋着大批的国宝。

飞机运来的可用否

1941 年 12 月，太平洋战争爆发，日本正式与同盟国宣战，驻天津日军开进了英法租界。失去了租界的保护，日本人更加猖狂，此时他们已经用不着使什么认干亲、美人计这样的迂回战术了，而是直接把陈亦侯请到了宪兵队，美其名曰：参观。与此同时，大批的日本兵闯入盐业银行地下金库，打着寻找合适的防空洞，要丈量地下室的名义，把盐业银行的地库里里外外搜了个遍。经过了仔细丈量，最终发现了库房里的夹墙暗室。

幸好此时金编钟早已转移了，日本人最终无功而返。因为没有丝毫证据，日本人也只得把"参观"完宪兵队的陈亦侯放回了家。日本人怎么也想不到，金编钟就静静地埋在一街之隔的四行储蓄会里，一直坚持到了抗战胜利。

1945 年 8 月 15 日，裕仁通过广播宣布日本无条件投降。经过十四年的艰苦抗战，中国人民终于迎来了胜利的一天。可让陈亦侯倍感失望的是，前脚日本人刚走，后脚国民党的接收大员就到了。林林总总的接收大员们借着清查逆产、惩处汉奸的机会，大肆营私舞弊、贪污盗窃，搞得民怨沸腾。正如当时的一个顺口溜说的那样。

晋商出身的国民党财政总长孔祥熙以他商人的特殊嗅觉，闻到了金编钟的气息。抗战胜利不久，孔祥熙来到天津，派他的秘书拜访了陈亦侯。

这位秘书慷慨激昂地说："我来拜访一是事先打个招呼，孔总长要来了，请陈先生您招呼一下天津金融业的同仁们组织一个欢迎仪式；再有一个就是孔总长很关心金编钟的安危！"

当这位秘书看似无意地提起金编钟时，陈亦侯假装委屈地说："日本人还没来呢，你们倒都跑了，把这些要杀头的东西，留到我这儿。我问上面怎么办的时候，吴鼎昌告诉我，叫我毁。现在，你们这儿又来问我。早就化成水了，你们别惦记了。"

一看陈亦侯推脱得干干净净，秘书狡猾地说："随便的一句话，随便的一句话。"

陈亦侯确实是个天不怕地不怕的人物。后来孔祥熙来到天津，召集天津金融业的同业开会。会上一身长袍马褂的孔祥熙在台上讲话说："大家要爱国，不要用'洋舶货'。"所谓"洋舶货"就是用轮船运来的外国货，当时以用美国货最时尚、最体面，也最有身份。

此时，站在下面的陈亦侯搭茬儿说道："请问孔总长，轮船运来的不能用，飞机运来的能不能用？"此言一出，在场的人无不窃笑。大家都知道，孔祥熙家连口红都是用飞机运来的美国货。耿直的陈亦侯当众给了孔祥熙一个难堪，气得孔祥熙直翻白眼。

欢迎仪式结束后，吴鼎昌对陈亦侯说："你怎么还这个脾气？没事儿惹他干什么？"

陈亦侯脾气就是这么硬，也正由于他的硬，孔祥熙寻找金编钟的企图，不了了之了。

就值一根洋火

刚应付完孔祥熙，以残酷无情著称的军统头子戴笠，也找上门来。

1945 年底，军统局长戴笠来到天津，在睦南道的一栋小楼里策划恢复、重建天津的特务组织。一向嗅觉灵敏的他，也嗅到了金编钟的气息，闻风找到了陈亦侯。

据陈亦侯之妻回忆，当时戴笠找到陈亦侯，问他金编钟的下落。陈亦侯说："我没有。"戴笠问："你放在哪儿了？"陈亦侯说："我就搁在那儿，你去找吧。"大家都知道陈亦侯把金编钟藏在盐业银行的地窖里。于是戴笠去搜，地窖里并没有搜到。

1946 年，戴笠又一次来到天津，此时有人递上一封诬告信，称陈亦侯是汉奸，家中藏有金编钟是敌产。这一次戴笠将此信交给了天津警察局长李汉元，让他去抓陈亦侯。

李汉元，拿着这封信找到陈亦侯。陈亦侯打开信一看，又是变相追查金编钟下落的勾当。

陈亦侯说："又是金编钟，你们想怎么样？"

李汉元说："陈五爷，你看这封信值多少钱？"

陈亦侯不解："汉元兄，有话直说！"

李汉元拿着信说："我看这东西就值一根洋火。"说完，划根火柴把它烧了。

陈亦侯很吃惊，这和公开违抗戴笠的指令没什么分别。李汉元一笑，豪迈地说："陈五爷，不必担心，戴老板那儿我自有交差的办法。你只需知道我为这件事找过你就行了。"

李汉元只是一个天津警察局长，怎么敢违抗戴笠的命令，替陈亦侯出头呢？

原来李汉元虽然是军统的人，但是他抗日还是很积极的。日本人来了以后，到处通缉他。李汉元曾经躲到陈亦侯家。陈亦侯用银行职员的名义，买了张飞机票，把李汉元送到天津张贵庄飞机场。这个飞机场是法国人开的，工作人员都是越南人，也没人查。李汉元就这么上了飞机，经上海到香港。临走的时候，陈亦侯还用面口袋装了两百块现大洋扔到飞机上让李汉元带走。抗战胜利后，李汉元到陈亦侯家还钱。陈亦侯坚决不要，说："你要这样，就别进我的门。"可以说，他俩是生死之交。此时，陈亦侯有难，李汉元自然不会袖手旁观。李汉元怎么答复戴笠的不太清楚，不久戴笠就因飞机失事死了，金编钟的事儿也就没人再提起了。

有一点需要补充，天津光复以后，国民党政府曾在社会上大张旗鼓地宣传，凡检举藏匿金银者，奖给价值的 70%，知情不举者罚两倍。这样高额的奖励，对谁都是个诱惑。而曾参与转移金编钟的两名工友杨兰波和徐祥却始终守口如瓶，对外没有泄漏半个字。

胡仲文说："如果这两名工友举报，转眼就能变成百万富翁。他们才是真正的好汉。"

幸亏有你

1949 年 1 月 18 日，胡仲文拿着记录有国宝的清册，来到天津军管会金融处，把金编钟和 2000 多件玉器、瓷器、古籍，悉数交给了政府。陈亦侯从上海回到天津，见了胡仲文后激动地说："幸亏你帮忙，了却了我多年的心事，我真感激你啊！"

1951 年 10 月 10 日，中国人民银行北京分行会同天津分行及盐业京津两行负责人，对这批珍宝进行了检查。检查后，对文物重新装箱然后进行了封存。

不过，此时有一个意外几乎让陈亦侯受牢狱之灾。1951 年底到 1952 年10 月间，北京市增产节约委员会进驻岳乾斋在西堂子胡同的宅院清查资产。检查中，工作人员发现了"岳家子女分家单"，按图索骥发现了千余件故宫流传出来的珍宝，其中高 40 厘米的白玉雕山水、青玉枕、古月轩小罐等都属于国宝级文物。

　　除此之外，工作人员还在西堂子胡同发现了一张金编钟的照片。经过询问，才知道当年还有一批国宝被运到了天津盐业银行保存。于是，工作组径直开赴天津，二话不说就把陈亦侯扣留，追问金编钟的下落。可他们不知道，早在 1949 年初，深明大义的陈亦侯和胡仲文就已经把金编钟交还给国家了。经过数天的调查，陈亦侯终于无罪释放了。从那以后，陈亦侯再也没对任何人提起金编钟的事儿。同样，胡仲文也似乎忘记了此事。后来，胡仲文调到北京工作，任人民银行参事。陈亦侯解放后因年事已高，在天津退休。他们都没有对家人提起当年护卫国宝的事迹，对金编钟

金编钟"全家福"

金石顽物秀凡间

也只字不提。

1953 年 9 月 25 日至 9 月 28 日，北京人民银行工作人员会同相关人员来到天津，又一次清点了这批文物。据档案中记载，古物包括"黄金编钟及玉器、瓷器等物计大箱 10 箱，小箱 8 箱，共计 18 箱。"点验完毕后，于当日夜间，所有的文物全部运赴北京。至此，在外漂泊 29 年的金编钟终于重回故宫。

陈亦侯晚年时曾看到有人在政协文史资料里追述过此事，文中有一句话说："幸亏有陈亦侯保存。"陈亦侯感慨道："我这一辈子，最满意的一个评价，就在这'幸亏'二字。"

幸亏有陈亦侯和胡仲文这样的爱国人士，也幸亏有司机杨兰波和徐祥这样信守承诺的普通工友，国家才有幸保住国宝金编钟，可以让我们再次聆听它美妙的声音。

第十六章 疯狂的石头
——秦石鼓传世之谜

有这样十个其貌不扬的馒头形石礅，上面却刻写着号称"篆书之祖"的大篆文字，这些文字被认为是中国最早的石刻文字。这种文字，上承西周金文，下启秦代小篆，属于过渡性字体。这些字古朴凝重、端正圆润，铮铮有金石气。刻有文字的石礅也有人因为它们的形状像鼓，所以也称这些文字为"石鼓文"。更令人神往的是，每一面石鼓上的文字都记录了一首古诗，十首成为一组，歌颂的是秦人征旅渔猎的事迹……

奇怪的石鼓

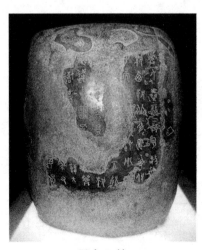
国宝石鼓

627年，已经登基称帝的唐太宗李世民正式改年号"贞观"，唐朝进入了"贞观之治"时期。安居乐业的人们生活富足了，自然要在文化生活上创造点乐趣。

这一年，在宝鸡的荒郊野地里，有人无意中发现了几块奇怪的石礅。荒野中石头遍地都是，并不稀罕，奇怪的是这些石礅好像是一个模子里出来的，其形似鼓，圆而见方，上狭下大，中间微突。直径约一米，数了数，整整十块，材质是花岗岩。好奇者试着清除掉石头身上的泥土，惊奇地发现，石头上居然刻有文字，而且十个石墩无一例外！不过，石墩上的字虽然看起来是字，却没人看得懂！

李斯篆书字帖

这十个石鼓，每个上刻有的文字数量都不等。每个字约二寸见方，风格独特，既不像西周金文那么随意豪放，也不像秦小篆那么规范纤细，字体开朗、圆润，工整，可以说是稀世遗文。金石家们翻阅了所有能找的史料、档案，也没有找到类似的字体。唐代诗人韦应物以其石形象鼓，遂名"石鼓"，鼓面上的诗文称"石鼓文"。这些金石家们认定，石鼓上的文字，属于我国文字演进史上缺失的一环，属于大篆。大篆是在甲骨文、金文之后，在小篆之前的文字。文字笔画挺拔，圆中带方，屈曲坚劲如铁，末笔无往不收，无垂不缩。形体趋于方正，风格浑穆雄强，朴茂自然，显示了古代高超的书写技艺和精湛的刻石技术。

金石家们考证认为，石鼓文是秦统一文字的基石和母体。在诸侯割据称雄的春秋战国时期，文字异形很常见。古代文字经历长期的演变发展，在各个诸侯国之间有很大的分歧，而且这些千变万化的文字写法也没有一定的体系和结构规律。这就给政令的推行和各地的文化交流造成重重阻碍。秦统一后，诏书至桂林一带很多人都不认识，可见统一文字已成为当务之急。

公元前221年，秦始皇下令"书同文"，由丞相李斯和赵高、胡毋敬等人整理文字，以简化秦文"小篆"作为标准字体，用于公文法令，通行全国，废除了其他各种异体文字。如"马"这个字，原先的写法有很多种，统一后就一种写法。

随后，秦朝又由李斯、赵高等人编写了小篆字帖颁行全国，作为标准文字的范本供人学习。

此外，秦始皇出巡所到之处都要立碑刻字以示天下，如泰山石刻。后来狱吏程邈又根据民间流行的字体，整理出更为简明易行的新书体——隶书，作为日用文字在全国范围推广。隶书的出现是我国文字由古体转为今体的重要里程碑。隶书就是今天通用楷书的前身。

先秦古字经过这次整理之后，字样结构得以定型，这对贯彻法令、传播文化起了重大作用。中国地广人多，各地方言迥异，后来历史上又多次出现分裂割据的局面，而文字的统一，成为维系中华民族历史发展进步的一条生动鲜明的脉络。长期以来，我国封建社会高度发展的经济和文化屹立在世界文明的前列，这与秦朝大一统的开创之功有着不可分割的联系。

很多后人均知秦始皇以后的文字，却不知小篆之前中国的文字是什么样子的。石鼓的出现，其文字记述展示了秦始皇统一前一段不为后人所知的历史。人们对它身上所保留的古老文字发生了浓厚的兴趣，传拓之人蜂拥而至。韦应物的《石鼓歌》中说："今人濡纸脱其文，既击既扫白黑分。"石鼓文也因此盛名远播，就连当时的一些大书法家们，如虞世南、褚遂良、欧阳询等，都对它的书体十分推崇，称赞其为"古妙"。

石鼓在唐朝被发现时已风雨剥蚀，满目疮痍，一些文字已模糊不清。唐朝统治者也没能很好地保护石鼓，任凭石鼓风吹雨淋。安史之乱时，唐玄宗奔蜀，后唐肃宗平叛，坐镇凤翔，凤翔成为唐朝宫廷所在地。肃宗要看石鼓，陈仓县令立即将十面鼓运到凤翔城南，后因战事又起，就将石鼓埋入地下。元和九年，凤翔府尹郑余庆将石鼓移到文庙保管，不料却少了一面"作原"鼓。后来唐朝衰败，战火四起，剩余的这9个石鼓在随之而来的五代战乱中淹没散失了。

10个石鼓本是一母同胞的兄弟，为什么会少了一个呢？它们又是怎么诞生的呢？这还得从秦人的祖先说起。

肥大的野兽

公元前770年，周平王东迁雒邑（今洛阳），秦人因护驾有功，得封"岐以西之地"建立秦国，秦人的领袖也由大夫升为诸侯，其第一位君主秦襄公率领秦人与强大的戎狄进行了连续四年的战争，最后战死在今宝鸡地区。他的儿子秦文公继任后，继续与戎狄作战，公元前763年，他率领700勇士"东猎"，历时一年，把秦疆土推进到了泾渭之汇，而这里正是秦先祖非子为周王牧马之地，于是，"乃卜居之"。据史料记载，秦国君"初开汧殹（qiān yì）"，即举行敬祖祭天大礼，周王也派使臣参祭。为了让后代都铭记这段历史，秦国把这些事情都编成咏歌刻在石头上，记述秦人祭祀活动，征旅渔猎等活动。那个年代还没有纸张，把文字刻在石头上在当时本是很自然的事情。到了后世，人们再看见这些石头上的文字时，就觉得和看天书一样，既神秘又惊奇。

石鼓文拓片

石鼓文有诗十首，诗是四言古诗，每首诗名由诗中两字起名，分别叫车工、汧殹、田车、銮车、霝（líng）雨、作原、而师、马荐（jiàn）、吴水、吴人。石鼓文的拓本，唐代就有，但没有流传下来。北宋的拓本为精善本，但真正流传下来的极少。明代锡山安国所藏的《先锋》《中权》《后劲》三本就是北宋拓本，极为珍贵权威。三本中《先锋》本墨拓最早，拓本字最多，有 422 个字。民国初期被秦文锦卖给日本东京井荃庐氏，原拓本已丢失，我们现在看到的是郭沫若 20 世纪 30 年代从日本收集的三种拓本照片影印件。

我们不妨选读其中一篇诗文，感受一下当年语言的风采。"车工石鼓文"大意如下：

> 我们的车打造得坚固华丽，
>
> 我们驾车的马多么整齐。
>
> 我们的车优良无比，
>
> 我们的马都是健壮的良骥。
>
> 能文能武的众将士们同去游猎，
>
> 是十分快乐的事。
>
> 那些惊慌逃命的鹿群，
>
> 是我们的猎物。
>
> 手持大犄角似的弯弓，
>
> 射向逃命的鹿群。
>
> 野兽们吓得时跑时停，
>
> 这正是最佳射杀时机。
>
> 受惊的鹿群突然停住，
>
> 我们抓住机会捕获。
>
> 特别要射杀那些成年的，
>
> 肥大的野兽。

这段文字读起来仿佛身临其境，那种原始古朴的文风迎面而来。据说，这些石鼓文最初有 465 个字，在其后的风雨中，由于自然环境的侵蚀和人为破坏，石刻文字残缺不全，或模糊不清，现在仅存 310 字。

秦朝灭亡后，这些石鼓也就悄无声息地被人们遗忘了。它们在中华大地沉睡着，在荒郊野地里经受风雨，也许有人看到过它们，也许始终无人发现它们，就这样，一千多年过去了，直到唐朝时才被人们无意间发现。

捣米臼子

北宋仁宗初年，时任凤翔知县的司马池，也就是司马光的父亲，主政时，几个农民在荒郊野外发现了失落的9面石鼓。司马池拿出银两收购了这些石鼓，并将它们运送到凤翔府学妥善安置。可惜的是，少了一面鼓，这成为司马池的毕生遗憾。

北宋皇祐四年（1052年），一位名叫向传师的金石收藏家，有一次去乡下探亲。在一位农户的家里，看到了被做成捣米臼子的石鼓——"作原"。原本好好的石鼓被凿出了一个大洞，向传师哀鸣不已，以全部盘缠及帮工干活的代价，买了这面石鼓，运回凤翔府学。虽然"作原"石鼓已经伤痕累累，顶部还被凿成了臼形，但十面石鼓终于聚齐了。

北宋大观年间（1107—1110年），痴迷于书画的宋徽宗下诏将石鼓运往汴京（今河南开封）。他对石鼓十分喜欢，希望可以就近观看、研磨书法。石鼓运来后，先放太学，后又置大殿，并用黄金泥填入字内，以示宝贵。"靖康之变"时，二位皇帝和石鼓一起被金军押送到北方。金人爱金不爱宝，剜出文字上的黄金，把石鼓扔于荒野。

元灭金后，忽必烈采纳了王楫（凤翔府虢县人）的建议，在金朝枢密院原址上建起国子学。王楫四处寻找石鼓，终于在荒野发现遗弃的石鼓，就将其置于国子学，派专人看护。而后又根据太

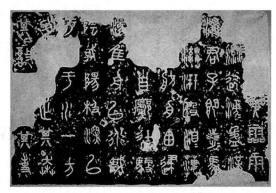

石鼓文是历代书法大家必摹的文字

学祭酒虞集建议，将石鼓放在孔庙大成殿门内左右石壁下，下砌砖坛，设围栏，供学子观看，直至民国。

自石鼓文面世以来，历代文人对石鼓文的书法艺术价值赞誉颇多。但是，大家一直认为韩愈的赞誉比较贴切："鸾翔凤翥众仙下，珊瑚碧树交枝柯；金绳铁索锁钮壮，古鼎跃水龙腾梭。"诗人能从石鼓文的笔画中看出鸾凤起舞、珊瑚交错的自然美景，不仅表现出非凡的想象力，而且也真正感受到书法之美。

从书法上看，石鼓文是秦篆的先声，字形方正、大方，横竖折笔之处，圆中寓方，转折处竖画内收，其势风骨嶙峋又楚楚风致，确有秦王那股强悍的霸主之气。然而结体方正丰厚，用笔起止均为藏锋，圆融浑劲，匀称适中，古茂雄秀，冠绝古今。石与形，诗与字浑然一体，充满古朴雄浑之美。石鼓文比金文规范、严正，但仍在一定程度上保留了金文的特征，它是从金文向小篆发展的一种过渡性书体。

石鼓文对研究我国历史、文字、书法等起着重要的作用，也为研究周秦时期的政治、经济、文化提供了宝贵的史料。一时间，石鼓文名声赫赫，许多文人墨客争相观看，考究历史，诗赋颂扬，研摹书法，有看不够、究不透、学不完之感。所以有"石刻之祖""千古篆法之祖""中国第一古物""书法第一法则"等美誉。

石鼓文在我国书法史上有着特殊的地位，对后世的书法和美术艺术影响很大，从而出现了一大批艺术大家，如吴昌硕等。学习它不仅可上追大篆下开小篆，而且对其他的书体学习也尤为重要，其意义之大，将被更多的人认同。

艰难的旅程

九一八事变后，由于日本军国主义的侵略，大批文物（包括石鼓）被迫大迁移，以远避战乱。1933年2月5日，文物先后分四批从北京经平汉、陇海转津浦铁路运到浦口，再换轮船到上海，分别存放在法国和英国租界。石鼓被安置在仁济医院库房的最下层。1934年，南京修建故宫博物院南京分院，以图永久保存。1936年，石鼓等文物从上海迁到南京。

1937年七七事变爆发，南京成为日本轰炸的主要目标，文物又要大迁移。这次文物分三路运输，最后送到重庆附近。南线共80箱重要文物，从长沙经贵阳、安顺，最后到达巴县；中线有9331箱文物，经汉口、宜昌、重庆，最后到达巴县；北线有7287箱文物，经徐州、宝鸡、汉中、成都，最后到达峨眉。

石鼓在北线的文物箱中。三条路线中，唯有北线运输最为艰苦。天上有日本飞机狂轰滥炸，地上有秦岭"蜀道难"，没有良好的运输工具，又值冬季下雪，不仅路难走，而且人和牲畜的饮食防寒都十分困难。装石鼓的车在路上翻过几次，然而石鼓却安然无恙。就这样躲躲停停，一直到1941年才到达目的地。

1945年日本投降，抗战胜利，石鼓等文物又从重庆经水路运到南京。1947年底，西迁国宝安然无恙重返南京故宫博物院分院。至此，从1933年开始，文物离开北平南迁，后又西迁，再东迁南京，历时14年才终于安稳下来。

在那黑暗的日子里，护宝人员经历了一次次生与死的考验。他们经过了长沙轰炸、重庆轰炸、贵阳轰炸、成都轰炸；绵阳翻车，峨眉大火，重庆白蚁；他们不怕吃苦，不怕牺牲，多次化险为夷。他们为保护文物立下了不朽功劳，当永铭史册。

1948年，国民党政权摇摇欲坠，决定将分馆文物移迁台湾。12月22日，博物馆运走了320箱；1949年1月6日，博物馆又运走1680箱；1月29日，再运走972箱。虽然他们运走的文物仅占分院所藏文物的五分之一，但都是精品。石鼓由于太重，没有被运走，依旧安安稳稳地放置在故宫博物院南京分院里。

1950 年，石鼓连同其他文物一起重回北京，在故宫博物院保存。1958 年，装有石鼓的箱子被打开了，开箱后陈列于故宫博物院箭亭。如今放在故宫博物院宁寿馆展出，供游人观看。

书画自来清高态

第十七章　开给阎王爷的"介绍信"
——《告地书》传世之谜

　　新中国成立后有那么一段时间，不论是公事，还是私事，只要出门，没有介绍信那是寸步难行的。其实，介绍信并非今人的发明，这种介绍性质的文书在古代早已存在。有趣的是，随着考古材料的日益增多，考古人员在一些墓葬中还发现了一类特殊的"介绍信"，它所联系的对象并非哪些社会机构或个人，而是开给阴间或者阎王爷本人的……

开给阴间的"介绍信"

　　1975年6月5日傍晚，荆州城北约五公里处的楚国故都纪南城凤凰山东南隅的平缓岗地上，168号汉墓的发掘工作正在紧张地进行着。专家们根据以往的考古经验和现场勘探结果推断，这座古墓很有可能埋葬有保存相对完好的古尸。

　　在地表以下8米深处，考古队员看到了棺椁。"棺椁"一词其实代表两样东西，在汉代，一般棺材外面还有一到两层由多块木板组成的外壳，这层外壳被称为"椁"，在椁室中除了放置有棺材，还盛放随葬器皿。可以说，外面的这层椁板是棺材重要的一个保护层。

　　168号汉墓的棺椁为一椁两棺，当棺材被吊车吊起后，大家发现，在外棺上也有一道明显的裂缝，而且从这道裂缝中有大量的液体流出。椁板

168 号汉墓出土的棺椁

破损，意味着里边的保存状况不佳。由于有裂缝，外棺很轻松地就被打开了，可是内棺的开启却异常费力。

内棺被三道麻布紧紧包裹着，麻布表面还刷了一层生漆，将棺盖封得严严实实。大家赶紧找来木楔子，用小锤轻轻敲击，棺盖被慢慢打开了一条缝，一股难闻的气味瞬间弥漫开来。

有一个大胆的女医生迫不及待地将手伸进去摸索，忽然她把手飞快地抽出来，大喊："哎呀，我摸到他的手啦。滑腻腻的！吓死我了！"

开棺以后，考古队员发现了全身赤裸的尸体，是个老年男子，就像睡着了一样。男尸没有头发，皮肤很光溜，当时他的头还能随身体晃动。这种保存完好的"湿尸"罕见，很快，尸体被护送到了荆州卫校保存。从全国各地紧急赶来的医学专家们给他做了全面的体检。体检中，大家发现尸体全身皮肤柔软湿润，软组织还有很好的弹性。根据体检结果，专家推测，死者年龄大约在 60 岁，身高 1.67 米，体重 52.5 公斤。除毛发和指甲外，身体保存相当完整。

不仅如此，专家发现，他连耳膜都还在，而且口中的 32 颗牙齿整齐牢固。就在检查口腔的时候，一位细心的医生发现，有一块异物卡在了他的嗓子眼，医生小心翼翼地将异物夹出，大家仔细一瞧，原来是一枚汉白玉印章，印章上面刻着一个"遂"字。

告地书

在清理椁室里的随葬品时，考古人员在椁室的头箱中发现了一片长 23.3 厘米、宽 4.4 厘米的竹牍，上面依稀有字的痕迹。荆州文物保护中心的专家赶忙对这片竹牍进行了清洗，并且做了脱色处理。竹牍上的字迹开始逐渐清晰起来。专家解读后，发现这几行汉隶小字的内容非常有趣。

竹牍的主要内容就是《告地书》，也有人称为《告地下官吏书》。实际上就相当于生活在阳间的当地官吏，为死者给"地下官吏"开具的一个官方文书，或者是介绍信。

信封于汉文帝十三年，也就是公元前 167 年，日期是 5 月 13 日。江陵县县丞给阴曹地府的官吏开具的介绍信中说："十三年五月庚辰。江陵丞敢告地下丞：市阳五大夫遂，自言与大奴良等廿八人、大婢女等十八人、轺车二乘、牛车一辆、口马四匹、骝（liú）马二匹、骑马四匹。可令吏以从事。敢告主。"

翻译过来就是：阳间有一个叫"遂"的五大夫，他死了，和男奴 28 人，女婢 18 人，轻车 2 乘，牛车 1 辆，公马 4 匹，母马 2 匹，骑马 4 匹，带着人、马、财物到阴间报到，希望阴间接纳他，并给他与在阳间时相应的职位。

以上这段文字，我们现在看来固然荒诞可笑，但是对古人而言，此举却是一种虔诚的投递，并无诙谐戏谑之意。在"事死如事生"的时代，人们也自然认为阴间与阳间一样有着三六九等的爵制。既然生前"事之以礼"，死后"葬之以礼，祭之以礼"，那么亡人在阴间，也应该享有等值的级别与生活。所以就有了《告地书》这个沟通阴阳两界的联系文书了。

在"江陵丞"看来，五大夫"遂"作为自己的部下，率领 46 人的牛马车队前往阴间报到，"地下丞"先生当然需要予以接待，为了省却麻烦，自己为部下开个介绍信也是理所应当。

从内容上来看，《告地书》的内容还是很丰富的，除了死者身份和随葬物品外，还涉及其他的一些方面。从用词上看，这些告地书一般都是模仿同时代行政文书的书写风格，如开头有"敢言之"一类的术语，随后说明死者的状况，并提及一些随葬品的数量等，有固定的、程序化的格式。

这和死者嘴里印章所提供的信息就吻合了，这位老先生是江陵西乡阳里人，生前的爵位为五大夫。那么五大夫的爵位究竟有多高呢？在汉代，爵位分二十级，"五大夫"在汉代的二十级爵位中，属第九级爵。

我们不妨揣测，到这个"江陵丞"自己过世时，他的领导也会为他出具一张相同性质的介绍信，索要的阴间职位和待遇肯定要比五大夫"遂"高一些。

值得一提的是，墓主"遂"的尸体历经两千余年仍保存完好，现在仍静静地躺在荆州博物馆的展厅中，不时引来各方参观者的惊叹。

如今，《告地书》出土的地点，主要集中在两湖地区，现今湖北已发现6件，湖南发现1件，此外还有江苏发现1件。从时间来看，年代最早的《告地书》出土于荆州谢家桥1号墓。告地书集中出土在两湖流域，并且时间又集中在西汉早中期，这一状况可以反映出本时期两湖地区巫风的炽盛。

"礼多鬼不怪"

2007年，荆州谢家桥1号墓发掘现场也发现了一份类似的介绍信，这是一座西汉早期墓葬，葬主下葬于公元前183年。从出土的竹简可知，墓主是一个名为"恚"（huì）的女人。资料显示，恚的大儿子"昌"为五大夫，与凤凰山西汉古尸同级别；次子和三子分别名"贞""竖"，均为大夫；四子名"乙"，爵位为"不更"。

谢家桥1号墓中出土的《告地书》共有3件，内容与凤凰山168号墓的《告地书》相似，但是向阴曹地府交代的事情更加详细。这3件《告地书》的内容分别是：

"郎中五大夫昌自言母大女子恚死，以衣器、葬具及从者子、妇、偏下妻、奴婢、马牛物、人一牒，牒百九十七枚。昌家复无有所与，有诏令，谒告地下丞以从事。敢言之。"

"十一月庚午，江陵城虎移地下丞，可令吏以从事。臧手。"

"郎中五大夫昌母、家书当复无有所与。"

从记载来看，第一件的内容是五大夫昌为死去的母亲恚申请迁徙地下的报告；第二件记载的是在十一月庚午这一天，江陵县丞批准申请并移交地下丞，这个程序应当是模仿现实生活中有关的迁徙文书而写成的；第三个简可以当成前两个简的附件，即申请者提供的移徙人员、物品的清单，提醒注意接收。

这位谢家桥 1 号墓的墓主生前无疑是一个有福的老太太。四个儿子都是官员，政府免除徭役负担，在当地肯定是备受尊崇的一家人。老太太过世之后，儿子们不但为她陪葬了众多物件，如精美绝伦的丝绸、色彩艳丽的漆器等，而且特别写了 3 封给阴间的介绍信，希望"阴间官吏"能对她有所了解和照顾。

事实上，作为古人丧葬习俗中的一部分，这种写给阴间的文书确非特例，《告地书》是中国古代丧葬文化中极具特色的一点，因为《告地书》发现较少，因此也是不可多得的国宝。央视《国宝档案》系列节目中就有《荆州寻珍——〈告地书〉》这一专栏，让全国观众知晓了告地书的文物价值和代表文化特征。

这些类似公文的《告地书》，如果"地下丞"先生真的"接收"到了，想必也会对死者予以特别的关照吧！

谢家桥 1 号墓出土的告地书

第十八章　繁华一梦
——《清明上河图》传世之谜

北宋给人冲击最大的不是宋词，那仅是继唐诗之后新的诗歌式样。真正令宋人兴奋的是他们的城市娱乐生活，那是一种商业化的城市生活，一种快活、享乐、放纵的农耕文明的城市生活。如今，我们透过《清明上河图》，依然可以感受到北宋年间东京汴梁的繁华……

吃喝玩乐一条龙

这一切的繁华都开始于北宋的东京汴梁。

北宋初期，宋真宗天禧三年（1019 年），当时的汴梁城市人口合计26 万余户，约 140 万人，为当时世界上人口最多的大都市。早先在都市空阔处自发形成的民间技艺及相应的服务商业点，逐渐生长壮大，最后终于出现了像汴梁城桑家瓦子那样巨大的文化消费市场。从凌晨到夜半，总有数千市民围观，数千市民嘘叫，数千市民在瓦市五彩缤纷的档口里挥金如土，享受生活的乐趣。

瓦市，宋人又称瓦肆、瓦舍、瓦子，即我们现在常说的都市文化娱乐消费市场，也可以称之为"城市综合体"。其建筑形态是简易瓦房或由竹木席等材料搭建成的大棚，棚内有勾栏演出场地，最大的棚内可容数千人。经常有艺人在勾栏内作场，同时还有餐饮等服务，医生、算命卜卦相士及各种江湖杂耍也活跃其中，可谓吃喝玩乐一应俱全。

北宋年间的汴京城内四河流贯，陆路四达，为全国水陆交通中心，东京的城池规划上有一大特点，就是引水入城。北宋东京城内桥梁众多，蔡河、汴河、金水河、五丈河构成了城市的水网体系，这不仅能够解决城市的交通运输，而且对调节城市的气候环境大有裨益。因此，南来北往的客商云集汴梁，在此居住的外地人也很多。

东京汴梁的商业水平居全国之首。汴京城中有许多热闹的街市，街市开设有各种店铺，甚至出现了夜市。逢年过节，京城更是热闹非凡。北宋时期城市商业化进程的推进逐渐形成了城市的时尚生活方式与市民的消费观念。也形成了"新声巧笑于柳陌花巷，按管调弦于茶坊酒肆"的城市商业文艺景观。

这一切，画家张择端（1085—1145）都看在眼里，醉在心里。张择端曾经供职翰林图画院，专攻界画宫室，尤擅绘舟车、市肆、桥梁、街道、城郭。后来不幸"以失位家居，卖画为生"，反倒成为北宋末年杰出的现实主义画家。为了向皇帝表明心志，他以东京汴梁为题材，创作了一幅惊世骇俗的长卷献给宋徽宗。

东京汴梁沙盘模型

张择端雕像

　　这幅长卷为绢本，淡着色，画幅高 24.8 厘米，长 528.7 厘米。为了表现京城的繁荣昌盛，张择端选择了清明这个重要节日的景象进行表现。他用现实主义手法，全景式构图，生动细致地描绘了北宋都城开封汴京的舟船往复、飞虹卧波、店铺林立、人烟稠密的繁华景象和丰富的社会生活习俗风情。全图规模宏大，结构严密，构图起伏有序，其笔墨技巧，兼工带写，活泼简练，人物生动传神，牲畜形态，房舍、舟车、城郭、桥梁，树木、河流，无一不至臻至妙，称得上妙笔神工。

　　历数我国古代绘画，多是那种士大夫的孤芳自赏，比如画个高山流水，画个小桥人家，画个梅兰竹菊等，实难找到类似《清明上河图》这样不惜以大量的笔墨，描绘数以百计的民众世俗生活与商业经济活动，将民众置于主人翁地位，并加以正确的艺术概括，这在中国古代绘画中是不多见的，就是在现代绘画中也是罕见的。

　　宋徽宗得到此画后，赞叹不已，为这幅画命名为清明上河图。此画自此有了灵魂，在后来的岁月中，经历无尽的沧桑，它依然顽强地生存下来，让后人可以一睹北宋东京汴梁的繁华。

给点个赞吧

从《清明上河图》中，可以看到张择端匠心独运，技艺高超之处。画面的中心是由一座虹形大桥和桥头大街的街面组成。粗粗一看，人头攒动，杂乱无章；细细一瞧，这些人是不同行业的人，从事着各种活动。

大桥西侧有一些摊贩和许多游客。货摊上摆有刀、剪、杂货。有卖茶水的，有看相算命的。许多游客凭着桥侧的栏杆，或指指点点，或在观看河中往来的船只。大桥中间的人行道上，是熙熙攘攘的人流，有坐轿的，有骑马的，有挑担的，有赶毛驴运货的，有推独轮车的……

大桥南面和大街相连，街道两边是茶楼、酒馆、当铺、作坊，街道两旁的空地上还有不少张着大伞的小商贩。街道向东西两边延伸，一直延伸到城外较宁静的郊区，可是林荫路上还是行人不断：有挑担赶路的，有驾牛车送货的，有赶着毛驴拉货车的，有驻足观赏汴河景色的。

汴河上来往船只很多，可谓千帆竞发，百舸争流。有的停泊在码头附近，有的正在河中行驶。有的大船由于负载过重，船主雇了很多纤夫在拉船行进。有只载货的大船已驶进大桥下面，很快就要穿过桥洞了。这时，这只大船上的船夫显得十分忙乱，有的站在船篷顶上，落下风帆；有的在船舷上使劲撑篙；有的用长篙顶住桥洞的洞顶，使船顺水势安全通过。这

《清明上河图》局部

《清明上河图》中大船过虹桥的画面

一紧张场面，引起了桥上游客和邻近船夫的关注，他们站在一旁呐喊助威。《清明上河图》将汴河上繁忙、紧张的运输场面，描绘得栩栩如生，更增添了画作的生活气息。

张择端具有高度的艺术概括力，使《清明上河图》达到了极高的艺术水准。《清明上河图》丰富的内容，众多的人物，宏大的规模，都是空前的。《清明上河图》的画面疏密相间，有条不紊，从宁静的郊区一直画到热闹的城内街市，处处引人入胜。

北宋以前，我国的人物画主要是以宗教和贵族生活为题材。张择端虽然是在翰林图画院供职，创作的作品都称为"院体画"或"院画"，但他此次却把自己的画笔伸向社会各阶层人民的生活之中，创作出描写城乡生活的社会风俗画。《清明上河图》画了大量各式各样的人物。而且，张择端对每个人物的动作和神情，都刻画得非常逼真生动。这充分说明，张择端生活的积累非常丰厚，创作的技巧非常娴熟。

纸上电影

《清明上河图》以精致的工笔将繁杂的景物纳入统一而富于变化的画面中，画中人物587个（也有一说是815人），衣着不同，神情各异，其间穿插各种活动，注重戏剧性，构图疏密有致，注重节奏感和韵律的变化，笔墨章法都很巧妙。按照故事情节来看，全图又可以分为三个段落，就像是一场纸上电影，把汴河两岸的繁华景象和自然风光生动地展现出来。

首段，汴京郊野的春光：在疏林薄雾中，掩映着几家茅舍、草桥、流水、老树、扁舟。两个脚夫赶着五匹驮炭的毛驴，向城市走来。一片柳林，枝头刚刚泛出嫩绿，使人感到虽是春寒料峭，却已大地回春。路上一顶轿子，内坐一位妇人。轿顶装饰着杨柳杂花，轿后跟随着骑马的、挑担的，从京郊踏青扫墓归来。环境和人物的描写，点出了清明时节的特定时间和风俗，为全画展开了序幕。

中段，繁忙的汴河码头：汴河是北宋漕运枢纽，商业交通要道，从画面上可以看到人烟稠密、粮船云集。人们有在茶馆休息的，有在看相算命的，有在饭铺进餐的。还有"王家纸马店"，是卖扫墓祭品的。河里船只往来，首尾相接，或纤夫牵拉，或船夫摇橹，有的满载货物，逆流而上，有的靠岸停泊，正紧张地卸货。横跨汴河上的是一座规模宏大的木质拱桥，它结构精巧，形式优美。宛如飞虹，故名"虹桥"。有一艘大船正过桥。邻船的人也在指指点点像在大声吆喝着什么。船里船外都在为此船过桥而忙碌着。桥上的人，也伸头探脑地在为过船的紧张情景捏了一把汗。这里是闻名遐迩的虹桥码头区，车水马龙，熙熙攘攘，作为一个水陆交通的汇合点，名副其实。

后段，热闹的市区街道：以高大的城楼为中心，两边的屋宇鳞次栉比，有茶坊、酒肆、脚店、肉铺、庙宇、公廨等。商店中有绫罗绸缎、珠宝香料、香火纸马等的专门经营，此外尚有医药门诊、大车修理、看相算命、修面整容，各行各业，应有尽有。大的商店门首还扎"彩楼欢门"，悬挂市招旗帜，招揽生意，街市行人，摩肩接踵，川流不息。

《清明上河图》虹桥画面

书画自来清高态

《清明上河图》中热闹的街道

有做生意的商贾，有看街景的士绅，有骑马的官吏，有叫卖的小贩，有乘坐轿子的大家眷属，有身负背篓的行脚僧人，有问路的外乡游客，有听说书的街巷小儿，有酒楼中狂饮的豪门子弟，有城边行乞的残疾老人。男女老幼，士农工商，三教九流，无所不备。交通运载工具：有轿子、骆驼、牛马车、人力车，有太平车、平头车，形形色色，样样俱全。

总计在5米多长的画卷里，张择端共绘了587个人物，牛、马、骡、驴等牲畜五六十匹，车、轿20多辆，大小船只20多艘。房屋、桥梁、城楼等也各有特色，体现了宋代建筑的特征。因为画中所绘为当时社会实录，为后世了解研究宋朝城市社会生活提供了重要的历史资料。他描绘了汴梁在清明节的繁华景象，从宁静的城郊到城内街市的繁华，房屋树木繁多不说，光是市民人物就有五百多个，有农夫、船夫、商人、小手工业者、官吏、士子、道人、行脚僧人、江湖郎中、命相师等，三百六十行，行行俱全。

张择端绘制的不朽杰作《清明上河图》，是我国绘画史上的无价之宝。它是一幅用现实主义手法创作的长卷风俗画，通过对世俗生活的细致描绘，生动地再现了北宋汴京盛世时期的繁荣景象。一级文物《清明上河图》是中国绘画史上最著名的作品之一，不但艺术水平高超，而且围绕着它还流传下来许多悲欢离合的故事。

几多欢喜几多愁

张择端完成这幅歌颂太平盛世的历史长卷后，首先将它呈献给了宋徽宗，宋徽宗因此成为此画的第一位收藏者。作为中国历史上书画大家的宋徽宗酷爱此画，不但用他著名的"瘦金体"书法亲笔在图上题写了"清明上河图"五个字，还钤上了双龙小印。只不过他的题记和双龙小印几百年后都不见了。据说原因有两种，一种可能是因为此图流传年代太久，经无数人之手把玩欣赏，开头部分便坏掉了，于是后人装裱时便将其裁掉；另一种可能是因宋徽宗题记及双龙小印值钱，后人将其故意裁去，作为一幅画卖掉了。

价值 1.4 亿元的宋徽宗瘦金《千字文》

书画自来清高态

此外，还有许多专家猜想《清明上河图》后半部可能遗失了一大部分，因为画不应该在刚进入开封城便戛然而止，而应画到金明池为止。可惜这些都是猜测，没有确凿的证据。

这幅享誉古今中外的传世杰作，在问世以后的 800 多年里，曾被无数收藏家和鉴赏家把玩欣赏，是后世帝王权贵巧取豪夺的目标。它曾辗转飘零，几经战火，历尽劫难，曾经五次进入宫廷，四次被盗出宫，历经劫难，演绎出许多传奇故事。

明嘉靖三年（1524 年），《清明上河图》转到长洲人陆完的手里（陆完字全卿，成化年间中进士，官至太子少保、兵部尚书，名重一时）。明代李日华《味水轩日记》载：陆完死后，他的夫人将《清明上河图》缝入枕中，不离身半步，视如身家性命，连亲生儿子也不得一见。

陆夫人有一娘家外甥王某，言辞乖巧，非常会讨夫人欢心。王某擅长绘画，更喜欢名人书画，便挖空心思向夫人央求借看《清明上河图》。反复恳请后，夫人勉强同意，但只许他在夫人阁楼上欣赏，而且不许传给别人知道。王某欣然从命，往来两三个月，看了十余次以后，他竟临摹出一幅有几分像的画来。

严嵩画像

不想王某喜欢炫耀，逢人便卖弄自己"藏有《清明上河图》"。当时专横跋扈的大奸臣严嵩正四处搜寻《清明上河图》，都御史王忬得知后，便花万两纹银从王某手中购得赝品，献给严嵩。严嵩府上有一装裱匠汤臣，认出画是假货，便以此要挟王忬，令其出40两银子贿赂自己，但王忬对其不予理会。汤臣恼羞成怒，在严嵩设宴欢庆时，将图上旧色用水冲掉，严嵩在众人面前大为窘迫，随后便寻机将王忬害死，临摹此画的王某也因此受到牵连，被抓去饿死狱中。

后来，陆完的儿子急等钱用，便逼迫母亲将《清明上河图》卖至昆山顾鼎臣家，严嵩得知消息后，派人登门强行索去。隆庆时，严嵩父子被御史邹应龙弹劾，终于官场失势，严府被抄，《清明上河图》再度收入皇宫。

明末时期，战乱频仍，《清明上河图》再次流出皇宫，进入民间收藏者手里。到清朝后先由陆费墀（安徽相乡人）收藏。陆费墀是乾隆时进士，他得图后也在上面钤印题跋。后被毕沅购得。毕沅（1730—1797），镇洋（今江苏太仓）人，乾隆二十五年（1760年）中进士。毕沅生平喜爱金石书画，家中收藏颇为丰富。他得《清明上河图》以后，与其弟毕泷（清代收藏鉴赏家）同赏，现今画上还有二人印记。

毕沅在关中任职时，对地方上的文物尽心修缮保护，不料这些却成了他的"罪行"。毕沅死后不久，湖广人民反清，清廷认为毕沅任湖广总督期间，"失察贻误，滥用军费"，不但将毕家世职夺去，而且将其全家百口全部杀掉，家产也被抄没入宫，《清明上河图》便在家产之列。

清廷将《清明上河图》收入皇宫以后，便将它收在了紫禁城的迎春阁内。嘉庆帝对其珍爱有加，命人将它收录在《石渠宝笈三编》一书内。此后，《清明上河图》一直在清宫珍藏，虽然经历了1860年英法联军以及 1900 年八国联军两度入侵北京，洗劫宫室，但它都幸运地躲过了劫难，丝毫未损。

高仿的也要

1912 年 2 月 12 日这一天，中国封建历史上最后一位皇帝爱新觉罗·溥仪走下了皇帝宝座，宣告了中国封建王朝 2000 多年的统治秩序，顷刻间土崩瓦解。根据《清室优待条例》，溥仪仍然住在皇宫紫禁城内。

溥仪同中国任何一位封建皇帝都不同，他少年时期接受了英国老师庄士敦的教育，从小受到西方文化思想的影响，因此他一直有出国留洋的梦想；同时又为了他的那个大计，必须有充足的经费实现自己的两个愿望，他想到了变卖皇宫中收藏的大量珍宝、字画。由此，《清明上河图》又开始了它神秘而漫长的民间旅程。

离开了皇帝宝座的溥仪利用自己的特权，从 1922 年 11 月 16 日开始，到 1923 年 1 月 28 日的 73 天时间里，以"赏赐"其弟爱新觉罗·溥杰的

《清明上河图》中船停靠在岸边的画面

名义，将书画手卷 1285 件，册页 68 件移出皇宫。这些中国历代珍贵的书画精品，每一件都价值连城。其中，《清明上河图》就有四卷之多，包括北宋画家张择端所画的《清明上河图》，明代画家仇英仿画的《清明上河图》，以及明代其他画家以苏州为背景仿画的"苏州版"《清明上河图》等。为什么溥仪要盗走四卷《清明上河图》呢？原来皇宫里收藏了四幅《清明上河图》，既有真迹，也有高仿。溥仪一下子将四卷都带出，最好的解释就是溥仪当时没能确认哪一卷是真迹。

1925 年 2 月 24 日，农历二月初二，俗称"龙抬头"的日子，溥仪打扮成商人的模样，在日本人的监护下，来到天津法租界的张园，他前期以"赏赐"其弟溥杰为名移出紫禁城的大量珍宝、字画，也秘密地转移至天津，《清明上河图》陪伴着溥仪在天津度过了 7 年多的时光。

1932 年 3 月 8 日，溥仪在侵华日军的操纵下，带着他的家眷和大量珍宝、字画，从天津悄悄前往长春，作为傀儡，就任伪满皇帝。《清明上河图》又陪伴着溥仪，在长春度过了长达 13 年 4 个月的岁月。长春伪皇宫的"辑熙楼"，见证了溥仪和他的家眷在长春度过的时光。"辑熙"的名字是溥仪自己起的，"辑熙"二字出自《诗经·大雅·文王》："穆穆文王，于辑熙敬止。"然而溥仪认为，"辑熙"的"熙"字，与康熙皇帝的"熙"字相同，溥仪非常崇拜康熙皇帝的才华和治国方略，因此，"辑熙"二字的含义不言而喻。为此，人们不难揣测出溥仪如此喜爱《清明上河图》的原因；历代王公贵族争相收藏《清明上河图》的目的，无不是被《清明上河图》中这梦幻般的繁华祥瑞之气所迷醉。

香魂一缕随风散

1945 年，日寇关东军司令山田乙三通知溥仪"迁都"通化，溥仪心中明白，所谓的"迁都"实际上是逃亡。溥仪请山田乙三宽限三天的时间打理行装。实际上，溥仪最放心不下的，是那些从北京故宫带出来的珍宝、字画。13 年来，《清明上河图》和大量的珍宝、字画，一直封存在长

《清明上河图》中一家店铺的局部放大图

春伪皇宫后面的书画楼里，只有溥仪和少数贴身随从知道书画楼里面封存的秘密。溥仪和贴身随从匆匆忙忙进入这座神秘的"小白楼"，他从大量的珍宝、字画当中精选了一些珍品逃亡，剩下的珍宝、字画被一些侍卫哄抢。其中，四个不同版本的《清明上河图》就此失散，溥仪带走了其中几个，人们不得而知……

8月11日晚，溥仪的兄妹和侄子都已被送往火车站，只剩下他和婉容、李玉琴。他们在火车里颠簸了近三天。最初想取道沈阳，后为躲避空袭，决定改行吉林至梅河口线路。由于仓皇出逃，没有备足干粮，他们一路上只吃了两餐，饥肠辘辘。

8月13日，他们住进通化县长白山脚下的小山村——大栗子沟煤矿的一个日本矿长家中，那里与朝鲜隔江相望。溥仪在大栗子沟仅仅住了三天，之后又匆匆忙忙赶往沈阳，准备从沈阳逃往日本。逃离前溥仪又把从长春伪皇宫带来的珍宝字画中再一次进行甄选，只选了少量的珍宝字画，带着弟弟溥杰和两个妹夫、三个侄子、一个医生、一个随侍逃往沈阳。他将包括婉容在内的大部分家眷以及珍宝字画都留在了大栗子沟。

据当年跟随在婉容身边的一个宫女回忆：溥仪仓皇离开大栗子沟时，留下了一大袋子的国宝，其中就有一幅《清明上河图》。婉容虽然与溥仪夫妻多年，但是一直无缘观赏此画。溥仪逃走的当晚，婉容拉着几个宫女夜赏名画。她们打开袋子，找到了《清明上河图》，在袅袅依依的烛光下，婉容足足观看了两个多小时。她边看边抒发着内心对此画的喜爱，谈论着汴河两岸的风土人情。这种欢快的神情，婉容已经很多年没有过了。直到她耗尽了力气才兴尽。宫女将此画放进袋子里，关上门离开了。那一夜，婉容睡得很踏实。这些被遗弃在大栗子沟的珍宝、字画，有的被瓜分，有的被烧毁，有的从此下落不明。

婉容随后被当地游击队俘虏，先后运至通化、长春、永吉、敦化、延吉，后被收容，于1946年6月10日前后（见嵯峨浩回忆录）或8月下旬（当时报纸记载）死于吉林省延吉的监狱里。葬地不明，有说是"用旧炕席卷着扔在北山上"，也有说是"葬于延吉市南山"，尸骨亦无处寻找。

孤苦伶仃的婉容终于香魂一缕随风散，化作一抔黄土，结束了她曾令人羡、令人怨、令人怜、令人叹的一生。可是婉容至死都不知道，她秉烛夜观的《清明上河图》只是一个高仿版，并不是张择端的真迹。真正的《清明上河图》已经被溥仪带到沈阳去了。

也许是一个圈套

1945年8月19日上午11时，溥仪风尘仆仆抵达沈阳机场，他将在那里换乘前往日本的大飞机。尽管日本已宣布投降，但日本关东军仍负隅顽抗。为迅速取胜，苏军指挥部决定大规模使用空中力量。

就在当天凌晨，苏联外贝加尔方面军司令马利诺夫斯基元帅向普里图拉将军下达动用空军的决定："攻下沈阳城内一切重要设施，逼日军司令部宣布无条件彻底投降，并找到溥仪。"

一小时后，普里图拉与副官赶到机场。那里已有225名空降兵待命，攻下沈阳的重要任务落在这些将士身上。按计划，他们将在日军控制的沈阳机场降落。

数十架苏军飞机朝着沈阳城飞去。当时的形势要求空降部队采取最果敢的措施。执行此次任务的苏军飞行员个个经验丰富，飞机上的炸弹舱也装得满满的。他们将向沈阳的军事重地发动毁灭性打击，逼迫日军投降。

然而苏军飞机没有遭遇任何抵抗就抵达了沈阳上空。从驾驶舱里往下看，日本炮兵乱作一团，一直没有开炮。也许是因为苏军动作太神速，日军来不及反应，或是害怕苏军扔下炸弹未敢开炮。

苏军神兵天降，迅速解除了机场守卫日军的武装，并包围了机场。当苏军士兵赶到摆放着软椅和沙发的候机厅时，那里坐着 20 多个人。桌上有果汁、威士忌和啤酒，但谁都无心畅饮。他们吓得瑟瑟发抖，赶紧站起来，只有溥仪一人仍然坐着。最终，他将尚未喝完的水放在桌子上，也站了起来。普里图拉将军走进大厅中央，大声说："我以苏联政府的名义要求诸位投降，请交出武器。"

伪满的"部长"们一个接一个交出了武器。溥仪最后一个走到沙发前，掀开靠垫，取出一把相当精致的手枪。他在手上把玩了片刻，便将它扔到武器堆里。普里图拉在回忆录中写道："溥仪当时似乎闪过自杀的念头。我并非心理学家，但我觉得自己的判断不会有误。我不知道他为何突然改变了主意。他肯定意识到一切都完了，政治、精神和身体都被摧毁了。"

溥仪神经质地扯着夹克衫的纽扣，好久才用惊惶的语调问他是否能保全性命。在得到肯定的答复后，他平静下来，开始仔细回答问题。他介绍了在场的每位成员，并说出了伪满文件的藏匿之处以及沈阳卫戍部队的人数。他简要介绍了日军司令部和伪军的最新情况，还对苏军情报部门代表的问题作了答复。

有历史学家认为，溥仪被俘并非这么简单，这是苏联与日本达成的某项秘密协议。日本人以溥仪为筹码，跟苏联做了私下交易，所以才莫名其妙地让溥仪去了沈阳。在通化时，他完全可以迅速逃往朝鲜，再乘船赶往日本，而不必坐 3 个多小时的飞机到沈阳，让苏联人瓮中捉鳖。疑点之二是，溥仪的飞机与苏军飞机几乎一前一后在沈阳机场降落，而苏军部队显然知道溥仪正在沈阳。

在被捕的第二天，溥仪与随从便被送往外贝加尔方面军位于赤塔的司令部。在那里，苏军正式向溥仪出示了逮捕令。溥仪在赤塔待了半个月，然后被押往哈巴罗夫斯克。后来，溥仪又被苏联红军转至伯力。溥仪是首批被押往苏联的伪满战犯。当时的日军战俘共计639635人。根据当时负责情报工作的苏共中央委员贝利亚的指令，所有日军战俘都在远东和西伯利亚充当劳工，建设著名的从贝加尔到阿穆尔的贝阿铁路，砍伐木材，采掘煤矿……

但溥仪与他的随从相当幸运。贝利亚在1945年8月22日呈给斯大林的报告中这样描述溥仪的服刑："他们被关押在条件良好的囚室中，墙外有专门挑选的士兵把守，内部由战俘事务管理局的工作人员看守。"每间囚室里都有窃听装置。情报人员在一个专门的房间内，翻译窃听到的谈话内容并记录。溥仪在那里度过了5年的铁窗生涯。后来，溥仪被移交给人民政府，离开了苏联。

溥仪虽然回来了，但是，四个不同版本的《清明上河图》却依旧下落不明。溥仪对此也没有准确的解释。

真迹浮出水面

1950年冬天，东北局文化部门开始着手整理解放战争后留下的文化遗产，书画鉴定专家杨仁恺先生负责对从各方收缴来的大量字画进行整理鉴定，有些书画作品保持完好，有些书画作品已经破损。在收集和整理的过程中，先后发现三幅《清明上河图》，每一次发现都让在场的人激动万分，但是经考证，这三幅均不是《清明上河图》真迹。

有一天，当杨仁恺先生打开一个破旧的箱子时，从里面发现一卷残破的画卷，他仔细观看后，当即判断此画就是《清明上河图》真迹。这幅长卷画面呈古色古香的淡褐色，画中描绘人物、街景的方法，体现着独特古老的绘画方式，杨仁恺先生随后对这幅画卷进行了认真的研究和细致的考证，这幅长卷气势恢宏，笔法细腻，人物、景物栩栩如生，这幅画上虽然没有作者的签名和画的题目，然而历代名人的题跋丰富、翔实，历代的收藏印章纷繁复杂，仅末代皇帝溥仪的印章就有三枚之多。尤其是画卷之后金代张著的题跋中明确地记载："翰林张择端，字正道，东武人也，幼读书，游学于京师，后习绘事，本工其'界画'，尤嗜于舟车市桥郭径，别成家数也，按向氏《评论图画记》云，《西湖争标图》《清明上河图》，选入神品，藏者宜宝之。大定丙午清明后一日。"

难道这就是被历代皇家、贵族争相收藏的稀世神品——北宋张择端的《清明上河图》吗？杨仁恺先生无法证明自己的判断是否正确，就将这幅画卷的照片，发表于东北博物馆编印的《国宝沉浮录》中，立即引起了国内外专家学者高度关注，时任国家文物局局长的郑振铎先生将这幅画卷调往北京，经专家学者进一步考证、鉴定，确认这幅绘画长卷就是千百年来闻名遐迩的《清明上河图》。遗失多年的稀世国宝终于再一次入藏北京故宫博物院。

国宝《清明上河图》历经兵火，劫难，能够完整地保存下来，真是万幸。它在沈阳机场是怎么失踪的？是谁拿走了它？又是怎样在解放战争中被缴获？关于它的未解之谜还有很多，希望专家学者能够给我们更多的答案。

第十九章　火中余生
——《富春山居图》传世之谜

黄公望与富春江有着不解之缘。他遍游名山大川，却独钟情于富春山水，晚年结庐定居富春江畔的筲箕泉（今富阳东郊黄公望森林公园内），在这里度过了他人生最辉煌的时期，留下了一大批杰作。从此，黄公望的名字与美丽的富春江紧密地联结在一起，富春江是造就他成为一代大师的摇篮，而他也为美丽的富春江增添了夺目的光彩……

一幅画画了十年

黄公望是元代著名的全真派道士、画家。本姓陆，名坚，幼年父母双亡，族人将其过继给永嘉州（今浙江温州）平阳县（今苍南）黄氏为子，因改姓黄，名公望，字子久。

中年时，黄公望被诬入狱，出狱后参加了主张儒、释、道三教合一的全真派，更加看破红尘。曾住持万寿宫，提点开元宫。后往来松江、杭州等地，卖卜为生。由于长期

黄公望

浪迹山川，开始对江河山川发生了兴趣。为了领略山川的情韵，他居常熟虞山时，经常观察虞山的朝暮变幻的奇丽景色，得之于心，运之于笔。他的一些山水画素材，就来自这些山林胜处。他居松江时，观察山水更是到

《富春山居图》

了如痴如醉的地步，有时终日在山中静坐，废寝忘食。

黄公望遍游名山大川，尤为钟情于浙江富春江沿岸一带美丽山水风光，晚年结庐定居富春江畔的庙水坞（浙江富阳境内），在这里迎来他人生的艺术巅峰。

有一次，黄公望偕好友无用禅师同行，从松江归富春山。途中，无用禅师希望他以富春江沿岸风光为自己画一幅长卷，黄公望欣然应允，便在他居所山居南楼开始创作长卷《富春山居图》。此时，他已是70多岁的高龄。为了画好这幅画，他终日奔波流连于富春江两岸，观察烟云变幻。落笔之间，笔墨清润，意境高远，布局疏密有致。他身带纸笔，遇到好景，随时写生，富春江边的许多山村都留下他的足迹。深入的观察，真切的体验，丰富的素材，使《富春山居图》的创作有了扎实的生活基础，加上他晚年那炉火纯青的笔墨技法，因此落笔从容。千丘万壑，越出越奇；重峦叠嶂，越深越妙。既形象地再现了富春山水的秀丽外貌，又把其本质美的特征挥洒得淋漓尽致。四年之后，黄公望才在画作上题款，并继续增补完善，整幅画作直到他谢世前不久才告完成，前后倾注了大约十年的心血。

《富春山居图》纵33厘米，横636.9厘米，呈现的是富春江一带秋初景色：丘陵起伏，峰回路转，江流沃土，沙町平畴。云烟掩映村舍，水波出没渔舟。近树苍苍，疏密有致，溪山深远，飞泉倒挂。亭台小桥，各得其所，人物飞禽，生动适度。正是"景随人迁，人随景移"，达到步步可观的艺术效果。

《富春山居图》的布局由平面向纵深展宽，空间显得极其自然，使人感到真实和亲切，笔墨技法包容前贤各家之长，又有创造，并以淡淡的赭色作赋彩，这就是黄公望首创的"浅绛法"。整幅画简洁明快，虚实相生，具有"清水出芙蓉，天然去雕饰"之妙，集中显示出黄公望的艺术特色和心灵境界，被后世誉为"画中之兰亭"。时至今日，当人们从杭州逆钱塘江而入富阳，满目青山秀水，景色如画，就会自然地联想到《富春山居图》与两岸景致在形质气度上的神合，从心底里赞叹作者认识生活、把握对象的精准，以及提炼、概括为艺术形象的巨大本领。

黄公望以北宋大画家董源的画法为基础，吸取其他名家的长处，融合在师法造化中获取的营养，逐渐创造了自己的艺术面貌。他的山水画大致有两种风格：一作浅绛色，山头多岩石，笔势雄伟；一作水墨，皴纹较少，笔意简远逸迈，充分体现出"寄兴于画"的思想和"浑厚华滋"的笔墨效果。

黄公望与同时代的王蒙、倪瓒、吴镇交往密切，诗画互赠，切磋探讨，常以合作山水画为乐。他们不但都创造了自己的独特绘画风格，并致力于意境章法及诗文与绘画的有机结合，共同把中国文人画推进到一个崭新的天地，因此获得"元季四大家"的殊荣。而黄公望尤以卓越的成就兀立顶峰，对后世画坛产生巨大影响，被推为"元四家之首"。

黄公望对这幅作品十分满意，几欲留下，但还是信守诺言，于1350年将《富春山居图》题款送给无用禅师。无用禅师得画后惊叹不已，由爱生忧，多次长叹，"虑有巧取豪夺者"。不出他所料，历代书画家、收藏家乃至权贵都以亲睹《富春山居图》真迹为荣，这幅珍宝从此开始在人世600多年的坎坷命运。

败家子

无用禅师每次观看《富春山居图》，都沉迷其间，直到日影西斜，才将画卷收起。有几次，他呆坐在《富春山居图》前，忧及此画命运多舛。黄公望一笑，身后事自有身后人去料理，一切缘起缘灭皆有劫数，万物自有造化。尽管两个人都极洒脱，《富春山居图》的命运还是不幸被无用禅师言中了。

明成化年间，《富春山居图》传到沈周手里。自从得到这件宝贝，沈周就爱不释手，把它挂在墙上，反复欣赏、临摹，看着看着，就看出了点问题：画上没有名人题跋。

"这么一幅绝美的画竟然没有名人题跋，真是可惜了！真是锦衣夜行啊！"

《富春山居图》局部画面

一时的虚荣心让沈周冲昏了头，他根本没有想到，像这样的珍宝藏都要藏在最隐蔽的地方，怎么能大张旗鼓地张扬呢？果不其然，当沈周把画交给一位朋友题跋时，就出了事。那位朋友的儿子见画得这么好就产生了歹念。趁夜半时分，悄悄把画偷走了。第二天，这个朋友发现画不见了，大惊失色，他儿子愣说画是被人偷了。朋友顿足捶胸，直呼对不住老友。虽然报了官，但是这个案子无处查起。

几年之后，一次偶然的机会，沈周竟然在杭州城的一个画摊上见到了《富春山居图》。他兴奋异常，连忙跑回家筹钱买画。当他筹集到钱，返回画摊时，画已经被人买走了。沈周一下跌倒在地上，放声大哭，可是后悔已经晚矣。千辛万苦弄到手的《富春山居图》竟然两次与他失之交臂，也许是没有这个缘分吧！如今只剩下留在他头脑中的记忆了，为了安慰自己，沈周愣是凭借着记忆，背摹了一幅《富春山居图》。

在画摊上被买走的真迹《富春山居图》犹如石沉大海，在相当长的时间里没有消息。后来，它再次出现的时候是被明代大书画家董其昌收藏了。董其昌称道："展之得三丈许，应接不暇。确给人咫尺千里之感。这样的山水画，无论布局、笔墨，还是以意使法的运用上，皆使观者不能不叹为观止。"董其昌还说，看这画时，竟觉得"心脾俱畅"。

明末，此画又流转于他人之手，直到清王朝建立。

火海九死一生

清顺治初年，吴氏子弟、宜兴收藏家吴洪裕得到此画。他更是珍爱之极。恽南田《瓯香馆画跋》中记：吴洪裕于"国变时"置其家藏于不顾，唯独随身带了《富春山居图》和《智永法师千字文真迹》逃难。这个老爷子爱画爱到痴狂，临终时，竟然要让《富春山居图》为他殉葬。

清顺治七年（1650年），江南宜兴吴府，卧病在床的吴洪裕到了弥留之际，气如游丝的他死死盯着枕头边的宝匣。家人明白了，老爷临死前还念念不忘那幅心爱的山水画。有人取出画，展开在他面前，吴洪裕的眼角滚落出两行浑浊的泪，半晌，才吃力地吐出一个字："烧。"

说完，慢慢闭上了眼睛。在场的人都惊呆了，老爷这是要焚画殉葬呀！家人大惊，这个老爷子昨天已经把《千字文真迹》给焚了，还祭酒以付火，到火盛，吴洪裕不忍观看，就扭头向内。

今天，老爷子又要焚《富春山居图》了。这幅在吴府里已经传承了三代人，吴家老少无不视为传家宝。但是，老爷子的命令没人敢违背，只好在众目睽睽之下，将《富春山居图》丢入炉火中。画卷压在炭火上，黑烟冒上来，但是没有立刻燃烧。

吴洪裕看着黑烟越来越浓，再有片刻光阴，这幅画就要先于自己而去了。他痛苦地闭上眼睛，只见炭炉里火苗一闪，画被点燃了！

就在画卷即将越烧越旺的危急时刻，从后生辈里猛地跳出一个人，"疾趋焚所"，右手伸入火中，抓住燃烧的画用力一甩，"起红炉而出之"，愣是把画抢了出来；他左手随即往火中投入了另外一幅画卷，用偷梁换柱的办法，救出了《富春山居图》。这个后生就是吴洪裕的侄子，名字叫吴静庵（字子文）。在场的人都瞪着双眼，屏住呼吸，没有一个人出声。吴静庵紧握着画卷跑出屋，连拍带打将火熄灭……

当吴洪裕再次睁开眼睛时，画卷已经燃起熊熊大火，他流下两行热泪，双腿一蹬，离开人世。

画虽然被救下来了，却在中间烧出几个连珠洞，断为一大一小两段，此画起首一段已烧去，所幸存者，也是火痕斑斑了。从此，稀世国宝《富春山居图》成为令人扼腕的遗憾。

1652 年，吴家子弟吴寄谷将此损卷烧焦部分细心揭下，重新接拼起来。也许天意如此，重新拼接起来的画居然正好有一山一水一丘一壑之景，几乎看不出是经剪裁后拼接而成的，真乃天佑。于是，人们就把这一部分称作《剩山图》。

而保留了原画主体内容的另外一段，在装裱时为掩盖火烧痕迹，特意将原本位于画尾的董其昌题跋切割下来放在画首，成为《富春山居图·无用师卷》。

《富春山居图·剩山图》

从此，原《富春山居图》被分割成《富春山居图·剩山图》和《富春山居图·无用师卷》长短两部分，分别续存于世。

乾隆"到此一游"

由于黄公望的《富春山居图》太出名了，自它面世那天起，许多画家都争相临摹，除了沈周的那幅《富春山居图》外，有籍可查的临摹本还有十余幅。这些都成为《富春山居图》流传在世的真假画卷。可是，自从《富春山居图》真迹被焚，变成两份后，这些临摹的一整幅画卷自然就很容易辨别出是假的了。这难不住清代的画家，既然真迹一分为二了，那么临摹的画也就跟上来了。

重新装裱后的《富春山居图·无用师卷》虽然不是原画全貌，但画中清润的笔墨、简远的意境得以保留。这个传世巨作重新装裱后，先是被丹阳张范我收藏，后又转手泰兴季国是收藏，后历经高士奇、王鸿绪诸人之手。辗转经过多人收藏，最终被安岐买到。

1745年，一幅《富春山居图·无用师卷》被征入宫，乾隆皇帝见到后爱不释手，把它珍藏在身边，不时取出来欣赏，并且在长卷的留白处赋诗题词，加盖玉玺。乾隆这个人附庸风雅，最后几乎将这幅画空白处全部题满，大大破坏了画面的美感。

没想到的是，第二年，也就是 1746 年，乾隆又得到了安岐所藏的另外一幅《富春山居图·无用师卷》。两幅《富春山居图·无用师卷》，哪一幅是真，哪一幅是假？或者两幅都是假的！两幅画实在是太像了，真假难分。

　　其实，此前乾隆得到的那一卷《富春山居图·无用师卷》，是最著名的假《富春山居图·无用师卷》，后世称之为"子明卷"。子明卷是明末文人临摹的《富春山居图·无用师卷》，后人为牟利，将原作者题款去掉，伪造了黄公望题款，并且还伪造了邹之麟等人的题跋，这一切都把乾隆帝蒙骗了。事实上子明卷仿制的漏洞并不难发现。元代书画上作者题款都是在绘画内容之后，而子明卷却将作者题款放在了画面上方的空白处，这明显不符合元代书画的特点。但乾隆帝的书画鉴赏水平显然并不足以看出这些漏洞。这卷后人仿造的《富春山居图·无用师卷》（子明卷）不但被他视为珍宝时时带在身边，还对此画大加叹赏，屡屡题赞，完全一副"寡人到此一游"的样子。而真迹无用师卷的出现，也没让他推翻自己的错误判断。

　　当真正的《富春山居图·无用师卷》来到了乾隆面前时，他一边坚定地宣布这个无用师卷是赝品，一边又以不菲的价格将这幅所谓的赝品买下来。理由是，这幅画虽不是真迹，但画得还不错。为此他还特意请大臣来，在两卷《富春山居图》上题跋留念。来观画的大臣无一例外地歌颂了皇帝热爱艺术、不拘泥真伪的广阔胸怀，可谁也不敢点破：这幅画它本来

《富春山居图·无用师卷》

就是真迹。在梁诗正、沈德潜等大臣的附和下后者被认定是"赝品",编入《石渠宝笈》次等类别里,乾隆还命梁诗正书贬语于此本上。不过也有一说是:真画进了宫,乾隆觉得特别没面子,他在真画上题字示伪,故意颠倒是非。

不管乾隆帝的鉴定结论何等荒谬,安岐所藏的《富春山居图·无用师卷》真迹确实从此进入宫廷。就在这座乾清宫里,它被静静地存放了近200年。

而被吴家子弟吴寄谷重新装裱后的《富春山居图·剩山图》,在康熙八年(1669年)被王廷宾收藏,后来辗转于诸收藏家之手,长期湮没民间,杳无音讯。

你在那头我在这头

1931年,九一八事变爆发,平津受威胁。故宫博物院决定选择院藏文物精品南迁上海。1933年1月,日军进入山海关,进攻热河和长城各口。故宫博物院理事会正式决定,1月31日起,将文物分批运往上海。从1933年2月至5月,故宫内重要文物分五批先运抵上海,后又运至南京。

文物停放上海期间,鉴定大师徐邦达在库房里看到了这两幅真假《富春山居图·无用师卷》,他经过仔细考证,最终确定了两张《富春山居图》的真伪。他发现乾隆御笔题说是假的那张实际是真的,而乾隆题了很多字说是真的那张却是假的,彻底推翻了先人的定论,还了真迹《富春山居图·无用师卷》一个"公道"。

随后,两幅画卷随其他文物一起西迁。1937年,卢沟桥事变爆发,抗日战争全面展开。南迁文物又沿三路辗转迁徙至四川,分别存于巴县、峨眉和乐山。直到抗日战争胜利后,三处文物再度集中于重庆,于1947年运回南京。1948年底,国民党当局令故宫博物院挑选贵重文物以军舰转运台湾。这些文物分别于1948年12月22日、1949年1月6日和1月

《富春山居图·剩山图》局部

29 日，分三批由南京运往台湾 2972 箱，占南迁文物箱件数的 22%，且多是精品，其中就有真伪两卷《富春山居图·无用师卷》。而今，这真伪两卷《富春山居图·无用师卷》都存放在台北故宫博物院，共同见证着中国书画收藏史上的一段奇谈。

事有凑巧，就在《富春山居图·无用师卷》颠沛流离之际，《富春山居图·剩山图》也浮出水面。1938 年秋，画家吴湖帆卧病于上海家中，汲古阁老板曹友卿来探望他，并把刚刚购得的一张破旧之画请他鉴赏。吴湖帆眼前一亮，认出此画就是《富春山居图·剩山图》真迹。于是，吴湖帆就用古铜器商彝换得《富春山居图·剩山图》残卷，居然病也好了许多，从此将画珍藏起来，并把自己的居所称为"大痴富春山图一角人家"。

解放后，在浙江博物馆供职的沙孟海得此消息，专程去上海与吴湖帆商洽转让，而吴湖帆执意不肯。沙先生并不灰心，不断往来沪杭之间，晓以大义，反复劝说，又请出钱镜塘、谢稚柳等名家从中周旋。精诚所至，金石为开。吴湖帆被沙老的至诚之心感动，终于同意割爱。

1956 年，《富春山居图·剩山图》终于来到浙江博物馆，成为该馆的"镇馆之宝"。

自此，无用师卷和剩山图分居台北、杭州，隔海相望，成为难以言表的痛。海内外中华儿女无不翘首企盼着祖国的统一，盼望宝图早日珠联璧合。

2011 年 6 月 1 日，在海峡两岸有识之士的共同努力下，被称为"画中兰亭"的《富春山居图》在历经 361 年的"离别"之后，剩山图与无用师卷终于在台北迎来"合璧"展出的历史性一刻，成为两岸文化交流的盛事，同时也是近代中华传统文化一件有意义的大事，是对当代人中华文化信仰和使命感的召唤，也是两岸文化血脉贯通的序曲。

第二十章 剜心之痛
——《八十七神仙卷》传世之谜

《八十七神仙卷》，这是目前已知的唯一出自画圣吴道子的白描人物手卷，也是历代字画中最为经典的道教画。画上的 87 个神仙从天而降，列队行进，姿态丰盈而优美。潘天寿曾评价此画："全以人物的衣袖飘带、衣纹皱褶、旌旗流苏等的墨线，交错回旋达成一种和谐的意趣与行走的动，使人感到各种乐器都在发出一种和谐音乐，在空中悠扬一般。"张大千观赏此卷后给予很高评价，认为与唐壁画同风，"非唐人不能为"。徐悲鸿偶然购得此画后，爱惜有加，在画上加盖了"悲鸿生命"的印章。不料有一天，这幅画竟然失窃了，这剜心之痛让徐悲鸿日夜难安……

豪爽的买家

徐悲鸿，中国著名国画家、油画家，画"马"名家，是中国现代写实主义艺术奠基人，其独特个性的绘画风格自成一派。他一生热爱中国绘画与美术教育事业，是中国现代美术事业的奠基者之一，中国国画改革先驱者，被誉为"现代中国绘画之父"。

徐悲鸿出身贫寒，自幼随父亲徐达章学习诗文书画。1912 年，年仅17 岁的徐悲鸿便在宜兴女子初级师范学校任图画教员。1916 年，他考入上海复旦大学法文系，并自学素描。1917 年，徐悲鸿留学日本学习美术，回国后任北京大学画法研究会导师，并兼职于孔德学院。1919 年，徐悲鸿又赴法国留学，考入巴黎国立美术学校学习油画、素描，并游历西欧诸国，观摩研究西方美术。1927 年，徐悲鸿回国，先后任上海南国艺术学院美术系主任、国立中央大学（1949 年更名为南京大学）艺术系教授、北京大学艺术学院院长。1933 年起，他先后在法国、比利时、意大利、英国、德国、苏联举办中国美术展览和个人画展。抗日战争爆发后，徐悲鸿又在新加坡、印度举办义卖画展，宣传支援抗日。

徐悲鸿作画强调国画改革融入西画技法，作画主张光线、造型，讲求对象的解剖结构、骨骼的准确把握，并强调作品的思想内涵，对当时中国画坛影响甚大。所作国画彩墨浑成，尤以奔马享名于世。徐悲鸿自身也颇具骏马的直爽与洒脱，这从他购藏古书画时所表露出来的性情中，可以窥见一二。

据说，居住北平期间的徐悲鸿，经常前往琉璃厂古玩市场购藏古书画，每次遇见比较心仪的古书画时，他便毫不掩饰自己的激动心情，总是旁若无人地高声喊道："这张画好，我要了，我要了！"于是，店主要价多少，他二话不说就如数支付。时间一长，琉璃厂的古玩商们就摸准了徐悲鸿的这一脾性，每逢他来购藏古书画时便有意增添价码，而徐悲鸿对此却从不以为意，只要看中，他从不考虑价格，一定要购买到手，这与其一贯简朴的生活作风迥然不同。也许正是因为这种直爽的真性情，使徐悲鸿在中国灿若星河的传世古书画中，竟能与寥若晨星的唐画巨迹《八十七神仙卷》幸运相遇，并就此演绎了一段极具传奇色彩的生死情缘。

钱不是问题

1937 年 5 月，徐悲鸿应香港大学的邀请赴香港举办画展。这是徐悲鸿宣传、支援抗日的一个重要途径，他的画义卖所得悉数捐赠抗日大业。

这一天，著名作家许地山及其夫人登门拜访，言谈间提到一位德籍夫人。许地山提到这个德籍夫人收藏了很多中国字画，据说有四大箱，正在四处寻找买家。

许地山说："先生如果有时间，不妨和我步行同去，一来看看香港的风土人情，二来如果有宝物，也不至于让宝物流入外国人之手。"徐悲鸿当即就要前往，他知道兵荒马乱的年月，文物自然不被人稀罕，何况这个德籍夫人手里的字画又是四大箱，说不定就会有什么好东西。许地山忙说不着急，待他打通电话，商定了见面时间之后再去不迟。

第二天，许地山和徐悲鸿应邀前往。这是一个清静的小院，有一座三层小洋楼，徐悲鸿的到来，自然使德籍夫人十分欣喜。她先是表达了对徐悲鸿先生的崇敬之情，然后亲自研磨了两杯咖啡端过来。虽然她知道徐悲鸿不可能将多达四箱的中国古书画全部收购囊中，但是她依然希望徐悲鸿能够从中挑选出一些收藏。面对徐悲鸿这位因画展而轰动整个香港的买主，德籍夫人表现得十分热情，她将四箱古书画逐一摆放在徐悲鸿的面前，供这位内行买家任意选购。

徐悲鸿很快翻看完第一箱，都是些俗人之作，没有什么艺术价值，更别提收藏价值了。徐悲鸿又耐心看了第二箱，勉勉强强从中选出了两件还能凑合着看的字画。这使德籍夫人颇感意外，随即将疑惑的目光投向了陪同这位买主而来的许地山身上。许地山明白怎么回事，这些字画中显然没有徐悲鸿的倾心之作。

第三箱快翻到箱底的时候，徐悲鸿看到一个破旧的画轴，纸张有些泛黄。凭经验，他第一感觉就是这个画轴有年头了，这种"旧货"的质感绝对不是伪造出来的。他慢慢打开画轴，眼睛陡然一亮，一幅很长的人物画卷奇迹般地出现在他的面前，随着画卷的展开，他的手指都因兴奋而颤抖。这种画法只能属于一个人，那个伟大而神圣的名字在他心底油然而生，他不断地纠结自己的结论，可是那个名字总是跟随着画卷上的人物一次次进入他脑海。画卷到了尽头，那种神交久矣、惺惺相惜的感觉紧紧围绕着徐悲鸿，他压抑着内心的激动，慢慢卷起画卷！

"下面的画就不看了！我就要这一幅吧！"徐悲鸿笑呵呵地说道。

德籍夫人愣住了，她仍请求徐悲鸿看下去，她认为只要徐悲鸿鉴定过的字画，肯定能卖个好价。如今，还有一箱字画未看，德籍夫人很不甘心，她一再请求。

徐悲鸿却连连摇头说："兴趣尽矣！绝没有比这个更让我倾心的画了！"他当即提出用手头仅有的一万元现金买这张画。德籍夫人揣摩了一下，她从徐悲鸿急切的情绪里悟出了这张画的价值，而且开口就给一万元现金，大大超过了她的预期，可是她又有些舍不得了。徐悲鸿知道如果此时不能成交，那以后可就更难成交了。于是，他又提出愿意再加上自己的两幅作品，作为交换。德籍

徐悲鸿作品《奔马图》

夫人还是不肯割爱，许地山便从中协调，最后徐悲鸿开出赠送 7 幅大作的应允。德籍夫人略微犹豫后，便面露喜色，爽快地同意了。

以徐悲鸿当时在中外画坛的名望，他的 7 幅精品画作可谓价值不菲，而徐悲鸿购买时表现得干脆利落、毫不迟疑，这实在让人匪夷所思。徐悲鸿很想知道德籍夫人是怎样得到这幅画的，可是德籍夫人也不知情，她只是从她丈夫那里继承了这些字画。那么，徐悲鸿不惜以高昂代价交买来的这件白描人物长卷，到底是怎样一幅惊世画作呢？

八十七神仙

回到住所，徐悲鸿再一次展开画卷，那种仙风道骨、白云悠悠的感觉又迎面扑来。

这幅人物手卷，在深褐色绢面上用遒劲而富有韵律，明快又有生命力的线条描绘了 87 位列队行进的神仙。那优美的造型，生动的体态，将天王、神将那种"虬须云鬓，数尺飞动，毛根出肉，力健有余"的气派表现得淋漓尽致；那冉冉欲动的白云，飘飘欲飞的仙子，使整幅作品具有"天衣飞扬，满壁风动"的艺术感染力。

虽然这幅画卷上没有任何款识，但是徐悲鸿凭借着自己多年来鉴定古

《八十七神仙卷》局部

书画的丰富经验，一眼就认定这是一件出于唐代名家之手的艺术绝品。经过对绘画风格及笔法特点等的考究，徐悲鸿断定作品明显具有唐代画圣吴道子的"吴家样"风范，遂确定其即便不是出自吴道子本人之手笔，也必是唐代名家临摹吴道子的粉本，只是徐悲鸿不敢给自己的判断下结论。

香港画展结束之后，徐悲鸿急切地返回内地，开始对这有 87 位神仙的画卷进行深入细致考证鉴定，并在南京邀请张大千与谢稚柳等人鉴赏。

据广识博见的张大千赏评：宋代寺观壁画多有副本小样，样稿在壁画完成之后通常留存下来，以便壁画残损后可以依样修饰补绘，也就是画工师徒传授技艺的粉本。与宋代小样比较，此画卷场面之宏大、人物比例结构之精确、神情之华妙、构图之宏伟壮丽、线条之圆润劲健，均非宋代样本所能比拟。即便北宋武宗元传世的《朝元仙杖图》，虽构图与此画卷相同，但是其笔力与气势却明显逊色。由此推断，这幅画很可能是唐武宗会昌年间的作品，至少是"吴家样"的摹本。

谢稚柳更是从绘画技法上对这个画卷加以分析，认为此卷画法极具隋唐壁画的典型特征，比北宋武宗元的《朝元仙杖图》更接近唐风神韵，因此非出自吴道子之手笔莫属。对于张大千和谢稚柳的这番评价，徐悲鸿表示认可，他认为，此画之艺术价值"足可颉颃欧洲最高贵名作"，可与希腊班尔堆依神庙雕刻这一世界美术史上的一流作品相媲美。

最终，徐悲鸿将这个画卷定名为《八十七神仙卷》，并亲手将一方刻有"悲鸿生命"四字的印章，小心地印在画面上。从此，这被徐悲鸿视为生命的《八十七神仙卷》就日夜不离地跟随着他。而徐悲鸿也为自己能收藏此画卷，使其留在祖国，视为平生最快意之事。

《八十七神仙卷》代表了中国唐代白描绘画的最高水平。画卷纵 30 厘米，横292厘米。画面以道教故事为题材，纯以线条表现出87位神仙出行的宏大场景：神将开道，压队；头上有背光的帝君居中；其他男女神仙持幡旗、伞盖、贡品、乐器等，簇拥着帝君从右至左浩荡行进。队伍里，帝君、神仙形象端庄，神将威风凛凛，众多仙女轻盈秀丽。画面笔墨遒劲洒脱，根根线条都表现出了无限的生命力。众神仙脚踏祥云，御风而行，令观者顿生虔敬之心。加上亭台曲桥、流水行云等的点缀，画面优美，宛若仙境，赏画间似有仙乐在耳畔飘荡。全幅作品没有着任何颜色，却有着强烈渲染效果。

其作者吴道子被后世尊称为"画圣"，被民间画工尊为祖师。画史尊称"吴生"。

吴道子曾在长安、洛阳寺观中作壁画四百余堵，情状各不相同；落笔或自臂起，或从足先，都能不失尺度。写佛像圆光，屋宇柱梁或弯弓挺刃，不用圆规矩尺，一笔挥就。他用状如兰叶或状如莼菜的笔法来表现衣褶，有飘动之势，人称"吴带当风"。他在长安兴善寺当众表演画画，长安市民，扶老携幼，蜂拥围观，当看到吴氏"立笔挥扫，势若旋风"，一挥而就时，无不惊叹，发出喧呼。

吴道子曾作寺观壁画三百余间，画中神怪人物千奇百怪，没有一处雷同的痕迹。吴道子早年行笔较细，风格稠密，中年之后画风变得雄放，线条遒劲，富于运动感，粗细互变，虚实相生，而且点画之间时间缺落，有笔不周而意周之妙。

宋代苏东坡说："诗至杜子美（杜甫），文至韩退之（韩愈），书至颜鲁公（颜真卿），画至吴道子，而古今之变，天下之事毕矣。"亦尊吴道子为"百代画圣"。历代从事油漆彩绘与塑作专业的工匠行会均奉吴道子为祖师。由此可见，吴道子在中国绘画史上的地位。

吴道子画像

不怕死的小偷

　　徐悲鸿收得此画后，视为生命，一有空闲，就对着画卷研读、揣摩。此时，中国的大地上，日寇正横行无忌，整个世界都陷入空前可怕的法西斯战争阴影中。

　　1938年秋，徐悲鸿准备前往新加坡办画展。他决定提前出发，以便途经香港时，请中华书局对《八十七神仙卷》予以精印。路经广州时，恰逢羊城沦陷，致使他携带画作辗转了40余日才抵达香港。到港后，徐悲鸿直接奔往中华书局，将重新装裱并作了题跋的《八十七神仙卷》交由该局采用珂罗版精印。

　　1939年1月，徐悲鸿只身一人携带自己的精品及所收藏的历代书画数百件，由香港赴新加坡举办筹赈画展。画展取得极大成功，仅门票和卖画所得助市12400余元。徐悲鸿将这笔巨款全部捐献，此笔义款成为当时广西第五路军抗战阵亡遗孤的抚恤金。此后，徐悲鸿又先后在吉隆坡、怡保、槟城举办义展，共得款6万余元，也全部作为救济祖国难民之用。徐悲鸿抗日爱国的义举感染了很多人，也激励着所有中国士兵奋勇杀敌。

　　1941年12月，太平洋战争爆发，日军飞机袭击了新加坡。新加坡迅速崩溃，陷入一片混乱。徐悲鸿原定赴美展览计划不能成行，使他进退两难。而最使他困扰的是随身携带的数百件珍贵艺术品将如何处置。经过商议，林庆年、庄惠泉等人将徐悲鸿疏散到安溪会馆办的崇文学校内。林和庄都是徐悲鸿筹赈画展筹委会领导人，他们把徐悲鸿的绘画、书籍、印章、陶瓷及40余幅不易携带的油画秘密运到崇文学校，并装好放在一些皮蛋缸里，将其埋在一口枯井里，托学校教务主任妥善保管。

　　但是，徐悲鸿不忍心撇下这批积累多年的宝贝，于是，他决定留在新加坡，要与他的艺术品共存亡。

《八十七神仙卷》局部放大图

时局越来越紧张，在朋友们的多次劝说下，徐悲鸿才决定回国。他又担心归途中有闪失，决定轻装简从，只身携带《八十七神仙卷》登上开往印度的最后一班客轮，取道缅甸，历经艰辛回到祖国。

不料，就在徐悲鸿搭乘最后一班轮船离开新加坡的第二天，一队日军突然闯进崇文学院内大肆搜查，胆小怕事的教务主任在日军走后便将徐悲鸿留藏的这批艺术品销毁，以求自保。数十年心血就这样被毁，徐悲鸿为之伤痛不已。

1942 年 5 月，徐悲鸿抵达昆明，举办劳军画展。正当徐悲鸿沉浸在画展成功的兴奋之中时，一个致命的打击向他袭来。当时，日机轰炸极为频繁、疯狂，西南联大师生们一天之中要多次躲藏进防空洞。5 月 10 日，空袭警报突然响起，匆忙间他同大家一起

西南联合大学老照片

跑进了防空洞。当警报解除，徐悲鸿等人回到办公室时，忽然发现办公室的门大敞四开，装有字画的铁皮箱子都被撬开了，自己珍藏的《八十七神仙卷》和其他 30 多幅画都不翼而飞。

此情此景使徐悲鸿面色骤然煞白，眼前一片昏黑，仿佛五脏都在剧烈地翻腾。他用双手支撑着桌子，竭力想使自己镇定下来，可是，只觉得头晕目眩……

名画失踪，事关重大，惊动了云南省府，政府派员调查，限期破案，然而名画却如黄鹤飞去，渺无踪影。徐悲鸿为此日日忧心如焚，三天三夜寝食不安，从此血压急剧上升，病倒在床上，也因此种下了高血压的病根，而多年后徐悲鸿也是因为高血压而病逝。这件他为之重金赎身的国宝，被他用生命保护下来的国宝，却在战火中丢失，怎能不心痛？

悲切之下，徐悲鸿写下一首诗：

> 想象方壶碧海沉，帝心凄切痛何深。
>
> 相如能任连城璧，愧此须眉负此身。

"朋友"的圈套

悲伤是永恒的，在失去《八十七神仙卷》的那段时光里，徐悲鸿痛苦异常，身体状况也很不好。时间慢慢过去，中华民族艰难的抗日战争仍在进行，1944年还是来到了。

仲春时节，徐悲鸿偕新婚妻子廖静文女士来到重庆休养身体，暂住在中国文艺社。

同年夏天，徐悲鸿突然接到一封来自成都的信件。这是他的女学生卢荫寰的来信，她告诉老师徐悲鸿，在跟随丈夫到新结识的一位友人家中拜访时，她竟然发现了失窃的《八十七神仙卷》。由于卢荫寰曾参照老师徐悲鸿提供的《八十七神仙卷》照片作过精心临摹，所以她言之凿凿地告诉老师：她见到的肯定是《八十七神仙卷》原本。

徐悲鸿决定立即前往成都。当一切准备好后，他又取消了这个决定。他考虑到，如果亲自去成都，风声传出，藏宝人如果怕失主追究，可能会将画毁掉或者转移以销赃灭迹。

徐悲鸿和夫人廖静文考虑再三，都觉得不宜亲自登门。此时，突然有一位姓刘的朋友登门拜访，透露自己知晓《八十七神仙卷》的事情。他主动请求代徐悲鸿去成都，先找到藏画者，见到画，确认为真品后，与之交朋友，进而再花钱把画买回来。徐悲鸿心思单纯，见刘姓朋友如此仗义，马上就同意了。

刘姓朋友走后不久，消息很快传来：画已见到，确是原画，只是需要一大笔钱购买。于是徐悲鸿不顾赎金过高，不顾自己赢弱身体，日夜作画筹款。待到筹齐20万元现金寄给刘之后，对方却告知，藏画人又提出再追加徐悲鸿10幅画作的条件。于是，徐悲鸿又紧急绘制了10幅画作，如数交给了刘姓朋友，此后，徐悲鸿一共追加了40余幅画作，《八十七神仙卷》才"完璧归赵"，回到了徐悲鸿手中。

付出这么大的代价，徐悲鸿一点也不觉得辛苦。他兴奋地用颤抖的双手小心地打开画卷，87位神仙安然无恙地出现在他们的眼前。这87位

书画自来清高态

神仙依然是那样安详、肃穆，体态优美，仿佛没有受过任何的惊扰。只是画面上盖有"悲鸿生命"的印章已被挖去，题跋也被割掉。劫后余生的国宝让徐悲鸿心酸不已，尽管如此，徐悲鸿依然激动万分，当即挥毫赋诗：

> 得见神仙一面难，况与伴侣尽情看。
>
> 人生总是荼菲味，换到金丹凡骨安。

从此这八十七位神仙又回到徐悲鸿身边，并始终陪伴着他，再也没出现任何闪失。徐悲鸿称自己得遇上天恩宠，才会有缘再收藏此卷，"不佞区区典守兹图，天与殊遇，受宠若惊，敬祷群神与世太平，与我福绥，心满意足，永无憾矣！"

后来，徐悲鸿得知，这个刘姓朋友和卖画人串通一气，自编自导了一幕欺天骗局，但是徐悲鸿不仅没有对这两个应该遭受世人唾弃的大骗子进行声讨谴责，反而心存感激地说他们毕竟没有将这幅古画彻底毁坏。慈悲之心，令人动容！

《八十七神仙卷》部分画面

为了我的祖国

新中国成立后，徐悲鸿以万分的热情投到社会主义建设中来，日夜操劳，完全忘记了自己的身体不适合这样辛劳的工作。

1953年9月，徐悲鸿积劳成疾，突发脑出血，经抢救无效而逝世。从此如何照管好徐悲鸿用生命为代价保护下来的大量国宝的重担，就落在他的夫人廖静文身上。

流着凄伤的眼泪，廖静文检视着悲鸿先生留下的大量遗作和那些举世无双的珍贵收藏，多年来她经常替丈夫把它们从柜中取出来又放进去，一次次和悲鸿一起打开展视，共同感受那无比的愉快。这些作品和藏品耗尽了徐悲鸿的心血。她不止一次地想到徐悲鸿的话："静文，我是为了我的祖国而收藏、保存这些作品的，希望你和我一起把它们保护好！"

就这样，在徐悲鸿逝世的当天，廖静文宣布将徐悲鸿留下的1000余件作品和1000余件他收藏的历代优秀字画及万余件图书资料全部献给国家，这里边也自然包括这件价值连城的国宝《八十七神仙卷》。

廖静文实现了悲鸿先生生前的意愿。国家和人民没有忘记徐悲鸿先生为中华民族作出的无私奉献，不久，徐悲鸿故居被辟为"徐悲鸿纪念馆"，廖静文被任命为首任馆长。徐悲鸿收藏的所有作品都和他的主人在世时一样，被完好地保存在纪念馆里。

如今每年的金秋十月，《八十七位神仙卷》就会静静地出现在徐悲鸿纪念馆明亮的展柜中与观众见面。它向人们展示着我国唐代光辉灿烂的文化，展示着中国唐代美术取得的最高成就，也在向人们传颂着徐悲鸿与它之间的动人故事。

位于北京市新街口的徐悲鸿纪念馆

古籍泛黄诉从前

第二十一章 正本迷踪
——《永乐大典》传世之谜

　　《永乐大典》，是编纂于明永乐年间的一部类书，是中国的百科全书式的文献集，是中华民族珍贵的文化遗产。全书 22937 卷，11095 册，约 3.7 亿字。书中保存了我国上自先秦的佚文秘典，下迄明初的各种典籍资料，收录数目达 8000 种，是中国古代最大的百科全书。然而，自嘉靖年间，《永乐大典》正本却不知所踪，成为一桩历史悬案。

一个字都不能改

　　明成祖朱棣（1360—1424）是明朝第三代皇帝，明太祖朱元璋第四子。朱棣 10 岁时受封燕王，23 岁时戍边北平（今北京），多次受命参与北方军事活动，两次率师北征，加强了他在北方军队中的影响。朱元璋晚年，太子朱标、秦王朱樉、晋王朱棡先后死去，朱棣不仅在军事实力上，而且在家族尊序上都成为诸王之首。朱元璋去世后，继位的建文帝朱允炆实行削藩，朱棣遂于建文元年（1399 年）七月发动靖难之役，四年六月攻入南京，夺取了皇位，于次年改元永乐。他统治期间社会安定、国家富强，由于成祖年号为"永乐"，后世称这一时期

明成祖朱棣画像

为"永乐盛世"。

明成祖朱棣即位之初，即永乐元年（1403 年），便命人编纂一部大书。朱棣对臣子们说，你们要根据我的意思，编纂一部自有图书以来，包括经史子集、百家之书，包罗万象的大规模的丛书，收书越多越好。为此，他命翰林院学士解缙、太子少保姚广孝为监修，进行编纂，地点在文渊阁，先后"供事编辑者三千余人"，其中国子监监生千人以上。

《永乐大典》封面图样

《永乐大典》编纂工程巨大，国子监监生们的确功不可没。明初南京的国子监北及鸡笼山南麓，西至进香河，南临珍珠桥（今浮桥），东达小营，面积覆盖了今天成贤街东西两侧和东南大学。国子监鼎盛时期，有来自国内外近万名监生吃住在这里。

《永乐大典》内页图样

国子监的监生们的福利很好，每人每天香油三分、盐三钱、酱二钱、花椒五分，每三天就有一斤肉，每月有一细桶醋，有妻子的每月还有米六斗。每逢节假日，监生们要到城南逛，就从成贤街出去，他们穿着由工部尚书秦逵设计、朱元璋亲自审批制定的蓝色衣冠"制服"，风流儒雅地从街上走过时，路人无不争相观看。这些人可都是货真价实的国之栋梁啊！

永乐四年（1406 年），明成祖来到御殿观览图书，问大学士解缙："文渊阁内经史子集全备否？"解缙回答："经史粗备，子集尚多阙。"明成祖说："士从家稍有余资，便欲购书，况于朝廷？"遂召礼部尚书郑赐遣使购访天下遗书。又指示购奇书要不惜代价："书值不可计价值，唯其所欲与之，庶奇书可得。"

1407 年，编书竣工。《永乐大典》在当时真可以说是"包括宇宙之广大，统会古今之异同"。《永乐大典》收录的内容包括：经、史、子、集、释庄、道经、戏剧、平话、工技、农艺、医卜、文学等。全书涵盖天文、地理、人伦、国统、道德、政治制度、名物、奇闻异见以及日、月、星、雨、风、云、霜、露和山海、江河等均收载。全书分门别类，辑录上自先秦、下迄明初的八千余种古书资料，凡经史子集与道释、医卜杂家之书均予收辑，并加以汇聚群分，甚为详备。它保存了明代以前大量的哲学、历史、地理、语言、文学、艺术、宗教、科学技术等方面丰富而可贵的资料。《永乐大典》是中国历史上最大的一部百科全书，它比著名的《不列颠百科全书》成书年代还早了300多年。此外，《永乐大典》中还有许多精致的插图，山川地形都以白描手法绘制图形，形态逼真，书为硬裱书面，由粗黄布包裹，典雅庄重，被中外专家学者誉为有史以来世界上罕见的珍品。

《永乐大典》不仅篇幅巨大，收集广泛，而且缮写工整，书中的文字全部用毛笔以楷书写成，每半页八行，大字占一行，小字抄成双行，每行28个字；比如，《永乐大典》其中一册书用不同的字体演绎一个"门"字，端庄的楷书、狂放的草书、秀美的隶书，尽显汉字的魅力。这册书引用古书66种，插图46幅，它记载了中国古代不同等级的门，如白虎门、玄武门等，以及门的结构、类别、式样和奇闻逸事，丰富多彩。

《永乐大典》的编排方式非常科学，有点类似于今天字典的拼音检字法，只是当时依据的是明朝的《洪武正韵》。其体例是"用韵以统字，用字以系事"，也就是说，每个韵目下有很多单字，每个单字下分列与之相关的天文、地理、人事、名物以及诗文词曲等各方面的内容。

最难能可贵的是，《永乐大典》辑录书籍时，一字不易，悉照原著整部、整篇或整段分别编入，这就更加提高了保存资料的文献价值。《永乐大典》收录了许多后世已经残缺或佚失的珍贵书籍，如《薛仁贵征辽事略》、宋本《水经注》等，其所征引的材料，都是完整地抄录原文，因而许多宝贵的文献能保存其原貌，也正是因为这样，人们称《永乐大典》为"辑佚明初以前珍本秘籍的宝库"。

《永乐大典》编修完成后，初名为《文献大成》。朱棣阅后表示满意，亲自撰写了《序言》，正式定名为《永乐大典》。

《永乐大典》成书后，被直接藏在了南京的文渊阁。此文渊阁是明太祖朱元璋在奉天门之东修建的，现大致位置在南航附近，靠近明朝太庙的地方。除了藏书，它还是皇帝看书、论讲以及编辑图书的重要场所。

明成祖朱棣时期，文渊阁的藏书相当丰富。为此，朝廷专门设立"典籍"一职来掌管文渊阁藏书。但"典籍"编制仅有两员，其官品也只是从八品。他们的职责，一是典守内府藏书，为皇帝提供平时阅览所需的图书；二是听命于翰林院官员们的调遣和差使。

明成祖朱棣迁都北京后，又遣派侍讲陈敬宗至南京，将文渊阁所储书籍各取一部包括《永乐大典》在内一起运送北京，共计一百柜，装船十余艘。

独生子不行啊

迁到北京之后，明成祖之后的几任皇帝均视《永乐大典》为珍宝，尤其是明嘉靖皇帝，他平生喜好仙术道教，一心想求得长生不老，在其案头，总放有几册《永乐大典》，以备参考之需。

嘉靖三十六年，宫中失火。保存《永乐大典》的文楼距离火场很近，嘉靖急命所有人立即登文楼抢运《永乐大典》，一夜之间竟三次下谕，焦急失态之状，足见《永乐大典》在他心中之重。幸亏嘉靖皇帝行事果断，《永乐大典》搬运及时，只是虚惊一场，没有受到损失。

"独生子"太珍贵了，必须得有个兄弟才行。火灾过后，嘉靖为防不测，特颁旨将《永乐大典》重录一套副本，一

嘉靖皇帝画像

正一副期待万无一失。副本前前后后抄写了大约四年才完毕，在这期间，嘉靖皇帝病逝了，他没能看到副本完工。《永乐大典》副本抄写完毕后，按计划正本要送归南京文渊阁，副本要藏在北京皇史宬。

可是从副本抄写完毕，正本送归文渊阁之际，《永乐大典》正本突然就音信全无了，没有了记载。有人认为它毁于明万历年间宫中大火，有人认为它毁于明末文渊阁大火，也有人认为它毁于清代乾清宫大火，更有人认为《永乐大典》正本没有丢，就在皇史宬夹墙里面。

清代著名学问家全祖望对《永乐大典》曾有所记载，有助于我们弄清《永乐大典》的下落。

其一，全祖望介绍了副本产生的原因以及副本抄写格式："嘉靖四十一年，禁中失火，世宗亟命救出，此书幸未被毁，遂诏阁臣徐阶，照式模钞一部，当时书手一百八十，每人日钞三纸。至隆庆改元始毕。"这就清楚地表明，抄写副本是为了防止火灾等意外毁损，便于长久保存。

其二，全祖望根据清世祖顺治帝曾阅读过《永乐大典》推测《永乐大典》之正本在清初仍保存在乾清宫。他介绍说："崇祯时，刘若愚著《勺中志》（应为《酌中志》），已言是书不知今贮何所。是其书在有明二百余年，赖世庙得如卿云之一见，而总未尝入著述家之目。暨我世祖章皇帝万机之余，尝以是书充览，乃知其正本尚在乾清宫中，顾莫能得见者。及圣祖仁皇帝（即康熙帝）实录成，词臣屏当皇史宬书架，则副本在焉。移贮翰林院，然终无过而问之者。"从上述引文可以看出，在清初顺治年间，

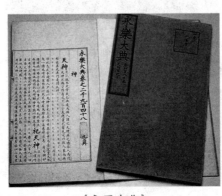

《永乐大典》

《永乐大典》的正本还贮藏在乾清宫，副本贮藏在皇史宬，乾隆初副本移到翰林院中。不仅如此，全祖望还推断，《永乐大典》的正本在乾隆初仍贮藏在乾清宫中。他指出："会逢今上（指乾隆帝）纂修《三礼》，予始语总裁桐城方公（指方苞）钞其（指《永乐大典》副本）《三礼》之

不传者，惜乎其缺失几二千册。予尝欲奏之今上，发宫中正本以补足之，而未遂也。"

全祖望是清中期著名史学家、文学家，乾隆元年中进士，被选为翰林院庶吉士，乾隆二年散馆，候选知县，但他无意仕进，后以治学显。他曾在雍正七年至九年（1729—1731年）、雍正十年至乾隆二年（1732—1737年）两度在北京求学和做官。其间，他得以浏览北京的珍贵藏书，尤其是在找到《永乐大典》副本后，他如获至宝，计划每天读二十卷，饱览其中一些世所罕见的书籍，并从中抄写了经、史、志乘、氏族、艺文等五个方面的孤本书籍。因此，他对《永乐大典》是很熟悉的。他是当时著名的历史学家，治学严谨，考辨精当，其关于宋史、明史的研究受到世人的赞誉。从他的经历和学识来看，他关于《永乐大典》的记述，应该是真实可信的。

根据全祖望的记载，我们可以得出这样的结论:《永乐大典》的正本至少在顺治时尚存在于乾清宫中，在乾隆朝也应该保存在乾清宫中。因此，关于《永乐大典》正本下落的几种看法，如正本送归南京后毁于大火、藏在皇史宬的夹层、明末毁于文渊阁大火等观点都是可以排除的。至于是否毁于清嘉庆年间的乾清宫大火，目前还不能肯定，有待于进一步证实。

数百年过去了，这部巨书正本早已荡然无存。《永乐大典》正本究竟是毁坏，还是密藏他处？这些观点各有理由，互相争鸣，莫衷一是。

钱锺书的嘱托

1999年7月3日，《文汇读书周报》刊登了中国社会科学院文学研究所栾贵明先生的大作——《〈永乐大典〉之谜》，他在文章里提出《永乐大典》正本仍然保存在明朝嘉靖皇帝永陵玄宫。这是关于《永乐大典》正本下落的最新观点。"如果《永乐大典》正本还存世，永陵就是应该找而没找的地方。"栾贵明的这个观点一出来，顿时，全世界闹翻了天，甚至连国家文物局的人都找到栾贵明。大家都很感兴趣，因为他的观点太独特了。

栾贵明曾经是钱锺书的助手。1972 年，同在中国社科院的钱锺书对栾贵明说："我给你出个题目，你去做。""多长时间？""10 年。"这个课题就是研究《永乐大典》。当时，钱锺书认为，如果《永乐大典》没搞清楚，就没办法研究中国文化。

为了研究《永乐大典》，栾贵明放弃了中国社科院秘书一职，到文献研究所整理图书。那时候，他白天上班，晚上就把从国家图书馆借来的《永乐大典》线装影印本，一字一字地抄。整整十年，抄了 25 万张卡片。1982 年，栾贵明把自己对《永乐大典》的研究成果写成了《永乐大典之谜——永乐大典索引》一书，寄给一家出版社。但这一投如泥牛入海，毫无回应，一直到 15 年后，中华书局才出版了栾贵明的这部书。

栾贵明说书中的内容，钱锺书先生曾经一字一字过目，而且还做了修改。这些其实也是钱锺书先生的观点。在书出版的过程中，钱锺书先生已经病重，是他的夫人杨绛校对的。回想往事，栾贵明对钱锺书深深佩服："钱先生说得真准啊，果然是 10 年，才研究出一点成果。而这也恰恰是钱先生想弄清楚的，也是他的观点。"

钱锺书想证明什么？为什么他要让栾贵明研究《永乐大典》呢？栾贵明说，《永乐大典》的正本迄今一页没见着，而亡佚的情况，也太蹊跷。栾贵明曾经穿越国家图书馆的三道岗，在地库里亲眼看到了嘉靖年间的《永乐大典》。纸张是嘉靖年间特有的纸，书后还有抄书手、重录总教官的名字，书中的内容非常真实，没有避讳明代皇帝的字号。"太精美了，我想永乐正本肯定会更加精美。我很仔细地研究过，现在国家图书馆、美国国会图书馆，还有四川发现的仅仅一页《永乐大典》都是嘉靖年间重抄的。"

正本去了哪里？毁了，还是还在人间，只是人们没有找到它？从古至今，大家一直争论不休，谁也说服不了谁。钱锺书先生也认为在永陵，但他认为要有证据。他让栾贵明研究《永乐大典》，就是要找出《永乐大典》很可能就在永陵的证据。

那么，栾贵明拿出了什么样的证据来呢？这些证据又能够说服钱锺书吗？

尘封的历史迷雾

在栾贵明《永乐大典之谜——永乐大典索引·序》中，有这么一段话，"尽管天际封锁得异常严密，又有副本存在，水火之灾、流传丧失等种种烟雾，但事实是不可改变的。《永乐大典》正本，完整的一部大书，没有毁亡，更没有佚失。按照嘉靖本人的说法，它应该好端端地藏在'他所'。'他所'就是永陵的玄宫吧？这也就是那个该找而没有找过的地方啊！"

我们现在可以见到一些残留的《永乐大典》副本，其开本如同城砖一般大小。栾贵明根据残留的《永乐大典》推算，全部《永乐大典》总体积达40立方米。如果它能幸存下来，它会存放在哪里呢？栾贵明认为最有可能存在永陵的地宫里。

证据何在？栾贵明说一共有十条，但最重要的一条是：嘉靖死得蹊跷，正本消失得也非常蹊跷。栾贵明做出了这样的解答："为了拨开迷雾，我们应加倍小心，抓住《永乐大典》正本最后一次出现前后的事件，最突出的是嘉靖皇帝的丧和葬。对于帝王来说，最重要的莫过于子嗣和丧葬两件事，子嗣的第一任务是主持父皇的丧葬，然后是营造自己的陵墓。对于嘉靖的丧葬，令人立刻想到了他自己几乎经营了一生的地下皇宫——永陵。

永陵始建于嘉靖十五年，建成于嘉靖二十七年，历时12年。嘉靖曾11次实地视察督工，还大规模地修葺了前七陵，加建气势恢宏的石牌坊等重要建筑。为此，当时的朝廷每月专用资金达二三十万两白银。永陵是十三陵中最大的一座，它的地宫规模超过定陵，还很可能在朱棣的长陵之上。嘉靖皇帝修建如此大规模的永陵，是否在环境上对珍藏《永乐大典》正本作了充分的考虑呢？"

栾贵明仔细研究了《明实录》，他发现，《永乐大典》重录副本完成时间与嘉靖帝的丧葬时间大体相同。嘉靖帝于1566年12月驾崩，1567年3月葬入永陵。也就是说，嘉靖帝死亡距下葬有三个月时间。而到了4月15日，继位的隆庆帝才赏赐《永乐大典》重录人员。"重录究竟完成在何时呢？史无明载。而这正是谜点。"

如果现代人要运完全部的《永乐大典》，要运满 4 卡车才行。而在明代，并没有现在的发达交通工具，他们只能靠马车拉。为何嘉靖帝死后 3 个月才入葬永陵？大胆的推断便是：在这段时间里，隆庆帝一边忙着抄写副本，一边把《永乐大典》正本放进永陵，以了却嘉靖帝的心愿，一直到嘉靖帝入土为安后，隆庆帝才有时间处理《永乐大典》的副本。"甚至重录工作或许都没有完成，而诡称完成，从而造成了副本的先天缺少，也并不是不可能。"

如果事实真是这样，也许是一种悲哀。目前嘉靖入葬的永陵很有可能已经全部积水，那么《永乐大典》的正本即使保存在里面，又能保存得好吗？

特级看护

明代帝陵的规制都差不多，地宫都是石头垒砌的，先把山铲平，然后在平地上建宫殿，建成后就像人们看到的故宫里的房子一样。地下宫殿完成后，上面堆土，形成一个圆圆隆起的坟。

明定陵的地宫已经开启近 50 年，也是考古学家们唯一主动开启的皇陵。地宫紧挨着方城明楼，外面有一圈外罗城，通过蜿蜒的山路，爬到山顶，眼前是一个高出地面 4 米左右的大山包。而地宫的入口却在别处。一层层楼梯蜿蜒向下，足足离地面有 27 米，相当于 9 层楼那么高。虽然还是大夏天，但地宫里却是阴寒得很。巨大石条垒砌的墙面冒着一层层水汽，用手一摸，一股凉气立刻传遍全身，要是一个人在里面走，会吓得两腿哆嗦。只是，如今，它早已成了名噪全世界的旅游景点，在里面能够看到不同肤色的脸。配殿空荡荡的，正中大殿内，龙椅依然，最后一殿便是棺木停放地。两米多高的棺椁，朱红色的油漆，周边红色的箱子林立，但万历皇帝和皇后们的尸骨早已成了灰烬。

相比可以让游客随意参观的定陵，嘉靖皇帝的永陵却是神秘的。永陵是谢绝参观的。永陵附近的路面，全是大城砖铺砌，朱红色的墙颜色已经陈旧，木头大门已见破损。永陵里有很多红外监控镜头，整个陵墓内布满了这样的监控仪器，不到 20 米就有一个探头，从宝顶一直到大门外。里面还有特殊的监视器，如果有盗墓贼想打永陵的主意，只要动铁锹，监控就会有波动。

　　这是一个什么样的皇陵？为什么不允许人靠近？里面就那么戒备森严吗？最关键的问题是，难道《永乐大典》真的藏在这个地宫？苍山翠柏下，永陵显得沧桑而古朴，就连神道上也冒出了小松树，在红黄相间的高大建筑后面，能看到高高隆起的山，那下面自然就是地宫了。整个山包朦朦胧胧，似乎隐藏着无限的谜团。

　　掩映在一片翠绿间的永陵地宫，布局究竟如何？会不会有为收藏《永乐大典》而专门开辟的"御书房"？把宝贵典籍埋入坟墓，并不少见。近年来，很多古墓出土了一些文书，如《老子帛书》《孙膑兵法》等。在清代慈禧太后的定东陵、乾隆皇帝的陵墓内，也曾有纸质品出现。郭沫若也曾推断《兰亭序》就在乾陵中。

明定陵内部一景

如果在地宫里，就要有一个先决的保护条件，那就是要恒温恒湿。如果《永乐大典》真的在永陵地宫里，那一定有特殊的包装，一定有防潮、防霉措施，书会放在木盒子里，而这个盒子也一定非常高级，用紫檀、金丝楠木或者是黄花梨木制作而成。也许，木盒子外面还有非常庞大的金属箱子来进行保护。除了这些，嘉靖帝葬在永陵已经400多年，地宫内形成了相对稳定的温度和湿度，加上古代人无论是宣纸还是朱砂、墨汁都是天然的物品，对《永乐大典》来说都是很好的保护。

有人建议用高科技手段扫描永陵地宫看看究竟。不过利用物理探测的手段，也只能探到地宫的结构。就算是采用红外手段，也无法穿透60厘米厚的大石头。

要想看《永乐大典》究竟有没有藏在地宫中，唯一的办法就是发掘。不过虽然现代科技发达了，但难免还是会留下遗憾。《永乐大典》正本藏于永陵只是一个推断，还是没有确凿的证据。主动发掘永陵，也许将是又一场文化浩劫。

文化史上曾经出现过很多奇迹，敦煌文书、小屯甲骨等的发现，一再震惊世界，说不定哪一天又有奇迹发生。

窃书贼与强盗的狂欢

《永乐大典》正本不见了，那么副本在哪里呢？

《永乐大典》副本最初收藏在明朝皇史宬。明亡后，副本又保存在清朝皇室手里，然后就在清朝历代皇帝手中散失了。据传顺治曾把《永乐大典》放在身边阅览，身边的侍从可能趁机把《永乐大典》窃为己有。当乾隆开馆修《四库全书》时，发现《永乐大典》的副本已经不全。尤其是《四库全书》编成后，《永乐大典》更被视为鸡肋，弃置在一旁，成为窃书贼的最爱。窃书贼是用何手段将秘藏宫中的副本盗走的呢？

早在康熙年间，人们见到的《永乐大典》数量上已经不对了。嘉靖副本也应如正本是11095册，可康熙年间的《永乐大典》副本，已经少了 1000 多册。雍正时，副本由皇史宬移至东交民巷翰林院收藏。乾隆纂修《四库全书》时，发现《永乐大典》只存不足 8000 册，又比康熙时少了 1000 册。光绪元年重修翰林院衙门时，有人再次清点《永乐大典》，已不到 5000 册。

　　《永乐大典》副本作为国家收藏的珍贵古籍，藏于深宫，普通百姓哪能接近？根据现存的副本来看，一册《永乐大典》高 50.2 厘米，宽 29.8 厘米，厚 7 至 10 厘米，想拿走一两册而不被人发现，已不是易事。如果要转移大量，则更加困难，窃书贼又是如何避人耳目地将书拿走的呢？

　　据清末民初著名学者缪荃孙的说法，翰林院的一些官员偷书伎俩极为巧妙。他们一般选择在冬天进行偷窃，早上进翰林院时随带棉袍一件，打成包袱，形状如两册《永乐大典》大小。晚上离开时，他们就把棉袄穿在身上，将两册《永乐

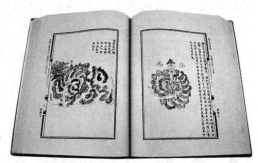

《永乐大典》书中精美的插图

大典》包入包袱里。看守人员见到他们早上曾带包袱而来，晚上带包袱而去，也就没起什么疑心。

　　据说，光绪年间翰林侍读文廷式，一人就盗走 100 多册《永乐大典》。文廷式死后，这些书又被其后人出售，卖给洋人或者古董商。就这样，《永乐大典》大量流失，下落不明。目前流散世界各地的《永乐大典》全都是副本已是共识。

　　到了清末，残存的《永乐大典》副本又惨遭战火劫掠。义和团围困英国使馆，存放《永乐大典》副本的敬一亭被毁掉了，翰林院书页撒得到处都是。据统计，毁于这次大劫的《永乐大典》副本有 607 册。

　　八国联军入侵北京，又有部分《永乐大典》被焚毁，余下的多被掠走至英、美、法、日等国。据专家估计，目前尚有 400 册左右的《永乐大典》副本残留于世，分散于数个国家和地区。

永远的痛

新中国成立后，政府多方全力搜求《永乐大典》，国内许多公私藏书家慷慨解囊，将珍藏的《永乐大典》贡献国家。1951 年，商务印书馆将下属东方图书馆收藏的 21 册《永乐大典》捐献出来。北京大学图书馆捐献了 4 册。赵元方等著名收藏家也把自己精心收藏的《永乐大典》拿了出来。20 世纪 50 年代初，流散在国外的《永乐大典》，有一部分回到了祖国。苏联先后三次归还《永乐大典》64 册，德国归还了 3 册。据统计，现存于世界各地的《永乐大典》约 375 册、810 卷，分散在 10 多个国家的 30 多个公私收藏家手中。

几十年来，海内外仁人学者不辞艰辛，多方探寻大典散失之遗踪，广泛收集残卷剩册，迄今已有 221 册入藏中国国家图书馆，近 800 卷大典得以刊印出版。现存的《永乐大典》尽管只有原书的 4%，但保存的史料仍然非常丰富，今人编辑《全宋词》《全金元词》的许多资料即来自《永乐大典》，至于大典余下 96% 的部分具体记载何物，恐怕是个永远的谜了，这又何尝不是永远的痛！

在中国国家图书馆，翻开这历经几百年沧桑的《永乐大典》，专家们发现，这里收藏的所有《永乐大典》有一些共同的特征：从纸张看，这些《永乐大典》用的是嘉靖时期的皮纸，也叫白棉纸；书后都注明了重录总校官、分校官、写书官及圈点人姓名。所以，可以肯定，这些《永乐大典》全都是明朝嘉靖时期的抄本。

这就是说，国家图书馆收藏的所有《永乐大典》都不是永乐年间编纂的。《永乐大典》的正本至今一卷也没有发现，并且其下落也一直不见准确的记载。《永乐大典》正本究竟何去何从？它还存在于这个世界上吗？如果存在，它到底在哪里？如果已经不在世上，它又是什么时候，被谁，用什么方式毁灭的？对于正本的下落，为什么历代史书中不见任何准确记载？围绕着《永乐大典》正本的是一个又一个讳莫如深的谜团，甚至有学者将之称为"中国书籍史上的最大疑案"。

古籍泛黄诉从前

具有传奇色彩的一册

1983年，山东掖县农民孙洪林家中发现了一册《永乐大典》（卷3518、3519"门"字号）。此册发现时书的天头地脚部分已被裁去，用来做鞋样。幸运的是，当时的农家妇女虽然不识字，但从祖上因袭的敬字惜纸的传统，使此册《大典》的内容得以完整地保存下来，这可以算做《大典》流传过程中的一件幸事。得知此书的重要价值后，孙家将此书通过掖县文化馆捐献北京图书馆，北京图书馆在收到此书后即由专业修复人员对受损部位进行了复原。

修复后的《永乐大典》卷3518-3519

天头地脚被裁去的《永乐大典》

一册被山东农民发现并有幸保存下来的《永乐大典》

第二十二章 编书功过
——《四库全书》传世之谜

乾隆时期，一方面是中国历史上最大的盛世，另一方面也是清王朝被西方世界甩下的时期。欧洲这时建造出新式战舰，正是在乾隆皇帝自我陶醉之际。乾隆下令编纂的一部多达数亿字的旷世奇书，4000 多人 10 年坚守与智慧缔造了这样一部绝代巨著，在这漫长的 10 年中，中国文化面对了怎样的磨难？中华民族经历了怎样的转折？

乾隆是个"权力控"

乾隆传位嘉庆时已经 85 岁，身体康健，走路都不用人搀扶。他舍不得权力，还想留着玉玺不传给嘉庆。在所有大臣的劝谏下，乾隆才无奈交出了玉玺，然后又耳提面命指导嘉庆怎么做皇帝。乾隆在位 60 年，退位后又当了 3 年太上皇，实际掌握最高权力长达 63 年 4 个月，是中国历史上执政时间最长、年寿最高的皇帝。

乾隆在位期间平定大小和卓叛乱、巩固多民族国家的发展，六次下江南，文治武功兼修。乾隆帝与康熙帝统治的这一时期，又被称为"康雍乾盛世"，所以乾隆一生骄傲得不得了。

此外，乾隆帝儒雅风流，喜欢著文吟诗，其诗作竟达 42000 余首，几与《全唐诗》相当。他又重视文物典籍的收藏与整理，下令将内府珍藏编成《石渠宝笈》《西清古鉴》等。乾隆帝最突出的文化成就是在全国范围内征集图书，编纂巨帙《四库全书》。《四库全书》保存了大量古典文献，是古代最大的一部官修书。然而，乾隆毁书也多。

乾隆画像

乾隆三十七年（1772年）十一月，安徽学政朱筠提出《永乐大典》的辑佚问题，得到乾隆皇帝的认可，接着便诏令将所辑佚书与"各省所采及武英殿所有官刻诸书"，汇编在一起，名曰《四库全书》。这样，由《永乐大典》的辑佚便引出了编纂《四库全书》的浩大工程，成为编纂《四库全书》的直接原因。

《四库全书》是由纪晓岚等360多位高官、学者编撰，3800多人抄写。丛书分经、史、子、集四部，故名四库。共有3500多种书，7.9万卷，3.6万册，约8亿字，基本上囊括了中国古代所有图书，故称"四库全书"。

要编书，首先得有书可供编选。第一步就是征集图书。征书工作从乾隆三十七年（1772年）开始，至乾隆四十六年（1781年）结束，历时10年之久。在地方政府的大力协助和藏书家的积极响应下，征书工作进展顺利，共征集图书12237种，其中江苏进书4808种，居各省之首；浙江进书4600种，排名第二。私人藏书家马裕、鲍士恭、范懋柱、汪启淑等也进书不少。

一时间，全国各地进献的图书堆满了储存室，接下来就要整理图书。《四库全书》的底本有六个来源：内府本，即政府藏书，包括武英殿等内廷各处藏书；赞撰本，即清初至乾隆时奉旨编纂的书，包括帝王的著作；各省采进本，即各省督抚征集来的图书；私人进献本，即各省藏书家自动或奉旨进呈的书；通行本，即采自社会上流行的书；《永乐大典》本，即从《永乐大典》中辑录出来的佚书。

老头子走了没

　　接下来，四库馆臣就要对以上各书提出应抄、应刻、应存的具体意见。应抄之书是认为合格的著作，可以抄入《四库全书》。应刻之书是认为最好的著作，这些著作不仅抄入《四库全书》，而且还应另行刻印，以广流传。应存之书是认为不合格的著作，不能抄入《四库全书》，而在《四库全书总目》中仅存其名，列入存目。对于应抄、应刻的著作，要比较同书异本的差异，选择较好的本子作为底本。

　　一种图书一旦定为四库底本，还要进行一系列加工，飞签、眉批就是加工的产物。飞签也叫夹签，是分校官改正错字、书写初审意见的纸条。这种纸条往往贴于卷内，送呈纂修官复审。纂修官认可者，可用朱笔径改原文，否则不作改动。然后送呈总纂官三审，总纂官经过分析之后，可以不同意纂修官的复审意见，而采用分校官的初审意见。三审之后，送呈御览。

　　最可悲的就是送呈御览这个环节，乾隆为了显示自己通今博古，文采

翰林院中的建筑

过人，所以他要对编书最后把关。起初送交的稿子都是文清字顺的，没有什么错误。乾隆找不到可以修改的地方，就很气恼。有些人便迎合他的脾气，故意在明显的地方做出错误等待乾隆发现，这么一来，乾隆就有了发挥的余地，可以边改边教育馆臣，来炫耀自己的才华。随着时间的推移，乾隆就没这么大的兴趣了，有很多稿子他看都不看就打发回来了。乾隆首肯的稿子，即便是错误的，馆臣也不敢自行更改，于是就将错就错，导致《四库全书》中有些内容不够严谨。

纪晓岚画像

　　编书是一件非常辛苦的工作，没有白天黑夜、春夏秋冬之分。乾隆四十年夏天，北京城里一大早儿就笼罩在太阳火辣辣的热浪中。纪晓岚和诸位大学士退了早朝，满头大汗地回到翰林院。他迫不及待地一口气喝干了杯里的凉茶，解开衣扣，拿过一把扇子胡乱地扇着。他还是觉得浑身发热，就不顾文人的体面，脱去朝服，光着膀子坐在案前，还让大家都学他的样子。其他翰林见惯了此景，也不理会他，于是各忙各的，准备开始一天的工作。

　　谁知乾隆皇帝早朝兴致未尽，退朝后没有回养心殿，观赏了一会儿荷叶美景，便轻车简从来到翰林院，也不让通报，径直来看纪晓岚。此时，纪晓岚正光着膀子消汗，一眼瞥见乾隆从大门走进来，来不及穿衣服了，这样子迎接圣驾成何体统？便一猫腰藏到桌子底下去了，还向身边的人比画着自己不在的手势。

　　乾隆的眼光够犀利的，远远就看见纪晓岚藏起来了，进屋后示意周围人不要出声，自己坐在屋里也不出声。纪晓岚等了很久没有动静，蹲得双腿发麻，脖子发酸，汗水顺着脸往下流，便轻声问："老头子走了没有？"

　　乾隆又好气又好笑，便呵斥："谁如此放肆，还不赶紧出来？"纪晓岚忙爬出来叩见皇上。乾隆喝问："大胆纪晓岚，你为何称朕为老头子？"

纪晓岚心跳得快，脑筋转得也快，不急不慢地说："陛下是万岁，应该称老也；尊为皇上，万民之首，应该称头也；子者，天之骄子也。呼老头子，实乃至尊之称也。"乾隆听罢开怀大笑说："卿急智可嘉，恕你无罪！起来吧。"

乾隆看了看汗流浃背的馆臣，大家都一口气地抱怨着今天的天气给他们带来的不便，并向乾隆汇报《四库全书》的编撰进度，又听取了乾隆皇帝的指导和修正意见。乾隆谈古论今，对纪晓岚等翰林学士大大赞赏了一番，才心满意足地离去。

编书趣事

编订图书确定了以后，最重要的一个流程就是抄写底本了。抄写人员最初是由各界保举而来，后来，发现这种方法有行贿、受贿等弊病，又改为考查的办法，具体做法是：在需要增加抄写人员时，先出告示，应征者报名后，令当场写字数行，品其字迹端正与否，择优录取。考查法虽比保举法优越，但也有不便之处，因此最后又改为从乡试落第生徒中挑选，择其试卷字迹匀净者予以录用。这样，先后选拔了3826人担任抄写工作，保证了抄写《四库全书》的需要。为了保证进度，还规定了抄写定额：每人每天抄写1000字，每年抄写33万字，5年限抄180万字。5年期满，抄写200万字者，列为一等；抄写165万字者，列为二等。按照等级，分别授予州同、州判、县丞、主簿等四项官职。发现字体不工整者，记过一次，罚多写10000字。由于措施得力，赏罚分明，所以《四库全书》的抄写工作进展顺利，每天都有600人从事抄写工作，至少可抄60余万字。

每天，纪晓岚都要督促编书过程中的很多事务，为了提神醒脑，他的烟袋锅也时刻不离手，所以人们都称

《四库全书》一角

他"纪大烟袋"。纪晓岚每日拿个特大烟袋，里面贮满烟丝，烟斗随时灌满烟丝，张口就吸，毫不顾忌别人感受。

有一次早朝前，纪晓岚把烟点上，刚美美地吸了两口，突然间一个太监跑来，让他立即觐见皇上。纪晓岚一着急，便把烟袋插入靴筒，随后三步并作两步觐见乾隆。没说几句话，纪晓岚觉得脚上发热发烫，但正被皇上问话，又不敢乱动。原来烟袋的烟丝没有熄灭，纪晓岚痛得要命，眼泪鼻涕直流，靴筒里也冒出烟来。乾隆大惊，问他怎么回事，纪大烟袋说："臣靴筒里走水"（为避讳，皇宫里不能说失火，叫走水）。

乾隆大笑，让他赶快脱掉靴子。纪晓岚忍着痛，疾步跑到门外，把靴子一脱，里面早已成了"烤猪蹄"，好不凄惨！让人发笑的是，纪晓岚平时走路特快，同僚们戏称他为"神行太保"，这次被烧了以后，纪晓岚一个多月都走路一瘸一拐，人又送绰号"铁拐李"。

乾隆觉得好笑，隔了两天，让纪晓岚为这事写检讨。纪晓岚好文才，援笔立就，里面有这么几句："裤焚，帝退朝曰：'伤胫乎？不问斗。'"这个马屁拍得太到位了，淋漓尽致地表现出乾隆关爱臣子的急迫心情，乾隆心头一喜，便赐给他烟斗一枚，准其在编馆吸食，纪晓岚也得意地说自己是"钦赐翰林院吃烟"云云。

有了乾隆的褒奖，纪晓岚更加用心做事。在编纂《四库全书》的过程中，纪晓岚还主持编纂了《四库全书荟要》《四库全书总目提要》《四库全书简明目录》《四库全书考证》《武英殿聚珍版丛书》等。这几种书可以看作编纂《四库全书》的副产品。《四库全书荟要》是《四库全书》的精华，收书 473 种、19931 卷。开本大小和装帧形式与《四库全书》相同。

纪晓岚虽然如此卖力，功劳甚大，也只是乾隆的一个"弄臣"罢了，对于乾隆在编书过程中的"工作指示精神"，即便是错的，也只能照单全收，不敢有丝毫违抗。

有一次，内阁学士尹壮图因为直言，得罪了乾隆，大臣们纷纷议论，建议皇帝将他处斩。尹壮图之父尹均与纪晓岚为同年科举的好友，故纪晓岚在朝堂稍稍为其美言了几句。乾隆帝大怒，痛骂："我看你文学上还有一点根基，才给你一个《四库全书》的编辑官做，其实不过当作娼妓、戏子一样豢养罢了，你怎敢随便谈论国家大事？"纪晓岚惶恐万分，作为《四库全书》总编纂官，他的命运尚且如此，可见乾隆对待天下文人的态度。

编书最后一步是校订。这是最后一道关键性工序。为了保证校订工作的顺利进行，纪晓岚还是在职权范围内极力保持编书人的尊严。四库全书馆制定了《功过处分条例》，其中规定：所错之字如系原本讹误者，免其记过；如原本无讹，确系誊录致误者，每错一字记过一次；如能查出原本错误，签请改正者，每一处记功一次。各册之后，一律开列校订人员衔名，以明其责。一书经分校，复校两关之后，再经总裁抽阅，最后装潢进呈。分校、复校、总裁等各司其职，对于保证《四库全书》的质量确实起了重要作用。

纪晓岚编纂的《四库全书总目提要》书影

只可远看不可入室的文渊阁

为了存放《四库全书》，乾隆皇帝效仿著名的藏书楼"天一阁"建造了南北七阁。乾隆四十六年（1781年）十二月，第一部《四库全书》终于抄写完毕并装潢进呈。接着又用了将近三年的时间，抄完第二、三、四部，分贮文渊阁、文溯阁、文源阁、文津阁珍藏，这就是所谓"北四阁"。从乾隆四十九年七月到乾隆五十二年又抄了三部，分贮江南文宗阁、文汇阁和文澜阁珍藏，这就是所谓"南三阁"。每部《四库全书》装订为36300册，6752函。七阁之书都钤有玺印，如文渊阁藏本册首钤"文渊阁宝"朱文方印，卷尾钤"乾隆御览之宝"朱文方印。

十年磨一剑

《四库全书》之所以编纂成功是有多方面原因的。

第一，安定的社会环境。修书期间，正当康乾盛世，天下无事，没有战争的干扰。四库馆臣坐在书案之前，一坐就是 10 年，没有后顾之忧。

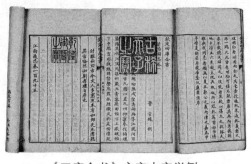

《四库全书》文字内容举例

第二，最高统治者的重视。《四库全书》从酝酿到修成，乾隆始终参与其事，并由他精心策划。从征书、选择底本，到抄书、校书，乾隆都一一过问，亲自安排。

第三，雄厚的资金来源。《四库全书》卷帙浩繁，所需经费难以数计，朝廷一概包揽下来。

第四，严密的组织系统。四库全书馆的最高职务是总裁和副总裁，多由郡王、大学士以及六部尚书、侍郎兼任，负责总理馆内一切事务，下设纂修处、缮书处和监造处。纂修处负责校理勘定全部书籍，并兼任缮书处缮写书籍的分校工作；缮书处负责全书的缮写及校勘事宜；监造处负责武英殿刊刻、印刷、装订、整理书籍事宜。四库馆臣总计 360 人，因故革职、身死除名、调用他任者，不在此数。

第五，破格录用人才。四库全书馆堪称人才之宝库，集中了大量优秀人才，其中不少人是破格录用的，如邵晋涵、余集、周永年、戴震、杨昌霖等人，入馆前不仅不是翰林，而且戴震、杨昌霖等连进士都不是，仅是举人。人才云集，为编纂《四库全书》创造了更加有利的条件。

《四库全书》的内容是十分丰富的。按照内容分类，分经、史、子、集四部分，部下有类，类下有属。全书共 4 部 44 类 66 属。

经部收录儒家"十三经"及相关著作，包括易类、书类、诗类、礼类、春秋类、孝经类、五经总义类、四书类、乐类、小学类等 10 个大类，其中礼类又分周礼、仪礼、礼记、三礼总义、通礼、杂礼书6属，小学类又分训诂、字书、韵书3属。

史部收录史书，包括正史类、编年类、纪事本末类、杂史类、别史类、诏令奏议类、传记类、史钞类、载记类、时令类、地理类、职官类、政书类、目录类、史评类等15个大类，其中诏令奏议类又分诏令、奏议2属。传记类又分圣贤、名人、总录、杂录、别录5属；地理类又分宫殿疏、总志、都会郡县、河渠、边防、山川、古迹、杂记、游记、外记10属；职官类又分官制、官箴2属；政书类又分通制、典礼、邦计、军政、法令、考工6属；目录类又分经籍、金石2属。

子部收录诸子百家著作和类书，包括儒家类、兵家类、法家类、农家类、医家类、天文算法类、术数类、艺术类、谱录类、杂家类、类书类、小说家类、释家类、道家类等14大类，其中天文算法类又分推步、算书2属；术数类又分数学、占候、相宅相墓、占卜、命书相书、阴阳五行、杂技术7属；艺术类又分书画、琴谱、篆刻、杂技4属；谱录类又分器物、食谱、草木鸟兽虫鱼3属；杂家类又分杂学、杂考、杂说、杂品、杂纂、杂编6属；小说家类又分杂事、异闻、琐语3属。

集部收录诗文词总集和专集等，包括楚辞、别集、总集、诗文评、词

现存文津阁中唯一的原架、原函、原书《四库全书》

曲等 5 个大类，其中词曲类又分词集、词选、词话、词谱词韵、南北曲 5 属。除了章回小说、戏剧著作之外，以上门类基本上包括了社会上流布的各种图书。就著者而言，包括妇女，僧人、道家、宦官、军人、帝王、外国人等各类人物的著作。

《四库全书》保存了中国历代大量文献。所据底本中，有很多是珍贵善本，如宋元刻本或旧抄本；还有不少是已失传很久的，在修书时重新发现的书籍；也有的是从古书中辑录出来的佚书，如从《永乐大典》中辑出的书有 385 种。《四库全书》的编纂，无论在古籍整理方法上，还是在辑佚、校勘、目录学等方面，都给后来的学术界带来了巨大的影响。

着了献书的道

《四库全书》突出了儒家文献和反映清朝统治者"文治武功"的文献，把儒家著作放在突出的位置，如汤斌等人的著作受到重视，而黄宗羲、吕留良、顾炎武等一些与汤斌同时代文人著作则受到打击和禁毁。把儒家经典放在四部之首，把一般儒家著作放在子部之首；轻视科技著作，认为西方现代科学技术是"异端之尤"，可以"节取其技能，禁传其学术"。除了农家、医家和天文算法类收录少数科技著作之外，一般科技著作是不收录的；排斥了有民主色彩或敢于批评儒家思想的文献及戏曲和通俗小说如宋元杂剧、话本小说、明代传奇等。

《四库全书》的编纂，无疑是中国文化事业的一大巨献。乾隆牵头把这件事情做起来，费时之长，耗资之巨，确实功不可没。但是在修纂《四库全书》这件事情上，乾隆还是有其他目的的。这个目的就是清除不符合大清意识形态要求的思想，消除文化界的杂音，具体来讲，就是把那些掺杂了"反清"意识的书销毁。在这件事情上，乾隆充分展示了作为统治者的权变之术。

乾隆"请君入瓮"的第一招，就是循循善诱，广而告之。乾隆三十七年正月初四日，诏谕天下，要求搜访群书，以备修纂《四库全书》之需。

讥讽乾隆借编书为名大兴文字狱的漫画

但由于当时对编纂《四库全书》的目的、内容、体例等都没有考虑得十分成熟，这个诏书下得非常笼统，只是说了一些原则性的话，致使各地对搜求什么样的书并不十分明了。同时，由于当时因文获罪的事情时有所闻，如雍正朝的查嗣庭、吕留良，乾隆二十年胡中藻亦因文下狱，民间风声鹤唳，只怕因献书而招来杀身之祸。因此，搜书的效果很不理想。

到了同年 10 月 17 日，献书者还是不见踪影。乾隆自然十分不快。为了改变这种现状，乾隆又多次下旨，要求各地多多献书，并且特别强调，即使所献之书中有"忌讳"或"妄诞"的字句，与藏书之人也没有半点关系，不得加罪。至于经手搜书的地方官，更是毫无关碍。绝不藉"访求遗书，而于书中录摘瑕疵，罪及收藏之人"。何况只是借书抄录，抄录完了之后，仍旧要把原书发还给持有者。这样一种"善诱"之策，果然使许多人献书。在不到三个月的时间里，不管是好书坏书，"浙江江南督抚及两淮盐政等奏到购求呈送之书，已不下四五千种"，其他省份所献之书在数量略有差别，但献书的劲头却与此无异，真可谓"踊跃奉公"了。

乾隆"请君入瓮"的第二招，就是适当奖掖，精神激励。在消除献书人后顾之忧的基础上，乾隆还不忘给献书者以适当的精神奖励，提高天下藏书人献书的积极性。这个奖励办法颁布于乾隆三十九年五月，主要内容是：凡献书五百到七百种者，朝廷赏《古今图书集成》一部。凡献书一百种以上者，赏《佩文韵府》一部。献书百种以上者，还可从里面挑选一些精品书籍，乾隆亲自在扉页题签，留下墨宝。对乾隆题咏过的书籍，要优先抄录，尽早发还持有人。我们知道，献书之人多为爱书之人，中间多有风雅之士，能得到《古今图书集成》一类的奖励，已是

古籍泛黄诉从前

相当不错的事情，且还能得到当时圣上的墨宝，那可是莫大的荣耀了。于是乎，各地献书量又有所增益，仅各地所献书籍，就达万余种之多，足见乾隆招数之高妙。

对于那些藏有"违禁"之书，又不肯拿出来的人，乾隆则采取"威逼"之法。乾隆三十九年八月初五，乾隆就对一位督抚下了这样的谕旨，大意是要该督抚再去向那些已经献了书的藏书家宣示，"如有不应留存之书，即速交出，与收藏之人并无干碍。朕凡事开诚布公，既经明白宣示，岂肯复事吹求？若此次传谕之后，复有隐讳留存，则是有心藏匿伪妄之书，日后别经发觉，其罪转不能逭，承办之督抚亦难辞咎。"这道谕旨绵里藏针，既有娓娓劝诫，又暗含威胁之意。当地官员和藏书之人自然不敢怠慢。之后，乾隆又多次下达类似谕旨，一道紧过一道，即使有侥幸心理的藏书人，也不得不把所藏之书献了出来。

蛇既出洞，书既已献，藏书家就做不得主了。对于其中有"抵触"大清之语的"违碍"之书，本身的命运自然不消言说。更有甚者，书的作者由此罹祸，在新罗织的文字狱里饱受煎熬。江西举人王锡侯因删改《康熙字典》，另刻了一本《字贯》，被认为"大逆不法""罪不容诛"，不仅所辑录的书籍全部被销毁，本人及其家属也被发配黑龙江为奴，与此案有关的一些地方官都受到严肃处理，真可谓一网打尽了。大的文字狱一般都记录在案，这些档案整理在一起有厚厚的一本。

《清代文字狱档》书影

乾隆编纂《四库全书》时销毁了对大清不利的书籍总数，据统计为13600卷。焚书总数，15万册。销毁版片总数170余种、8万余块。除了焚毁书籍，还系统地对明代档案进行了销毁。目前明代档案仅3000余件，主要是天启、崇祯朝兵部档案，也有少量洪武、永乐、宣德、成化、正德、嘉靖、隆庆、万历、泰昌朝的官方文书（其中很多已经被修改过）。其余估计不少于1000万份明代档案，已经全部被销毁了。除了销毁书籍和档案外，还系统地对残存书籍和档案，进行篡改。

《四库全书》所收许多古籍经过篡改是尽人皆知的事实。与清代统治者利益相关的明朝人的文学和历史作品遭到大力剿灭，而且殃及北宋南宋。《四库全书》的编纂者对于反映矛盾、压迫和战斗精神的作品尽量摒弃和抽毁，对于不能不收录的名家名作则大肆篡改。

为此，我们在了解《四库全书》作为文化巨献存在的同时，也应该看到这一举动后面的故事。正是这些不为人知的幕后勾当，让我们更加真切地体会到历史的残酷性。

满街都是包装纸

《四库全书》虽然由数千人抄写，但字体风格端庄规范，笔笔不苟，如出一人。所以，无论从内容还是从形式看，都具有十分难得的研究、收藏和欣赏价值。后几经战乱，损毁过半，更使这套世界出版史上的巨制，成为举世罕见的无价之宝。从《四库全书》修成至今已有200余年。其中文源阁本在1860年英法联军攻占北京，火烧圆明园时被焚毁；文宗、文汇阁本在太平天国运动期间被毁；如今只有文渊阁本、文津阁本、文溯阁本和文澜阁本传世至今。

其中，文澜阁《四库全书》能保存流传至今，经历尤为曲折。历代浙江文人深明大义，为保护国宝而抛洒热血，使文澜阁本躲过战乱而幸存，实为传奇。

1861年的初冬，太平军攻入杭州，钱塘人丁申、丁丙兄弟避难于杭州西溪。次年正月，丁氏兄弟在街市闲逛，突然发现小摊贩用于花生、瓜子的包装纸竟全是《四库全书》的散页，二人大惊失色，急查看店主的包装纸堆，竟分拣出数十册被污损的《四库全书》。

丁氏兄弟深知《四库全书》之于国家民族的重要，眼见《四库全书》已从文澜阁流入街市，深感事态严重，决定冒险施救。他们趁夜色潜入西湖孤山脚下的文澜阁旁，见文澜阁四周满地残籍，库书已遭受前所未有的浩劫。兄弟俩指挥家人收捡残籍，背负肩挑，运往西溪风木庵藏起来。

然而，许多典籍已经流落民间，如何将市民手中的典籍重新收集起来？杭州民间有着"敬惜字纸"的文化传统，丁氏兄弟便雇人每日沿街收购书本、散纸。只要叮叮当当的铃铛声一响，人们就知道丁家兄弟派出来的"收破烂"的人来了。6个月中，丁氏兄弟从街市收购回文澜阁书8689册，使得1/3左右的库书得以劫后余生。但兄弟俩深知这一典籍已成残籍，因而萌发了补齐这部典籍的念头。他们招募了百余人，从宁波天一阁、卢氏抱经楼、汪氏振绮堂、孙氏寿松堂等江南十数藏书名家处，及长沙袁氏卧雪庐、南海孔氏"三十三万卷楼"等处，搜觅精善之本进

文澜阁东侧一景

行抄写，耗时 11 年，共抄书 26000 余册。在《四库全书》编纂过程中曾将一些对清政府不利的文字删除，或将部分书籍排除在丛书之外，还有部分典籍漏收，丁氏兄弟借此机会将其收录补齐了，并归还文澜阁。

民国时期的浙江图书馆首任馆长钱恂，继丁氏兄弟之后又继续了补抄工作，谓之"乙卯补抄"。钱恂，浙江吴兴（今湖州）人，著名的外交家和开明学者，曾担任参政院参政。钱恂后来虽被袁世凯调至北京工作，但这项补抄工作并没有终止，他在北京家中安置了不少抄写人员，从文渊阁借出《四库全书》继续补抄。

此后，海宁人张宗祥又发起"癸亥补抄"。最后完成的文澜阁《四库全书》比原来更为完整：原《四库全书》有漏抄，如补抄本《竹岩集》12 卷，原四库本仅 3 卷，现册数比原来增多；补抄依据的版本优良，集清末全国藏书之精华；有许多被馆臣删改的文字按原样据原本得以恢复，真是幸事。

文澜阁内部景象

劫后余生

"癸亥补抄"后仅10余年时间，1937年日军挑起卢沟桥事变，11月日军越过淞沪防线，12月进攻杭州。日军数度轰炸杭州城，库书又有再遭劫掠、焚毁之虞。时任浙江图书馆馆长的陈训慈，恐库书被炸，即命总务部赶制木箱、准备搬运工具，将库书装成139箱，迁至钱江对岸的富阳鱼山。但鱼山与杭州仅一江之隔，随时可听到日机的轰炸声，仍有安全隐患，他决定将库书再迁建德。此后，战事吃紧，库书又转运至浙南的龙泉暂存。

1938年3月，当时的教育部决定将文澜阁《四库全书》运至贵州保管，以避免战事殃及。同时，派浙江大学教授去龙泉协助徙运库书。浙江大学协助浙江图书馆一起将库书西迁，踏上艰难的征途。经辗转浙、闽、赣、湘、黔5省，行程2500公里，历千难万险，终于于1938年4月底抵达贵阳西门外的张家祠堂。据奉命护书入黔的毛春翔所作《文澜阁四库全书战时播迁纪略》："自浦城至江山峡口，险路甚多，运输车中有一辆在离江山峡口不远处倾覆，11箱翻落池中，虞君佩岚急往附近村庄雇粗工，入池起箱，另雇他车星夜运达江山县城。翌晨幸有太阳，借篁在城隍庙大天井中曝晒，书浸水中久，晒两日，水滢如故。絜非先生以运输时间急迫，不容久延，即命装箱，谓运抵长沙，再从容翻晒，余与佩岚未有异议。"另有前往保管库书的夏定域，言及落水之库书的处理："头顶烈日，一本本翻晒，又逐册逐页细心揭开晾干，再装入箱，耗时数月之久。"其艰辛可见一斑。

文澜阁《四库全书》抵达贵阳后，战火又燃烧到贵阳。1939年春，日军数十架飞机突袭贵阳，狂轰滥炸，致使无数建筑被毁，人员伤亡数千。虽存放于西郊张家祠堂的库书暂未被殃及，却也受到严重威胁。库书又迅速被移送较偏僻的地母洞贮藏。地母洞高有5丈，深约70丈，为天造之书库。但地母洞较为潮湿，藏书易发生霉变，护书人员的主要工作便是防潮晒书。逢太阳出，必轮番晒书，又在洞内不断加放大量石灰。日复一日，月复一月，一晃 6 年。

1944 年 11 月，日军突然长驱入黔，贵阳危急，库书存放的安全又成问题，陈训慈紧急约见教育部人员商谈，再次决定将库书迁蜀。12 月 8 日由战区司令部派出 6 辆大卡车，走了半个月的时间，将库书运至重庆青木关，藏于教育部长公馆内。

1945 年 8 月，抗日战争结束，日军无条件投降，文澜阁《四库全书》才得以安宁。1946 年 5 月，文澜阁《四库全书》从重庆青木关启程，又用 6 辆卡车分装，近 20 人押运，取道川南入黔，经湘、赣，历时 50 余日，回乡返浙，其间又历千辛经万险。

后来，文渊阁《四库全书》随同败退的国民党去了台湾，现珍藏在台北故宫博物院。

文津阁《四库全书》现珍藏于中国国家图书馆，是 7 部《四库全书》中唯一原架、原函、原书一体存放保管的一部。

文溯阁《四库全书》在沙俄侵占东北三省时曾出现丢失现象。新中国成立后，文溯阁《四库全书》保存在沈阳。1966 年 10 月，中苏关系紧张时，为保护《四库全书》安全，文溯阁《四库全书》秘密从沈阳运至兰州，藏于戈壁沙漠中。甘肃方面也修建藏书楼，加强保护，将全书存于甘肃省图书馆。

在长达百年的战火中，文澜阁中珍藏的《四库全书》也大量散失，历经几代人的捡拾、搜访、收购、整理等工作，成为"江浙三阁"的仅存，现珍藏在浙江省图书馆。

近代以来，帝国主义列强入侵中国，战乱频仍，民不聊生。"四库七阁"的兴衰从一个侧面映射出中国社会的坎坷多难。据抗战后相关资料解密，杭州沦陷后不久，日本"占领地区图书文献接收委员会"就派了 9 个人从上海到杭州，花了许多时间追踪文澜阁《四库全书》，想把这部珍贵的图书劫夺到日本，但他们的好梦落空了。从这一资料可以看出，日本侵略者早就对文澜阁库书不怀好意，包藏祸心。为防止日军抢夺库书这一文化瑰宝，多少仁人志士与众多国人一道，用自己的一腔热血，凸显了捍卫

《四库全书》的拳拳之心，体现了一个民族不屈不挠的精神。

存放在地下室的国宝

1999 年，香港的迪志文化出版有限公司分别与上海人民出版社、香港中文大学合作出版发行了文渊阁本《四库全书》电子版，采用了现代化科技手段保存的《四库全书》再也不用担心被损毁了。如今，国宝《四库全书》正以一种全新的姿态展现在世人面前。